学生本位视角下
大学生教育管理与实践探索

白芳　著

中国水利水电出版社
www.waterpub.com.cn
·北京·

内 容 提 要

大学生是高校教育管理工作的主要对象，而且大学生的思想与行为特点对于高校教育管理工作的开展有着重要影响。

本书重点对大学生教育管理的组织思考、高校人才培养活动及其管理、大学生学习管理等内容进行阐述。

全书紧紧围绕当代大学生的思想与行为特点展开，以期为高校教育管理实践提供一定的理论指导。

图书在版编目(CIP)数据

学生本位视角下大学生教育管理与实践探索/白芳著.—北京：中国水利水电出版社，2018.9 (2024.10重印)

ISBN 978-7-5170-6970-6

Ⅰ.①学… Ⅱ.①白… Ⅲ.①大学生—教育管理—研究 Ⅳ.①G647

中国版本图书馆 CIP 数据核字(2018)第 232364 号

书　名	学生本位视角下大学生教育管理与实践探索 XUESHENG BENWEI SHIJIAO XIA DAXUESHENG JIAOYU GUANLI YU SHIJIAN TANSUO
作　者	白 芳 著
出版发行	中国水利水电出版社 (北京市海淀区玉渊潭南路 1 号 D 座 100038) 网址：www.waterpub.com.cn E-mail：sales@waterpub.com.cn 电话：(010)68367658(营销中心)
经　售	北京科水图书销售中心(零售) 电话：(010)88383994、63202643、68545874 全国各地新华书店和相关出版物销售网点
排　版	北京亚吉飞数码科技有限公司
印　刷	三河市元兴印务有限公司
规　格	170mm×240mm 16 开本 19 印张 340 千字
版　次	2019 年 2 月第 1 版 2024 年 10 月第 4 次印刷
印　数	0001—2000 册
定　价	91.00 元

前　言

自改革开放以来，我国高等教育的发展与改革都取得了举世瞩目的成功，同时高等教育管理体制的一系列重大改革促使我国高等教育的规模不断扩大。如今，我国的高等教育已经进入大众化教育阶段。高等教育的大众化从表面上来看，仅仅是对高等教育的数量与规模进了扩展。但从实质上来说，高等教育大众化带来的是高等教育观念、目标、模式、手段等的一系列变革。在这一过程中，要想推动高等教育的进一步发展，高校必须以高等教育大众化的要求为依据，对大学生进行科学的教育管理。

由于大学生是高校开展教育管理的主要对象，而且大学生教育管理的现状对于高校能否紧跟时代步伐有着重要的影响，并影响着高校能否在推动高等教育发展方面发挥重要作用。因此，高校在开展大学生教育管理时，必须严格贯彻与落实“一切以学生为中心”的教育管理理念，准确把握大学生的思想与行为特点，继而创造性地开展工作，以便提高教育管理工作的针对性和实效性。基于此，特撰写了《学生本位视角下大学生教育管理与实践探索》一书，以期为高校教育管理提供重要保障。

本书共包括十章内容，第一章为绪论，具体涉及以人为本与教育、当代大学生的行为特点以及基于学生本位的大学生教育管理的基本原则等内容；第二章对大学生教育管理的基本原理进行了详细探究；第三章具体分析了大学生教育管理组织的相关内容；第四章对高校人才培养活动及其管理进行了系统研究；第五章对大学生学习管理进行了详细分析；第六章深入探究了大学生心理健康管理；第七章对大学生就业与创业管理进行了具体分析；第八章详细探究了高校学生事务管理；第九章对高校校园文化建设管理进行了详细阐述；第十章对高校日常事务管理进行了深入分析。本书紧紧围绕大学生发展的实际展开论述，针对性和可操作性都比较强。此外，全书的逻辑清晰，结构鲜明，内容翔实，语言通俗易懂。相信本书的出版，能够为大学生教育管理实践提供一些有益借鉴。

本书在撰写的过程中，参考了大学生教育管理方面的相关著作，也对国内外大量的研究成果进行了参阅、吸收和采纳，由此获得了丰富的研究资源。在此，向这些学者致以诚挚的谢意。由于时间、水平与精力有限，本书难免存在一些不足之处，恳请广大读者批评指正。

作　者

2018 年 7 月

目　录

第一章 绪 论

随着教育改革的推进与深化，教育管理逐渐被“以人为本”的观念渗透，越来越关注人的本身，倾向于以情育人、以德感人，尤其是学生的主体地位越来越被重视，大学生教育管理的进行也更多地考虑到学生的特点与需要。本章主要对以人为本与教育、当代大学生的行为特点以及基于学生本位的大学生教育管理的基本原则等方面内容进行分析，为下文的论述做铺垫。

第一节 以人为本与教育

一、以人为本理念

这里所说的以人为本，是以人为本主义哲学对人类管理实践活动规律的认识与揭示。以人为本理念强调在教学管理活动中要关心人、尊重人、理解人、爱护人，同时还要将调动人的积极性、发挥人的能动性与创造性始终作为管理活动的关键。

“以人为本”管理思想为在教育管理中重视以人为本管理提供了理论的依据与实践的可能。教育组织作为培养人的组织，其管理者是人，被管理者也是人。这就要求在教育管理中，必须“以人为本”，重视师生价值的体现，重视师生的需要，按照师生的特点实施管理；协调师生间关系、成员间关系、教育组织与社会间关系；在教育管理的过程中要爱人，体恤师生；同时，在教育管理者的任用和教师的聘用上，任人唯贤。

从教学管理活动的内在属性与基本特征出发，更要严格遵循“以人为本”的规律。这主要是由以下两个方面的原因所决定的。

一方面，教学管理活动的全过程都是由人进行的。在教学管理活动的整个过程中，学校管理者如校长、教学主任等，被管理者如教师、学生等，都是由人所组成的，其涉及了人的全面参与，这也就决定了“以人为本”规律在教学管理活动中的普适性与特殊重要性。

另一方面，教学管理活动的成效与人的积极性、能动性与创造性的发挥程度呈正比关系。教学管理主要是对人类精神领域里的教育教学活动与科学研究活动所进行的管理活动。在这种管理活动中，无论是教师的教学行为、育人行为还是科研行为等，其结果与成效从根本上取决于教师、学生主体能动性的发挥程度，同时也取决于他们心灵深处的自觉程度、思维及行动的程度。

总之，在教学管理活动中，决定教学管理质量的关键在于能否坚持“以人为本”的思想理念，能否充分调动师生的积极主动性、发挥他们的聪明才智。

二、大学生教育管理中的以人为本

在大学生教育管理，以人为本理念主要体现为以学生为中心的原则，一切从学生的成长成才和实际需求为出发点，尊重学生、理解学生、关心学生，强调“管理就是服务”，而不是对学生的“管制”；了解学生个性和需求的多样化，重视学生的多元化发展；充分发挥学生的主体作用；注重开发、挖掘学生的潜在能力，激发学生的自觉能动性。这一理念具体体现在以下三点。

（一）体现学生的主体参与

要充分发挥学生的主体作用，引导学生参与管理实践，使学生成为管理的主人。学生参与管理的主要平台有学生会、班委会、团支部、社团联合会等学生组织，可以通过学生干部定期换届等方式，努力让每个学生都有机会参与管理。在就业管理、安全管理、资助管理等工作中，也要充分调动学生的积极性，引导学生参与相关政策制定和实施，真正实现管理依靠学生。

（二）尊重学生主体需求

要区分不同类型、不同层次学生的特点和需求，分层次、分阶段做深入细致的教育、管理和服务工作，建立起帮助学生成长，解决学生困难，方便学生办事，维护学生权益的大学生管理工作体系，让学生受到最好的教育。为此，大学生管理工作必须从学生的需求出发，把工作的需求与学生的成长成才需求紧密结合；把学生的当前需求与长远需求紧密结合；把学生个人的需求与群体的需求紧密结合；把表面的物质需求与深层次的精神需求紧密结合；努力培养德才兼备，品学兼优，知行合一的社会主义建设者和可靠接班人。

（三）实行民主管理

推行民主管理，尊重学生的主动性和首创性是以人为本理念的重要体现。为此，不仅要增强管理者和学生的民主管理意识，更要完善民主选举、决策和监督等民主管理运行机制，畅通民主管理渠道。

第二节 当代大学生的行为特点

掌握当代大学生的特点，可以预测和把握其行为走向，并进行有效地引导和控制，有助于帮助大学生顺利完成社会化过程，迅速地成长为社会需要的建设者和接班人。本节主要对影响大学生行为的因素和当代大学生行为的主要特点进行分析。

一、大学生行为的影响因素

大学生行为是大学生个体在一定的外在环境刺激和内在心理支配下而形成的行动和作为。大学生个体行为的产生离不开环境和心理两个因素。环境对大学生行为的影响主要起到决定、参与和补充作用，主要包括社会环境、家庭环境、学校环境。心理活动对大学生行为的影响主要从大学生的各种活动中表现出来，且能动地指导调节着人的各种行为活动，主要包括需要、动机、情绪、态度和价值观等。

（一）环境因素

环境是指生物体生存空间内各种条件的总和。从环境的构成范围来讲，可分为宏观环境和微观环境。前者主要指社会环境，后者由学校环境、家庭环境、社区环境构成。环境对大学生行为的影响主要起到决定、参与和补充作用。

1. 社会环境的影响

社会环境具体由社会经济环境、政治环境、文化环境构成。

(1)社会经济环境

经济环境对大学生行为的发生发展具有决定性的影响。它还通过对环境中政治因素、文化因素施加间接的影响。改革开放以来，随着社会主义市场经济体制的逐步确立，开拓与创新、竞争与合作、公平与效率的观念深入人心,大学生强调自主意识、平等意识、竞争意识、效率意识、成才意识,呈现出积极进取、蓬勃向上的行为特征,为适应社会发展需要而努力成才的目标指向鲜明,但是,受市场经济条件下的社会群体利益分配和价值取向的功利化影响,使他们在个人主义与集体主义的抉择上出现了迷惘,在行为上呈现出务实和功利的趋向。

(2)政治环境

改革开放40年来,中国特色的社会主义现代化建设的巨大成就,使大学生对发展中的中国充满了期望,大学生在政治态度上与党和国家的政治导向基本同一,政治观念日趋成熟,维护国家主权、民族团结成为大学生的共识。但是,对如何解决贫富差距、东西部差距、民生问题、腐败问题等仍存在困惑。从国际意识形态斗争看,西方敌对势力利用先进的科技,大量传播、输出文化产品,以潜移默化的方式向我国青少年一代传播生活方式、价值观念和政治制度。国内外错综复杂的形势,使政治辨别力弱的大学生存在政治信仰模糊、理想信念缺失,政治行为具有非理性的特征。

(3)文化环境

当今社会,"信息爆炸"已使文化的传递速度加快、发展规模惊人,经济的全球化决定了文化的全球化,文化全球化的特征使大学生接纳的资讯日益丰富,互联网的发达更使世界趋向无界化,地球村的共享与生存方式逐渐进入我们的生活。大学生虽然能够敏锐感知并迅速接纳新的社会思潮和文化潮流,但如何在泥沙俱下的文化信息中辨别良莠,挖掘其中的文化底蕴和内涵,如何体现在借鉴西方文化的同时传承民族文化的精髓,这是当代大学生的短板。这就使大学生对先公后私、无私奉献的社会主义价值观产生怀疑,而义利并举、奉献和索取并重、重自我价值轻社会价值相结合的观念在大学生中具有一定的认同度。这种思想倾向,导致了当代大学生存在责任感结构不良、范围过窄的缺陷。这种缺陷表现为履行社会责任时,只强调回报,不讲奉献,引导大学生的责任感脱离社会价值导向。

2. 家庭环境的影响

家庭成员通过特殊的感染力影响个体的思想及行为选择,这就是家庭环境的影响。家庭教育环境的影响是建立在父母与子女的血缘关系、经济关系和感情联系等特殊关系的基础上,这种影响作用,不仅普遍存在,而且带有权威性、亲和性、持久性的特点。家庭环境是大学生成长的基础性环境,家长的教育观影响着子女个性特征的形成和发展。国内外科学研究表明,家长素质、家庭成员的关系以及家庭教育的方式都直接影响着大学生的行为。父母的职业、文化程度、家庭居住环境对家庭的功能产生影响,而家庭功能的健康与否又对大学生身心发展和行为特征具有重大的影响。

在大学生涯的各个阶段，这种影响尽管表现形式不同，但从大学生入学、求知、就业等一系列过程中，无不伴随着这种影响。当代中国大学生多是独生子女，家长过多呵护，造成了大学生任性、依赖性强、不合群、自理能力差的性格特征。大学时期，又是大学生自我意识显著增强，渴望独立，摆脱依附、人际交往需要强烈的时期，两相碰撞，常常使一部分大学生行为受挫，遭受心理挫折，情绪失控，行为偏激，给大学生管理带来不少困扰。

此外，我国现阶段家长期望值构成上还有一个危险的倾向，就是重子女的智育、美育、体育成就，对子女的品德发展漠不关心，轻视德育投入，在对子女的影响中完全没有意识到德育才是大学生社会化的动力和灵魂。这就是当代大学生在行为特点上重智力因素轻德性因素的肇始。

3. 学校环境的影响

学校环境包括校园物质环境和校园文化环境。校园物质环境是大学生行为的载体，大学生既是校园环境的创造者和建设者，又是校园环境的审美者和享受者，美好的校园环境对人产生持久的、潜移默化的教育影响，引起大学生的思想感情、审美观念的内在变化，对大学生的行为产生无形的影响。

校园文化环境包括教风、学风、校风、制度、文化氛围和文化活动等软环境建设方面，优良的校风对大学生的行为产生着直接的影响。优良的校风一经形成，就会在学校构成教育心理氛围和舆论环境、影响学校的教学活动与教育活动，成为建立学校荣誉、维护学校利益的强大的精神动力。学校的校园文化氛围、教师的教风、学生的学风，都直接影响着大学生的思想品格和行为方式。健康的校园文化氛围使人积极进取，勇于创新；良好的教风可大大提高学生的学习兴趣，催人奋进，促人成才；同学们良好的学风会对个体产生压力，起到激励、鞭策的作用。相反，沉闷的校园氛围和不良的学风，则会使人松懈和堕落。

当前，对大学生行为的影响，不仅要着眼于良好的制度、文化环境，采取强制和非强制的约束手段，对大学生行为起到调节、约束、规范和导向作用，更要注重发挥校园文化的育人功能。随着网络时代的来临，给学校软环境建设带来新的挑战和机遇。互联网强大的资讯功能和多样化的文化旋风扑面而来，缺乏自制能力、身心在不断发展变化、接受新事物又特别敏锐的大学生们，面临着海量信息和理性选择、现实性和虚拟性互相转换的矛盾，一些同学不知不觉将网络交友和聊天看成一种主要的生活内容，把网络游戏作为一种休闲和娱乐的方式，沉迷于其中而难以自拔，于是网络成瘾、网恋、自闭、人格世界虚拟化等心理障碍导致的负面效应如影随形地出现了，成为大学生人格发展的障碍，带来了旷课、挂科、退学等后果，对大学生学习行为造成了负面影响。如何有效利用网络的交互性，发挥网络德育的教化、鉴别、调节功能，是优化校园网络环境建设、调适大学生网络行为的重点之一。

（二）心理因素

大学生行为与大学生个体心理特征密切相关，这主要表现在需要、动机、情绪、态度和价值观等方面。

1. 需要

需要是人脑对生理需求和社会需求的反映。需要是个体行为和心理活动的内部动力，它在人们的活动、心理过程和个性中起着重要作用。人的需要是多种多样的，不同时期可以有多种需要，同一时期可以存在程度和作用不同的需要。需要的层次由其迫切性所决定，在一定的时期，只有那些最强烈、感觉最迫切的需要才会引发人的动机，进而影响人们的行为。需要是大学生行为积极性的源泉，是大学生从事各种认识活动的内部动力，对形成动机、理想、信念等大学生个性倾向有着重要的影响。当代大学生，在学习与成长、生活与健康、休息与娱乐、社交与友谊、恋爱与婚姻、升学与就业等方面存在不同层次的需要，既有多样性又有复杂性，在不同的时期，大学生的需要不同，行为也不同。

2. 动机

动机就是激励人们去行动以达到一定目标的内在原因。当人的需要达到一定的水平并具有某种特定的目标时，需要才转化为动机。需要产生动机，动机引起行为，行为使人产生客观现实的效果。

激发大学生建立较高的成就动机，有利于提高大学人才培养的质量。成就动机理论认为，成就动机与一个人的抱负水平相关联，抱负水平是指一个人从事活动前，估计自己所能达到目标的高低。个人成功和失败的经验通常影响抱负水平的高低。抱负水平越低，对行为方式和结果的要求就越低，所以越容易满足，抱负水平越高，对行为方式的要求越高，所以不易满足。制约抱负水平的两个因素是个人的成就动机和个人根据已往的失败经验对自我能力的实际估计。抱负水平高的人，在行为上表现为积极上进，精益求精；抱负水平低的人，在行为上表现为马马虎虎，得过且过。一般来说，一个事业的成功者往往具有较高的抱负标准。大学教育者要善于通过言传身教，循循善诱，不断激发学生成就动机，引导学生树立正确的目标，组织学生参加各种学术文体活动，不断强化学生的成就动机，促进学生的成长成才。

3. 情绪

情绪指人们在内心活动过程中所产生的心理体验。从情绪的表现形式可分为快乐、愤怒、悲哀和恐惧四种基本情绪。从情绪的形成与发展的角度可分为基本情绪和社会情绪，基本情绪是指与人的生理需要相联系的内心体验，具有先天的遗传因素，如人的焦虑、满足、悲哀、恐惧等；社会情绪是指与人的社会性需要相联系的情绪反应，如人的善恶感、责任感、羞耻感、内疚感、荣誉感、幸福感、美感等。社会情绪是在基本情绪上形成和发展起来的，同时又通过基本情绪表现出来的。大学生在大学阶段，更多的是形成和丰富自己的社会情绪的感受和体验。情绪与大学生行为变化之间有相关性。积极的情绪体验与积极的行为变化有一致的关系，来自焦虑、挫折等消极的情绪体验往往对人的行为起到破坏、瓦解和干扰作用。

4. 态度

态度是个体对待一类人和社会事物所持的评价和行为倾向。态度是个体在其生理基础和一定条件下，通过社会环境的不断影响逐渐形成的。态度具有相对的稳定性和一致性，这是人的行为具有一致性的基础，所以态度可以作为对行为预测的依据，因为人总是会自动地在各种态度之间以及态度和行为之间寻求一致性。

态度不是一成不变的，会随着外界条件的变化而变化。态度的改变一般分为服从—认同—内化三个阶段，态度改变主观上与个体的智力水平、性格特征、自我防御程度相关，客观上，改变大学生的原有态度，实质上就是从主客观方面入手，改变影响态度的因素，重新塑造大学生对某些对象的社会态度。可以通过说服宣传、实践活动、角色扮演、团体规定和个性特征来实现逐渐改变大学生的态度取向。

5. 价值观

价值观是一个人对周围事物的是非、善恶和重要性的评价、看法，是个人对某种特定的行为方式或存在状态的持久信念。价值观是人的世界观、人生观、道德观、审美观的综合。人的价值观是在个人的生活实践中经过家庭或社会的教育而形成的，并且强烈地受到人的世界观、人生观的影响和制约。人们的社会政治、经济地位不同，生活阅历、家庭条件、文化水平、职业分工、宗教信仰等因素不同，其价值观也必然存在差异。价值和个体的价值体系不是一成不变的，随着经济地位的变动、生活条件的改善，人的世界观和人生观会发生变化，价值观念体系也会发生改变，但一些基本的价值观会相对稳定，并强烈地影响个人对周围事物的态度与行为。

大学生行为是大学生价值观的具体表现，有什么样的价值观，大学生就呈现出什么样的行为特征。价值观对行为具有导向作用，行为又对价值观有改良和优化的作用。价值观是社会文化的产物，是大学生在社会化过程中逐渐形成的。大学生的价值观，反映了大学生的需要、利益、情感、愿望和追求，反映了大学生实现自己利益和需要的能力特点、活动方式和主观特征。由于大学生价值判断和评价带有明显的局限性和受主客观因素的影响，大学生价值观呈现出复杂性、多变性、多样性的特征，从而决定着大学生行为的不稳定性、多变性和突发性。

二、当代大学生行为的主要特点

（一）大学生行为的基本特点

青年大学生的行为既具有人类行为的共同特征，又具有鲜明的自身的特征。由于青年大学生心理上正处于走向成熟而又不完全成熟的过渡时期，在生活上处于正走向社会而又未正式进入社会的转折时期，他们的行为往往呈现出两重性的特点，具体表现为以下几个特征。

1. 依赖性

青年大学生又具有较强的依赖性，经济上依赖家庭，生活自理能力也有待提高，心理上不够成熟，遇到重大事情，难以决断，需要家人和老师的帮助，因此他们在承担个人责任和社会责任的意识和能力上仍有较大的差距，行为的依赖性同样显著。

2. 开拓性

大学生知识丰富，思想解放，思维敏捷，且好奇心强，善于接受新事物，不愿墨守成规，喜欢标新立异，在行为表现上敢于冒险，勇于探索，有较强的开拓性。

3. 独立性

青年大学生人生经历相对顺利，生活压力相对不大，阅历匮乏，随着独立意识和自身能力的增强，他们崇尚独立思考，独立行动，自我意识强烈，行为的独立特征明显，不喜欢他人干涉自己的事情。

4．自主性

大学生是青年中期，是自我意识发展的关键时期，他们在认识、情感、生理发生了深刻变化，把关注的重点更多转向自身，迫切要求形成自己独特的个性特点和理解方式，行为具有高度的自主性和能动性。

5．理性化

大学生作为受过完全中等教育的青年个体，十分注重个人行为的社会评价，善于对个人行为进行理性分析，他们希望把个人动机与社会要求有机统一，办事力求合情合理。

6．超现实性

由于大学生自我评价的准确性不足和社会实践经验的有限性，其行为又往往具有超现实性的特征，即自我评价过高，人生目标设计理想化；行为动机高尚，行为能力有限，心有余而力不足；对社会复杂性认识不足，行为目的与效果背离。

7．盲目性

大学生的社会经验相对不足，心理状态相对不稳，在行为目标、方式的选择和行为效果的评价上，缺乏深思熟虑和预测能力，因此，其行为具有一定的盲目性，会出现行为动机与行为效果相脱节的状况，行为效率低下。

8．情绪化

由于青年大学生的需要多层次发展，缺乏稳定的动机结构，情绪两极性强，而意志力又相对较弱，他们的行为往往又有突发性、随机性和多变性的特点，行为变化频率超出正常值。

（二）当代大学生的行为特点

当代大学生适逢改革开放的年代，国家发展欣欣向荣，为当代大学生的成长提供可贵的机遇。同时，转型社会、网络时代的冲击，又向他们提出了挑战。在中国发展这一特殊的社会历史条件下，大学生的行为呈现了多重性、复杂性、不稳定性的特点，具体表现在以下几方面。

1. 社会责任感、公民参与意识显著增强

当代大学生亲历中国经济持续稳定增长、国际社会地位不断提升、人民生活水平不断提高的时代，使他们高度认同有中国特色的社会主义理论与实践，认同科教兴国、和谐社会、可持续发展等治国方略。在政治信仰上自觉以中国特色社会主义信念为理性的选择，对国家和民族未来前途与命运的归属感和认同感显著增强，社会责任感显著增强。

目前，我国大学生仍然具有比较浓厚的社会责任感和公民参与意识，这尤其体现在青年志愿服务、对社会公共话题的高度关注等方面。近年来，我国自然灾害、邪恶势力等重大事件频发，面对考验，当代大学生以激情、理性、果敢睿智、顽强坚毅的社会责任感和爱国之心向社会彰显了这一群体的成熟与风采，他们奔走灾区，救助生命，体现了大灾有大爱的人文情怀。

2. 竞争意识和职业规划意识逐渐增强

大学生是青年社会化的准备期，行为的目的性是大学生行为的重要标志之一。改革开放以来，随着社会主义市场经济体制的逐步确立，开拓与创新、竞争与合作、公平与效率的观念深入人心，大学生日益强调自主意识、平等意识、竞争意识、效率意识、成才意识，为适应社会发展需要而努力成才的目标指向鲜明。需要产生动机，动机支配行为，行为的结果满足需要。大学生的行为表现，源于大学生的需要驱动。学习动机强烈、成才愿望强烈、竞争意识强烈，反映了大学生强烈的成才需要，成为大学生职业发展的内驱力。

开放、竞争、独立、创新的成才标杆，对人生的美好憧憬，使大学生在入学之初，就以就业、升学或出国深造为目标指向规划未来，这种目的性需求的指向和归结，引导和规定了大学生的行为方向，使他们具有强烈的自我实现的愿望。职业生涯规划就是大学生求得自我实现的最主要途径之一，是大学生职业规划意识增强的主观因素。当今大学生择业首先考虑的是职业能否为自己提供良好的职业发展前景，能否为发掘自身的潜能、实现自我价值提供机会。随着高等教育从精英教育到大众教育的转型，就业竞争日趋激烈成为大学生逐渐提高职业规划意识的客观因素。

3. 主体意识和人际交往意识强烈

市场经济的客观影响、网络社会的来临和青年期成长特点，使大学生主体意识空前增强，不仅关注外表、行为的外在因素，而且更关注自己的性格、智力、人际交往能力、组织能力等内在因素。在学习上崇尚为我而学，强调对知识和学习的自主性；在个性上要求独立，要求摆脱对他人的依附、对规则的束缚，要求独立表达自己的见解，对事物的评价倾向于批评和怀疑的态度；渴望尊重和平等，渴望获得老师、父母、同学的认同，渴望与周围的人群建立良好的人际关系；参与意识显著增强，对校园政治文化活动参与热情高，对涉及效率与公平、大学生切身利益的问题关注度高。

大学生人际交往以强调合作、互利和追求共同理想为主流，一项大学生人际交往目的性研究表明，大学生与同性朋友的交往是利己的（自我完善、功利）和互利的（互助、友情）；与异性朋友的交往目的比较复杂，有利己的（自我完善），也有利他的（自我奉献、侠义、仗义疏财），还有互利的（互助）；与教师交往的目的主要是利己的（自我完善、自我防卫）和利他的（侠义），利他的成分比较少；与父母交往的目的以相互理解、相互爱护为主，功利的成分比较少。

4. 政治辨别能力、品德自我发展能力有待增强

政治价值观是指主体根据自己的道德需要在政治立场、政治态度、政治宽容、政治价值判断等方面所持有的内在尺度。社会环境的复杂性对当代大学生政治价值观的确立产生了重要的影响。在社会经济不断发展的前提下，大学生们对执政党如何解决贫富差距、社会公平、民生问题、党风廉政等问题仍然信心不足，对西方国家采取以传播、输出文化产品的方式传播西方意识形态的手段，政治敏锐性不强，对瞬时性、无国界互联网的信息真实性和准确性的判断力不足，使大学生的政治辨别力出现相对弱化的倾向。由于缺乏政治经验和社会生活的磨炼，他们对一些复杂社会问题的看法往往简单化，对自己行为带来的客观后果预见性不强，具有盲从性和盲动性。一些大学生存在政治信仰模糊、理想信念缺失、重自我价值轻社会价值相结合等社会责任感结构不良倾向，在一些国内外重大社会问题的价值选择上出现无所适从的现象，政治辨别能力有待增强。

当代大学生，在学习成绩、计算机能力、外语能力上远远超越了以往任何时代的大学生，却往往在社会的道德考量和人品测试中败下阵来。当前，校园中考试作弊、论文抄袭、就业材料造假、逃避偿还到期助学贷款等失信行为不同程度地存在，正是当代大学生的德育与智育发展不平衡的体现。全球化发展趋势加快，网络化信息社会来临，这就使大学生行为德性自我发展不足的现象更为明显。

5. 行为选择日趋务实，实践能力有待增强

经济一体化、文化多样化、价值多元化的时代特征，使当代大学生的价值取向日趋多样化。市场经济求利原则和社会竞争压力的增大，使他们对自我发展的忧患意识增强，在行为选择上趋于务实，在价值取向上呈现出更多的实用主义色彩。一些大学生呈现出知行脱离现象，集体意识出现了淡化的倾向，即思想观念上认可集体主义价值观，但在实践上却不内化为自身的行动，体现出一定的个人主义倾向，不同程度地存在着关心集体、建设集体的热情下降，集体归属感和凝聚力降低，注重奉献和索取的平衡等状况，个别学生还出现了追求实惠、强调个人私利的个人本位取向。

实践活动是大学生自主性学习、探究性学习、创新性学习的主要方式，也是素质教育的主要内容，实践能力的弱化，不仅与社会发展的要求不匹配，而且与大学生强烈的成长、成才需要不适应。根据大学生行为的发生发展规律，有的放矢地开展多渠道的实践活动，促进实践型、创新型人才的培养，是当今大学教育的重要任务。

6. 情绪控制力、挫折适应能力以及行为自律性有待提高

大学生的情绪具有丰富性、不稳定性、冲动性、阶段性和内隐性的特点。在计划经济向市场经济的转型时期，面临着体制变革、新旧价值观的更替以及种种复杂社会现象的冲击下，当代大学生情绪受到更多的困扰，加上家庭和自身的期待，大学生行为体现出更多的突发性和波动性。

由于当代大学生需要层次的多样性和复杂性，大学生存在应对挫折能力偏弱的行为倾向。在遇到学习、生活、人际交往的挫折时，会受到自己的阅历和经验不足的制约，往往产生焦虑、倒退、固执、反向、逃避、压抑、冷漠等消极反应，出现愤怒、生气、消极颓废等行为倾向，由于应对挫折的能力偏弱，挫折容忍度低，没有正确对待失败，一些大学生容易陷入厌学、酗酒、自闭、恋网等不良行为而不能自拔。

当代大学生行为的自律性不强主要体现在自我管理和自我约束能力不强。当代大学生大多为独生子女，缺少独立生活的经验，进入了大学校园后，往往出现生活不注重细节，自理能力较差的状况，一些大学生还不同程度地出现了我行我素、同学关系不睦的人际沟通障碍，一些大学生消费观念超前，持享乐主义态度的人大有人在。许多行为和他们的一贯行为表现没有必然的联系，通常是不知不觉地发生，这一类行为往往是大学生不满情绪的宣泄和激烈感情的表露，其后果是消极的乃至破坏性的，往往是一些高校危机事件的萌芽。

第三节 基于学生本位的大学生教育管理的基本原则

大学生教育管理原则既来源于人们对大学生教育管理活动规律和客观属性的认识，同时也来源于人们对大学生教育管理实践经验的总结和概括。大学生教育管理原则是否合理、是否科学，关键是看其能否如实地反映大学生教育管理活动规律，以及能否符合人们对大学生教育管理活动的价值需要。当前，大学生教育管理要充分考虑学生的需求，以学生为本。以学生为本的大学生教育管理应遵循以下几个原则。

一、民主管理原则

在大学生教育管理中，要鼓励和提倡每一名大学生都为高校提出合理化的建议。实行这种“参与管理”策略，一方面可以在高校中建立起一种隐性的反馈机制，并通过这种反馈来及时掌握舆情，吸收众人智慧，使高校的各项决策方案和管理措施能够更加符合实际、准确无误；另一方面，还可以让大学生通过参与企业决策活动来增强企业对大学生的凝聚力和职工的自我实现感。在高校中，学生也是主人，他们不但拥有参与大学生教育管理工作的权力，同时也拥有监督大学生教育管理工作的责任。因此，通过有效地发扬民主、广开言路，可以对大学生教育管理工作起到有效的监督、反馈作用。因此，要充分调动大学生的积极性和创造性，进行民主管理。在大学生教育管理中坚持民主管理原则要做到以下三点。

首先，唤醒学生的自主管理意识。在大学生管理过程中，要营造轻松、愉快的氛围，使学生的自主需求得到尊重；同时，要使学生体会到自主管理的成就感，享受自主管理收获的成果。

其次，打造学生自主管理的平台。辅导员要抓好班委会、团支部、学生会等学生组织为载体的自主管理平台，增强凝聚力、吸引力，建立定期流动机制和激励机制，充分保证学生广泛地参与到自主管理中来。

最后，加强对学生自主管理的指导。自主管理不等于放任自流，必须加强自主管理的指导，才能保证管理的方向和实效。对此，首先要明确方向，定准目标，告诉学生工作要达到的程度和要取得的效果；其次，定好标准，明确思路，告诉学生怎样开展工作；再次，做好监督，对学生任务执行情况进行跟踪观察，时刻关注工作进展情况；最后，及时反馈，帮助学生及时调整方向。坚持做好以上几步就能确保学生工作在正确的轨道上进行。

二、激励性原则

激励性原则,是指大学生教育管理中利用一定的物质手段或精神手段,引导学生思想行为的变化,调动学生的积极性、创造性,使学生的潜能得到最大限度发挥,从而实现管理目标的基本准则。在大学生管理中贯彻激励性原则,需要做到以下三个方面。

首先,在管理中树立典型,通过榜样进行激励。榜样使人有目标,有方向。因此,要善于树立榜样,培养榜样,宣传榜样,并鼓励学生学习榜样、争做榜样、成为榜样。

其次,采取情感激发的方式。要确保管理目标的实现,一般都要有感情的催化。当管理者与学生平等对待、敞开心扉、相处愉快时,管理活动就比较容易开展;当双方针锋相对、互不理解时,学生往往产生抵触情绪,管理效果就会打折扣。因此要求管理者不仅要以制度约束人,而且要以真情感染人,注重沟通,消除疑虑,用欣赏的眼光去看待学生,使每个学生的需求都能得以尊重、困惑得以解决、特长得以发挥。

最后,运用正向激励手段。正向的激励主要有两种:一种是物质上的,主要指金钱或是实物,对学生进行一定的物质激励,有助于调动学生的积极性、主动性;另一种是精神上的,主要指通过各种形式的表扬,给予一定的荣誉。在大学生管理中,要协调好物质激励和精神激励的关系,依据学生的实际情况采取相应的激励手段,确保管理效果。

三、发展性原则

大学生教育管理坚持发展性原则,包括两个方面:一是管理工作本身要不断发展,二是通过管理促进学生的全面发展。后者是推进大学生教育管理工作的目标之一,对此,需要做到以下两点。

第一,树立发展意识。思想是行动的先导,有什么样的发展理念,就会有与之相应的管理方式和结果。传统的大学生管理重管理,把管住学生作为学生管理的出发点。对此,大学生教育管理坚持发展性原则亟须转变传统的观念,要有意识地把学生全面发展作为管理活动开展的前提。在大学生管理中,牢固树立促进学生全面发展的责任感和紧迫感,打破思维定式,以新的发展观念指导管理决策,设计管理计划,谋划学生的全面发展。

第二,不断推动管理创新。随着社会经济的迅速发展,大学生教育管理工作面临着新环境、新问题，大学生在思想上出现了迷惑和困扰，在观念上呈现出多元化特点。这都对大学生教育管理工作提出了新的要求。可以说，创新大学生管理工作成为时代和社会赋予的重任。

四、依法治校原则

在阶级社会中，教育总是带有阶级性的，其本质上是社会意识形态领域里渗透与反渗透斗争表现最为激烈的场所。在当前阶段下，贯彻我党的教育方针的首要任务就是要坚持各级各类学校的社会主义办学方向始终不动摇。根据《中华人民共和国教育法》的要求，在我国境内举办的各级各类学校，包括各种民办学校，都需要坚持社会主义办学方向，必须以培养社会主义现代化建设者和接班人为己任。

在当前阶段下，我国很多高校还存在极度看重学生考试成绩的现象，这与党的教育方针是相背离的。要想促进学生的全面发展，就必须大力推进素质教育，这是新时期教育的必然选择。

从本质上来说，党的教育方针的实质就是要促进学生德、智、体、美、劳全面发展。处理好德育、智育、体育、美育、劳育等各育之间的关系，坚持齐抓共管、协调并施、整体推进，是全面贯彻党的教育方针的核心所在。为此，在教育、教学和管理工作中，必须坚持德、智、体、美、劳各育并重。在当前阶段下，在这方面还存在着较大的问题。例如，相当一部分高校依然以智育为重，而忽视德育、体育、美育、劳育等。也有一些学校仅仅把对德育的重视停留在口头上或文件上。对于诸如此类的不科学的教学行为，各级教育行政人员和学校管理者的确需要加以认真反思，力争有效地解决和改进。

五、反馈调节原则

反馈指的是信息指令中心对输出的指令信息的执行情况的再回收。客观来说，一个系统要维持其正常运转，就需要对其组成各个要素的运动情况随时加以协调与控制，从而完成协调与控制的基本条件。在大学生教育管理活动中，想要较好地完成既定目标，就必须要切实贯彻反馈调节原则。具体来说，应该从以下两个方面做起。

第一，建立一个大学生教育管理反馈机制。一方面，要改变教育督导机构与同级教育行政部门之间的隶属或从属关系，使其机构、权力和责任能够相对独立出来，即从中央到地方建立起一个纵向垂直领导的教育督导体系。各省的督学由国家总督学委派进驻各省，仅接受国家督学的领导，而不接受各省级教育行政部门的领导。另一方面，要加强教育信息传递。在当前阶段下，我国各个高校都有一定的学术团队，专门进行教育科学研究。要贯彻反馈调节原则，他们就应当在发挥理论指导作用的同时，也注意进行教育情报信息搜集、整理、加工、过滤、反馈，并且向上级及时反映教育信息，从而发挥大学生思想库、情报部和信息库的功能。

第二，学校管理者要广泛开展调查研究。对于学校管理者而言，其应当深入第一线，通过对基层情况进行深入细致地了解、勘察和调研，以起到对指令信息执行情况的反馈与监督作用。重视调查研究、深入基层，是我党的一贯优良传统。在当代社会中，这种优良传统非但不能丢弃，而且还应当得到进一步的巩固和强化。“没有调查研究就没有发言权”，这句话应当成为学校管理者所恪守的至理名言。在当代大学生教育管理工作中，一方面，应当让开展调查研究成为对广大大学生教育管理干部一项严格的基本工作要求；另一方面，还应当使其以制度的形式固化下来，以便大学生教育管理工作有章可循。

六、弹性灵活原则

大学生教育管理工作中所碰到的问题，可能大多数都是千丝万缕、错综复杂的，而且其内部条件和外在环境皆处于动态的变化之中。因此，在制定、实施任何一项大学生教育管理决策或者措施的时候，都必须要保持一定的弹性，以保证伸缩回旋的余地。唯有如此，才能使大学生教育管理系统在动态运行中保持平衡和适应机制，以实现和达成既定的目标。

坚持弹性灵活的原则，在大学生教育管理活动中有着十分重要的意义，因为大学生教育管理中所碰到的问题从来都不是单一因素的，大学生教育管理对象——大学生总是处于不断运动变化之中的，大学生教育管理作为一种实践活动，必定产生一定的结果。对于一所高校来说，要真正在管理工作中贯彻弹性灵活原则，就必须做好以下几个方面的工作。

首先，要树立弹性管理理念。与其他领域的管理活动相比，大学生教育管理活动具有周期长、见效慢、变量大、不确定等特点。出于这些方面的考虑，学校管理者在从事大学生教育管理活动之时，必须要时刻注意保持管理方法、手段和措施上的灵活性。在经济管理活动中，一些刚性或者硬性的管理手段和措施可以直接运用，但在大学生教育管理中就不一定适合，因为大学生是一个非常复杂的群体，他们有着各种各样的个性特征。

其次，要把握好“弹性”和“刚性”之间的度。在大学生教育管理工作中，管理者必须要把握好“弹性”和“刚性”之间的度。具体来说，如果弹性过强而缺乏刚性，容易引发整个大学生教育管理工作涣散，以至于出现无组织、无纪律等现象。相反的，如果刚性过强而缺乏弹性，又容易造成大学生教育管理工作中矛盾重重，甚至会出现“卡壳”“夭折”等现象，同时还容易导致整个大学生教育管理系统缺乏生机和活力。可见，科学的大学生教育管理必须做到刚柔并济、软硬兼施，掌握好“弹性”和“刚性”之间的度。

最后，要在管理方法上做到具体问题具体分析。对学校各项工作的管理，既要制定出明确的标准、严格的规章制度，同时在处理每一个具体问题时，也要注意做到因事、因人而异，因地、因时制宜，切忌教条僵化、故步自封。例如，在大学生教育管理中，在执行考勤制度时，就应将一些一心扑在学习上，却因积劳成疾或某种客观原因而不得不缺勤、请假或迟到的大学生与那些经常随意请假、旷课、迟到、早退的大学生区别对待。学校管理者在处理此类问题时，切忌不分青红皂白地一致处理，否则就可能会挫伤学生的积极性。

七、知人善任原则

每个大学生之间存在着能量大小和才能特长方面的差异。因此，贯彻能级分明原则，就是将具有不同能量和才能特长的人尽量配置到与其相适应的能级岗位上。具体来说，可以把能力较强的人放置到能级层次较高、较为重要的工作岗位上，使其所承担的工作任务与其能力相匹配、相适应。除此以外，在大学生教育管理实践中还要注意用人之长、避人所短，按能级分明的原则用人，尽量做到人尽其才。

第二章　大学生教育管理的基本原理

大学生是十分宝贵的人才资源，是民族的希望，是祖国的未来。加强和改进对大学生的思想政治教育，提高他们的思想政治素质，对于全面实施科教兴国和人才强国战略，确保我国在激烈的国际竞争中始终立于不败之地，确保实现全面建设小康社会，加快推进社会主义现代化的进程，确保中国特色社会主义事业兴旺发达、后继有人，具有重大而深远的战略意义。时代给高校的发展带来前所未有的机遇，同时也给大学生教育管理带来了很大的挑战。随着经济体制、政治体制的改革和深化，不断改变着大学的秩序和规则，也影响着专业设置、课程结构、培养模式的变化和人的观念的变化。在开放的环境下，人们受各种思想文化影响的渠道明显增多，变化明显加快，影响程度明显加深，思想活动的独立性、多变性、选择性、差异性也明显增强，学生的民主意识越来越强烈，婚恋观、就业观等方面发生了很大改变，这些都会对思想政治工作带来冲击。面对新形势、新情况，加强和改进大学生教育管理是一项极为紧迫而重要的任务。而要加强和改进大学生教育管理，必须先了解一些大学生教育管理的基本原理，本章就对这部分内容进行分析。

第一节　大学生教育管理的理念与方法

一、大学生教育管理的理念

有什么样的教育理念就会有什么样的教育行为、教育实践。只有坚持正确的教育理念，大学生的教育管理才能做到科学、有序。就当前的高等教育实践来看，大学生教育管理应遵循以下教育管理理念。

（一）科学管理的理念

大学生教育管理工作是有意识、有目的的活动，既受社会尤其是学校的制约，又受学生的意识、需要、态度、动机等的影响。在大学生教育管理的过程中，管理者只有坚持科学管理的理念才能在管理实践中做到有章可循。这要求管理者一方面应注意不要做高高在上的发号施令者，而应是积极的引导者和平等的协商者。管理者要以学生为友，平等地与学生交流，尊重学生的个性，真诚地为学生提供学业指导、生活帮扶和心理辅导。管理者尤其是辅导员老师，要在管理过程中，创造性地展示自己的才华，在与学生交往、交流中实现自己的理想与人生价值，真正做到互为主体、教学相长。另一方面要加强学生工作机构的建设，强化其组织协调功能，理顺学生管理系统各部门、各层次、各岗位的职责权限关系，使管理工作与教学工作、课堂内的管理与课堂外的管理、学院与机关、机关各职能部门以及各管理者之间坚持统一标准，统一的声音，形成合力，互相促进。

（二）人性化管理的理念

在社会高速发展的今天，大学生教育管理也应当随之而发生改变。很多高校在长期的教育管理实践中都习惯于精确、科学的管理方式，这种方式虽然很有效，但常常会表现出过于强硬的一面，有时会让大学生产生刻板、强势的感觉。对于高校而言，最好的管理方式，其实是刚柔并济，既有讲求原则的一面，同时又存在注重人情的一面，这就要求高校在进行大学生教育管理时要坚持人性化管理的理念。具体来说，学校管理要在不断创新的过程中，注重个体的差异发展、注重群体的和谐发展，注重学校的可持续发展。一方面，高校要充分关注学生丰富多彩的个性，把教学的着眼点从“重教”转到“重学”，这是尊重学生的主体地位，发挥学生的主体作用，促进每一位学生的全面发展；另一方面，高校要高度关注教师的内在需求，使其在为学校创造价值的同时，能够充分实现自我价值，实现学校利益和个人利益的高度统一，达到自我追求和学校需求的最佳结合，从而最大限度地激发教师自身的创造性。

（三）依法管理的理念

依法管理是依法治国方略在高校的具体体现。大学生管理中强调依法管理，是指大学生管理必须要以法律为依据，符合法律要求。坚持这一理念具体要以法律为准绳，依法制定适用于学校实际的内部具体规章制度。目前，大学生管理的一般性法律法规已经比较健全，但是不同类型、不同层次、不同地区的高校有着不同的学生管理具体实际，需要按照《普通高等学校学生管理规定》等法律法规，制定适合学校实际的内部具体规章制度。此外，高校的管理者还应增强法律意识，加强法律知识学习。

我国目前已基本形成了以《中华人民共和国教育法》为核心的教育法律

法规体系。作为大学生管理者,不仅自身要认真学习这些法律条文,深刻理解,做到关键问题心中有数,疑难问题随时查询,同时,还要注意引导学生积极学习各种常用的教育法律、法规和规章,了解自己的合法权利、义务,增强依法维权和依法履行义务意识,养成良好的学法、守法的习惯,为学生适应社会、推动国家法制建设夯实基础。

二、大学生教育管理的方法

大学生教育管理的科学实施,不仅需要遵循现代化的管理理念,而且要采用科学的教育管理方法。从实践来看,大学生教育管理的方法是复杂多样的,各种方法都有其特殊的作用和特点,这里主要介绍几种常见的教育管理方法。

(一)民主管理的方法

当前的大学生管理工作中,实施民主管理势在必行。对民主的追求是人的一种高层次追求。民主与人的素质有关,大学生作为文化素质比较高的人群对民主会有更高更切实的要求。对大学生实施民主管理,不仅有助于大学生学习、生活和社会实践活动的有效进行,也有利于大学生实现自身的全面发展。实施民主管理,应着力做到以下几点。

1. 尊重学生的主体性

对大学生进行民主管理,就是要求在对大学生的管理中重视人的因素,也就是重视大学生的主体性,把大学生视为具有独立人格的个体。要实施民主管理,大学生管理工作者必须改变态度,充分尊重大学生的主体地位,将其视为实现教育目标的主体,实现学校特别是大学生管理工作者与学生之间的互动,倾听他们的心声,反映他们的要求。

2. 正确认识学生的价值

大学生管理的对象是大学生,大学生管理的目的在于促进大学生身心健康的发展,使其个性得到张扬。在大学生管理中,应该充分发扬民主,把大学生既看作高校学生管理工作的对象,又看作管理的主体。着力培养大学生的主体意识,引导大学生自我管理、自我教育、自我服务、自主发展等,促使其主体能力最大限度地发挥,为日后走向社会、走向工作岗位打下坚实基础。

（二）目标管理的方法

目标管理是指学校管理者和组织成员共同确定组织的总体目标，然后转化为部门目标和个人目标，使其与整体目标融为一体，形成目标体系，并以此推进学校管理活动，实现组织预期目标的管理方法。

目标管理的程序主要包括以下几方面。

(1)设定目标。设定目标就是要做到每个院系、每个班级在不同的阶段都要设定不同的目标，如学习目标、实践能力目标、纪律目标、卫生目标以及道德修养和人生理想目标，并以此作为努力的方向。同时，还要注意目标的设定一定要明确清晰、能够量化。要求要适度，既要具有挑战性，又是通过努力可以达成的。最后，还要为目标的实现确定一定的时程，即目标实现要有一定的时间限定，不能无休止。

(2)执行目标。有了目标，大学生便会明确努力的方向，而有了权力，就会产生强烈的与权力使用相应的责任心，从而充分发挥自己的判断能力和创造能力，使目标执行活动有效地进行。

(3)评价结果。成果评价既是实行奖惩的依据，也是上下左右沟通的机会，同时还是自我控制和自我激励的手段。成果评价包括学生管理机构和学生管理工作者对学生的评价，学生对学生管理部门机构和学生管理工作者的评价，同级关系部门相互之间的评价以及各层次自我的评价。

(4)实行奖惩。学生管理部门和学生管理工作者对不同成员的奖惩，是以上述各种评价的综合结果为依据的。奖惩可以是物质的，也可以是精神的。

(5)确定新目标。开始新的目标的管理循环。成果评价与成员行为奖赏，既是对某一阶段组织活动效果以及成员贡献的总结，同时也为下一阶段的工作提供了参考和借鉴。在此基础上，为各组织及其各层次、部门的活动制定新的目标并组织实施，便展开了目标管理的新一轮循环。

（三）系统管理的方法

系统管理就是将相互关联的过程作为系统加以识别、理解和管理，以便组织提高实现目标的有效性和效率。在大学生教育管理工作中实施系统管理，应着力抓好以下几个环节。

(1)建立一个多维立体的大学生管理体系，以最佳效果和最高效率实现管理目标。这一体系应包括：一种大学生管理组织结构、一种符合大学生学习和成长特点和进一步发展的管理模式、一套标准化的工作流程、一套科学完善的大学生管理工作制度、一套行之有效的管理运作方法，等等。

(2)正确理解和把握体系内各过程的相互依赖关系。作为大学生管理工作者,应该力争在学生工作管理过程中做到统筹兼顾,实现体系内各个过程之间的相互协调、相互配合。

(3)各部门及人员需正确认识和理解为实现共同的目标各自所必须发挥的作用和担负的责任,这样才能减少职能交叉造成的障碍,顺利实现大学生管理的目标。

(4)大学生管理的决策者必须准确判断各个管理部门的组织能力,在行动前确定资源的局限性,避免因决策失误或虑事不周而造成人力、物力、财力的浪费。

(5)设定目标,并据此制订计划,设计方案,确定如何有效运作本体系中的一些特殊活动,使之能够高水平完成。

(6)通过研究制定完善测量、评估制度与办法,探索建立评估制度体系,加强对评估指标体系和规范简便评估办法的研究,及时进行检查和评估,从而不断提高大学生管理的质量与水平,努力推进大学生管理目标的实现。

第二节 大学生教育管理的特点与过程

一、大学生教育管理的特点

大学教育与中小学教育有明显的不同。就我国的教育现状来看,由于中学教育受升学的压力,使得其教育教学注重应试教育,而大学教育没有了升学压力,则比较注重学生能力的培养,即以素质教育为主。因此,中小学教育管理以严格规范著称,大学教育管理相对宽松自由。中学教育包办一切,而大学教育则放开手脚,给学生以更多的自由和选择。这种种区别,是由大学所肩负的任务和它的职能决定的,也是由教育对象的身心发展水平决定的。大学教育管理的特点主要体现在以下几个方面。

(一)管理对象较为特殊

大学生教育管理的对象是大学生,而大学生有着区别于一般管理对象的显著特点。首先,大学生是具有高度自觉能动性的人,大学生具有强烈的自主意识、突出的独立意向和较高的智力发展水平,崇尚独立思考,要求自主自治。这就要求在大学生教育管理中必须着力激发和引导大学生的自觉能动性,使他们能够自觉地顺应大学生管理的目标和要求,主动接受管理,积极开展自我管理。其次，大学生是以学习为主要任务，并在教师的指导下进行自主学习的人。大学生的主要职责是学习，大学生的学习是由教师指导的、按照一定的制度和规定有目的、有计划、有组织地进行的。同时，大学生可以按照学校的有关规定自主地选修课程，自主地支配大量的课外学习时间。因而，大学生的学习不仅需要掌握科学的学习方法，而且需要高度的学习自觉性和有效的自我管理。这就要求大学生管理紧紧围绕大学生的学习任务，切实加强对大学生学习行为的指导和管理。再次，大学生是正处于成长和发展关键时期的人，他们的心理日趋成熟但还尚未完全成熟，智力迅速发展，情感日益丰富，自我意识显著增强，但又存在着诸如理智与情绪的矛盾、自我期望与自身能力的矛盾等心理矛盾。同时，也正由于大学生还处于趋向成熟的过程之中，因而在他们身上又蕴藏着各个方面发展的极大的可能性，有着发展的巨大潜力。这就要求在大学生管理中，要针对大学生的特点，切实加强并科学实施对大学生的指导和服务，以促进他们的健康成长，并使他们的身心获得最佳的发展。最后，大学生教育管理有其特有的方法体系。大学生管理所具有的特定的管理对象和特殊的管理规律，决定了大学生管理有其特有的方法体系。由于大学生管理工作涉及面极其广泛，具有很强的综合性，因而需要掌握管理学、教育学、心理学、社会学等多方面的理论方法和技术。但大学生管理的方法体系又不是这些学科方法和技术的简单拼凑和机械相加，而是需要在系统掌握这些学科理论、方法和技术的基础上，针对大学生的特点，依据大学生管理的特殊规律和具体实际，把它们有机地结合起来加以综合运用，从而形成自己特有的方法体系。

（二）更大的开放性

这种开放性表现在大学的专业设置、课程设置和教育教学管理等方面。大学教育强调要适应经济和社会发展，根据社会需要设置专业；各个专业的课程设置方案也会随着社会的需要而不断调整。在大学里，各个专业虽都有自己的课程设置体系，但这只是规定了学生必须学习和掌握的基础专业知识及必备的素质知识。每个大学生可以根据专业的要求和自己的兴趣、爱好与发展目标、知识结构、能力体系，选修不同的课程，制订富有个性化特点的学习计划。学生制订的学习计划，可以选择主修某一个专业，还可以辅修其他专业，也可以按有关规定修读双学位。开放性还表现在学生的学习生活中，大学鼓励学生接触社会，通过多种途径融入社会当中，在社会中学习书本以外的知识。

(三)管理的任务十分复杂

既要紧紧围绕大学生的中心任务,加强对学生学习行为和实践活动的管理和引导,又要切实为大学生的健康成长着想,加强对学生日常行为包括交往行为、消费行为、网络行为的管理和引导,及时发现、校正和妥善处理学生的异常行为;既要加强对大学生现实群体包括学生班级、学生党团组织、学生社团和学生生活园区的管理和引导,又要适应网络时代的新情况,加强对大学生以网络为平台形成的虚拟群体的管理和引导;既要对大学生在校园内的安全加强管理和引导,又要为大学生在校外的安全提供必要的指导和督促……总之,大学生管理渗透于大学生专业学习和日常生活的各个方面,贯穿于大学生培养工作的所有环节和全部过程,其任务是复杂而又艰巨的。

(四)价值导向十分鲜明

大学生教育管理总是为一定社会培养人才提供服务的,大学生管理的目的、管理体制和管理形式总是受到社会的经济基础、政治制度和意识形态的制约。因此,大学生管理必然具有鲜明的价值导向。具体地说,大学生教育管理的价值导向主要体现在以下几个方面。

1. 大学生教育管理的价值导向突出体现在教育管理理念中

大学生教育管理理念是大学生教育管理的指导思想,直接制约着大学生管理的原则和方法。而大学生管理理念也总是体现了社会的价值体系,并往往是社会的先进的价值观念在大学生管理中的贯彻和体现。

2. 大学生教育管理的价值导向集中体现在管理目标中

大学生教育管理的目的以及作为其具体展开的整个目标体系,都是基于一定的价值观念确定和设计的,都贯穿和体现着一定的价值观念和价值追求,因而,大学生管理的价值导向不仅对管理者的管理行为和大学生的日常行为起着导向、激励和评价作用,而且会对大学生价值观的形成和发展起到重要的引导和促进作用。为谁培养人,培养什么样的人,始终是大学生教育管理的首要问题。显然,对这个问题的解决,必然鲜明地体现着一定的价值观念和价值追求。在我国现阶段,也就是要体现社会主义核心价值体系,体现实现中国特色社会主义的共同理想对人才培养的要求。因而,我国大学生管理的目标也必然要体现社会主义的价值导向。

3. 大学生教育管理的价值导向具体体现在管理制度中

科学而又严密的规章制度，是大学生教育管理的基本手段，是大学生教育管理规范化、制度化和法制化的基本保证和主要标志。而管理规章制度总是人们在一定的价值观念指导和影响下制定出来的，总是体现着一定的价值导向，具体表现为要求大学生做什么，不做什么；鼓励和提倡做什么，反对和禁止做什么；奖励什么样的行为和表现，惩罚什么样的行为和表现等等。大学生教育管理制度中的这些规定无不体现着鲜明的价值导向。

（五）受到诸多内外环境的影响和制约

由于教育是受一定社会的经济、政治、文化、科学技术制约的，又反作用于一定社会的经济、政治、文化、科学技术，并为其服务。高等教育是教育系统中的重要组成部分。大学生教育管理又是高等教育系统中的子系统，因此，大学生教育管理也受到社会大系统中各种因素的影响和制约，尤其会受社会生产力和生产关系、经济基础和上层建筑的发展变化的影响。例如，一所高校规模的大小，并不单纯由学校内部管理决定，它往往需要根据国家在一定时期对高等教育事业发展的目标和学校所处的地位来确定。总之，大学生教育管理与工厂生产管理相比，所受到的内外环境的影响要复杂得多。除了物质环境之外，人文环境也深深地影响着大学生教育管理。所以，在大学生教育管理活动中，培育良好的人文环境也是一项十分重要的任务。

从大学生教育管理受到诸多内外环境的影响和制约这一点来看，我们必须把高校与它所进行的高等教育放在整个社会大系统中，作为其中的一个子系统来认识它的种种现象，来进行管理，而不能把它孤立于社会大系统之外。

二、大学生教育管理的过程

大学生教育管理过程主要包括决策、计划、组织和控制四个环节。这四个环节是既相互区别，又相互联系的。

（一）决策

大学生教育管理决策是指大学生教育管理工作者为了达到一定的目标，在掌握充分信息和对有关情况进行深刻分析的基础上，运用科学的方法，从两个以上的可行性方案中选择一个合理方案的分析判断过程。大学生管理决策过程包括：研究现状，明确问题和目标，制订、比较和选择方案等阶段性的工作内容。

1. 研究现状

一般来说,决策都是为了解决一定的问题而制定的,因此要制定决策首先要先分析问题,分析问题是否已经存在,是何种性质的问题,这种问题是否已经对社会、对学校、对大学生自身以及未来发展产生了不利影响。就大学生教育管理来说,分析问题就是分析大学生学习、生活、各种能力的培养、实践活动以及未来就业、创业等可能遇到的种种问题和面临的挑战,确定问题的性质,把问题作为决策的起点。当然,研究这些问题的主要人员应该是学校高层管理人员,这不仅是因为他们要对学校的发展负责、对学生的未来发展负责,而且由于他们在学校中所处的地位使他们能够通观全局,高屋建瓴,易于找出问题的关键所在。

2. 确立目标

在分析了大学生学习、生活、各种能力培养、实践活动以及未来就业和创业等可能遇到的种种问题、面临的挑战或者说不协调之后,还要进一步研究针对问题将要采取的各种措施应符合哪些要求,必须达到何种效果,也就是说,要明确决策的目标。

3. 拟订决策方案

决策方案描述了学校为实现目标拟采取的各种对策的具体措施和主要步骤,但是,由于目标的实现可以采取多种不同的活动,所以应该拟订出不同的行动方案。在拟订方案的过程中,首先,要确保有足够多的方案可供选择。其次,形成初步方案。最后,形成一系列可行方案。

4. 比较与选择

要选择方案,首先要了解各种方案的优劣。为此,需要对不同方案加以评价和比较。这种评价和比较主要包括以下几个方面。

(1)实施方案所需要的条件能否具备,具备这些条件需要付出何种成本。

(2)方案实施能够给学校和学生各自带来什么利益(包括长期利益和短期利益)。

(3)方案实施中可能遇到哪些问题,其导致活动失败的可能性有多大

根据上述评价和比较,便可以寻找出各种方案的差异,分析出各种方案的优劣。在此基础上进行的选择,不仅要确定能够产生综合优势的实施方案,而且要准备好环境发生变化时可以启用的备用方案。确定备用方案的

目的是对可预测到的未来变化准备充分的必要措施和应急对策，避免在情况发生变化后因疲于应付而忙中添忙，乱中增乱，或束手无策而蒙受这样或那样的损失。

（二）计划

计划过程是决策的组织落实过程，决策一旦做出，计划就要紧紧跟上。计划是对决策目标的进一步展开和落实，离开了计划，决策便失去了意义。大学生教育管理计划就是在决策既定目标的前提下，进一步根据实际情况，科学地、及时地预计和制订为达到一定的目标的未来行动方案。

1. 大学生教育管理计划的内容

在大学生教育管理中，计划的主要内容包括以下几个方面。

(1)有关学校基本情况的分析结论

了解学校的基本情况是制订科学合理的计划的基础，通过对学校基本情况的分析，大学生教育管理者可以从中找到本次计划要解决的主要问题。

(2)学校管理整体目标、部门目标的设置

学校管理、部门目标的设置是计划的重要内容之一，其中，学校管理目标是指把学校办成什么程度和标准的学校。整体目标确定后，需要对其进行分解和具体化，包括教学工作目标、德育工作目标、总务工作目标等。学校部门目标是整体目标要具体实现的目标，它需要体现整体目标的要求，其设置要有比较确定的定性或定量指标，同时还要具有较强的可操作性。

(3)实施方案(行动措施)

有了目标之后最重要的是对目标进行落实，因此，在大学生教育管理的计划中，实现目标的具体措施是必不可少的。具体来说，主要包括以下几方面内容。

第一，工作任务的落实。计划中需要明确工作任务的规范、标准以及完成时间，只有这样才能够使相关人员对自己的工作心中有数。

第二，实施程序的安排。为体现计划实施的有序性，需要确定先做什么，后做什么，分为几个阶段完成等，从而提高管理工作的科学性。

第三，对各种资源的分配。在实施过程中，为保证管理工作的有效性，需要合理分配管理资源，应结合学校的特点，满足教学工作的需要。

2. 大学生教育管理中制订计划的依据

在大学生教育管理中，计划的制订不是凭空而来的，而是需要有一定的依据。这些依据主要包括以下几方面内容。

(1)国家和社会的要求

大学生教育管理计划的制订,必须考虑国家的教育方针、政策、法规、上级教育行政部门的指示和具体任务、社会对学校工作的要求等,从而保证计划的正确方向。

(2)教育理论

大学生教育管理是围绕着教育、育人活动而进行的,因此计划的制订必须以教育理论为依据,反映教育、教学及管理的规律和特点,在实行的过程中,要考虑学校教育工作的特点、教师劳动的特点、学生的身心发展规律等。

(3)学校的具体情况

不同的高校有不同的工作目的和任务,因此高校在制订本校的计划时,必须要考虑本校的具体情况,包括人力、物力、财力状况,工作对象的主客观条件等,对其他高校的计划可以进行借鉴,但是不能照搬。只有高校根据自身的具体任务,有计划地培养人才,才能使学校的各项活动取得较好的社会效益。

(三)组织

大学生教育管理组织就是高校学生管理机构和学生工作管理者为了有效地实施既定的计划,通过建立管理机构,确定职位、职责和职权,协调相互联系,从而将组织内部各个要素联结成一个有机整体,使人、财、物、信息、时间、技术等资源得以最佳配置和利用。大学生教育管理组织主要从以下三个方面入手。

1. 大学生管理机构

大学生管理机构设置是否科学合理,组织工作是否有效,直接关系到大学生的成长和未来发展,关系着大学生管理目标的实现。要有效地实施大学生管理,一定要使大学生管理组织机构科学化、合理化,为此,就需要构建一套科学的大学生管理机构并使之有效发挥其职能。

目前,各高校的学生管理工作已形成了大致一致的组织结构形式,具体表现为:学校党委和学校行政→校党委副书记和副校长→学生工作处和团委→院系党总支副书记→年级辅导员→学生会。

2. 大学生管理工作者的职务设计

为了提升大学生管理工作成效,各高校正在进行学生管理工作者的新的职务设计,力求实现学生管理工作者的“三化”——职业化、专业化和专家化。大学生管理工作是集理论性、知识性、实践性、时代性和时效性于一体的工作，它致力于大学生的成长和发展，应该成为一种专门的职业。学生管理工作者既应该是学生教育管理服务工作的多面手，又应该是学生就业指导、生活学习指导、成才指导、心理咨询、形势与政策教育等方面的专业人才，唯有如此才能满足学生管理工作的需要，提高管理成效。在实际工作中，不仅能应付日常事务，还要认真研究学生工作中出现的新问题，要像专家和学者那样，把学生管理工作当作一种事业去经营、去追求，掌握学生管理工作的规律和艺术，成为学生管理工作方面的专家学者。

3. 大学生管理队伍的人员配备

为了进一步提高高校学生管理的水平和成效，各高校应该根据教育部的要求和实际工作需要，科学合理地配备足够数量的学生管理工作队伍，在保证数量的基础上，专兼职相结合，不断优化结构。目前，各高校的学生管理工作基本上采取院系主要负责制，由院党委副书记、专职辅导员及兼职辅导员协同工作。此外，基于目前大学生就业形势的日益严峻，不少高校在大学生管理队伍中尝试配备职业指导人员，旨在为大学生成功就业提供指导和必要的帮助。

（四）控制

控制是大学生教育管理过程一个不可分割的部分，是管理的一项工作内容。大学生教育管理控制是对大学生教育管理的计划、组织等管理活动及其效果进行测量和校正，以确保组织目标以及为此而拟订的计划得以实现的有效手段。大学生教育管理控制是大学生管理机构和每一位大学生管理工作者的重要职责，正确和因地制宜地运用控制手段和方法是使控制工作更加有效的重要保证。

对大学生教育管理进行控制，不是盲目的、无序的，要到达有效控制，首先要做到适时控制。最有效的控制不在于偏差或问题出现以后的处理和补救，而在于事先通过适时控制消除可能导致偏差或问题的各种可能性，从源头上防止偏差或问题的形成。这也就是说，纠正偏差和解决问题的最理想方法应该是在偏差或问题未产生之前，就注意到偏差和问题产生的可能性，预先采取必要的防范措施，防止偏差或问题的产生。对此，各学校可根据自己的实际情况，建立一支由班级、院系有关师生组成的突发事件预警队伍，该队伍的每位成员都要接受专门的培训，并且明确职责和分工，定期对本班、本系、本院的学生进行了解、评估和帮助，将有关的信息汇总到学校的突发事件干预机构，再由突发事件干预机构根据实际情况统一部署，采取相应的措施。与事后的亡羊补牢之举相比，事先的适时控制才是最重要的，与其在偏差或问题发生之后进行补救，莫若事先适时控制。

此外，对大学生教育管理进行控制，还要做到适度控制。适度控制是指控制的范围、程度和频度要恰如其分，恰到好处。一般来说，要注意以下两个方面的问题。一是既要避免控制过多又要防止控制不足。就大学生教育工作而言，行之有效的控制应该是既能满足对活动监督和检查的需要，又要防止与大学生产生激烈冲突。二是全面控制与重点控制相结合。学校管理机构和学生管理工作者不可能，而且也没有必要不分轻重缓急、事无巨细对大学生的所有活动进行控制，可找出影响大学生活动效果的关键环节和关键因素，并据此在相关环节上建立预警系统或控制点，进行重点控制。

第三节　我国大学生教育管理情况及其发展趋势

一、我国大学生教育管理的情况

从时间上来看，我国大学生教育管理体制改革的深化突破时期大约从1997年至今。经过全面推进时期的发展，到1997年，我国大学生教育管理体制已经取得了相当丰厚的成果，但同时也存在一些问题，如虽然国家号召要放宽高校办学的自主权，但在具体贯彻实施的过程中，还带有一些计划经济的痕迹。因此，党的十五大上提出了“优化教育结构，加快高等教育管理体制改革的步伐，合理配置教育资源，提高教育质量和办学效益”的改革思路，开启了新一轮的大学生教育管理体制改革的大门。

为落实十五大精神，大力推进大学生教育管理体制改革，国家教委于1998年组织召开了全国高教管理体制改革经验交流会，在会议上，时任国务院副总理的李岚清将原来高校管理体制改革的“共建、合作、合并、协作、划转”调整为“共建、调整、合作、合并”八字方针。1998年，中央连续下发《关于调整撤并部门所属学校管理体制的决定》《关于调整撤并部门所属学校管理体制的实施意见》《关于调整五个军工总公司所属学校管理体制的实施意见》《关于调整国务院部门(单位)所属学校管理体制和布局结构的决定》等文件，对原属中央直属院校的高等院校进行了裁撤、调整等，按照“共建、调整、合作、合并”的方针，在对有关部门和单位所属普通高等学校管理体制调整的同时，调整学校布局结构，优化教育资源配置。同年，《中华人民共和国高等教育法》在第九届全国人民代表大会上通过，以法律的形式对前一阶段的高等教育体制改革进行了巩固。1999年，国务院批转教育部《面向21世纪教育振兴行动计划》,要求"继续实行'共建、调整、合作、合并'的方针",在国家宏观政策指导下,形成中央和省级政府两级管理、分工负责的大学生教育管理制度。

进入21世纪以后,伴随着市场经济的不断完善和高等教育改革的不断推进,高校管理体制改革、招生制度改革、收费制度改革、高职(大专)管理体制改革、高校后勤社会化改革,尤其近年来的高校扩招等,极大地解放了高校的生产力,使我国的高等教育发展规模已经超过美国,跃居世界最前列。根据教育部发布的数据显示,截至2017年,全国共有在校大学生2695.8万人,较1978年的86.7万人,增加了30倍;高等教育的入学率从1978的1.55%上升到2017年的42.7%。在高等教育快速发展的同时,大学生教育管理工作有了长足进步,国家先后出台了一系列改革措施,将竞争机制引入了管理当中,校风、班风、学风建设得到明显加强,大学生素质有了很大提高,正气、凝聚力、向心力在上升。但是在肯定成绩的同时,还应看到目前高校学生管理工作中还存在许多与市场经济发展对人才培养要求不相适应的地方,还有许多需要进一步改革探讨的问题。主要表现在以下几个方面。

首先,高校对学生管理工作重视不够,投入不足。当前全国高教系统都在进行转变教育思想,教育观念大讨论,都在紧锣密鼓地进行教学工作改革、劳动人事制度改革和后勤服务保障体系改革,而对学生管理工作的改革却谈得不多,研究不够,措施不到位,没有引起学校领导的高度重视,使学生管理工作跟不上学校整体改革的步伐。

其次,高校政工队伍整体素质不高。由于学校对政工队伍建设重视不够,力度不大,措施不当,致使政工人员待遇偏低,发展机会较少(主要包括业务进修和学历深造机会),整体学历层次偏低,高学历优秀人才得不到补充。部分政工人员思想觉悟下降,不安心本职工作,不认真钻研业务,工作中缺乏事业心、责任心、主动性和敬业精神,没有创新意识,严重影响了学生管理工作质量的提高,影响人才培养质量的提高。

再次,学生管理工作体制不顺,分工不清,责任不明。高校学生管理体制存在着多种类型,有的是"合一型",有的是"混合型",还有的是"侧重型"和"分散型",不管哪种管理体制都没有充分发挥管理的育人功能,造成学生管理工作体制不顺、分工不明、责任不清、重点不突出,缺乏整体性、全局性。

最后,学生管理工作缺乏系统性、科学性和预见性。高校学生管理工作头绪多、范围广、数量大。工作中经常出现胡子眉毛一把抓,没有主次之分,盲目性、随意性较大,系统性、科学性不强,缺乏创造性和预见性,管理制度和管理监督考核评估体系不健全,有的即使健全了而真正落到实处也很少。管理手段落后,不能适应现代化科学管理需要,导致学生管理工作整体水平不高，效果不明显。

二、大学生教育管理的发展趋势

（一）大学生教育管理制度与程序更加规范

大学生教育管理的制度与程序更加规范化也是不言而喻的。古典管理学派曾主张管理层次系统化、规格化和集权化，行为科学学派则主张分权的、较为松散的组织管理。不论是哪一个学派，管理的规范化都在很大程度上保障了管理水平和效率的提高。由于管理工作的不规范，没有按照规范工作而造成管理混乱以及降低高等教育资源的利用率的现象是存在的，如一直没有适当的规范标准来统一衡量高校各类人员的工作量，由此造成了平均主义，从而极大地挫伤了教职工的积极性；有些高校在使用仪器设备时没有十分严格、规范的操作章程，极大地增加了仪器设备的损坏率；各种统计报表由于没有统一口径和严格制度，在具体填报过程中往往出现随意性，使统计数据部分失真；大量高校对教师从事第二职业没有明确的制约，致使有些教师承担过多的第二职业工作量，这对学校教学、科研质量造成了严重的不利影响；对于学院与学院、系与系、处与处之间需要合作才能完成的事往往没有明确规定，造成每事都要花费大量的时间与精力进行研究协调；由于没有严格的制度和岗位规范，使领导陷于不必要的具体事务中，不能够各司其职，因此不能够进行深入调查、获取有效的信息，不能进行科学决策等。因此，未来我国的大学生教育管理制度与程序必然更加规范。

（二）对大学生教育管理者的要求更高

在当代社会中，社会政治、经济、文化飞速发展，管理人员队伍中不断有新鲜血液输入，新的管理人员大量替代老的管理人员，再加上现代高等教育组织的变化很快，复杂程度越来越高，已经使任何一个想有所作为的大学生教育管理人员都必须接受管理本部门相应水平的专门知识的训练，提高技能，以便在纷繁的高等教育组织中恰如其分地利用和发挥其管理的天才。[①] 也因为如此，未来，社会对大学生教育管理者的要求会越来越高。目前，各级高等教育行政管理部门的领导者一般都具有较高的学历和较高级技术职称，对年轻的、具有研究生学历的管理者进行不断的补充，这些管理者越来越受到这些部门的欢迎。目前高校的党政主要领导，尤其是校一级领导，大

---

① 徐金燕．高等教育管理研究[M]．北京：石油工业出版社，2008：235－236．

都由具有高级技术职称、较高学历学位、具有一定的国际留学和出国学习背景者担任。这里强调学历,其实是要求大学生教育管理者在大学生教育管理方面具有真正的才能和学识,学历要求意味着需要有与时代发展相适应的大学生教育管理者,具有较新、更高的综合知识、较强的专业能力、辩证的和系统思维的能力、科学决策的能力。近年来,不少重点高校启用在国内外获得博士学位的高层次人才担任校级和二级部门重要的领导职务,充分发挥他们对国际高等教育最新发展前沿动态学习和理解的优势,应用先进的管理思想、管理技术和方法推进学校的工作向前发展。

(三)大学生教育管理更加注重管理效益

管理效益是大学生教育管理中难以阐释又必须要阐释的一个概念。目前,学术界的学者进行管理效益的相关研究的切入角度不同,因而其对于管理效益的定义也是各不相同,可谓见仁见智。在这种学术研究氛围中,企图以一个简单的程式去解释丰富多彩的高等教育系统的管理效益问题是不现实的。管理效益实则也是一个权变的概念,一方面在社会主义市场经济条件下高等教育活动本身是多目标、多价值观的统合,另一方面管理者自己的个性特征也是重要的变量,对管理活动具有直接影响。将管理人员的个性特征与组织特征、情境特征综合考虑后提出的大学生教育管理效益指标体系,是具有可操作的。

无论从管理学或管理心理学角度,都应当高度重视大学生教育管理的两个重要特点。第一,反复强调的高等教育是一个开放的系统,它包括学校与更高级别的教育行政系统的开放态势,也包括高等教育整体与其他社会系统的开放态势。仅从学校内部来分析效益显然是不充分的,办学效益中很大成分上表现为社会效益。第二,大学生教育管理在空间上的层次性、多样性,在很大程度上影响着管理效益的评价。因此,我们希望通过多视角、多模式的考察,尽可能全面、准确、动态地规划出评价高等教育效益的指标体系。从根本上来说,大学生教育管理的最终目的还是要体现到高等教育的管理效益方面。

根据目标管理的要求,管理效益被定义为目标的实现程度。如果学校管理的结果符合或超过组织的目标,那么这种管理活动就是有效益的。具体来说,管理目标分两大类:一是政府目标,指学校的上级机构以正式陈述的方式规定学校任务的本质,要求学校达到某一种状态。一般而言,政府目标是抽象的,这些目标并不存在刚性的要求,无法对高校管理者的具体工作进行直接指导。二是操作目标,指依据本校特定情况而制定的实际工作和活动要达到的目标。操作目标具有被认可的标准和评价程度,对如何测量成就的程度进行了明确的描述，如大学本科生通过四级英语水平考试的比率等。理论上讲，操作目标应体现政府目标才能够保证整个系统的最大效益得以实现。

系统资源的相关理论把效益定义为组织在其环境中得到有利地位的能力，借此，可以获得较多资源。根据这一理论观点，高校有可能通过学生、家长、企事业单位、教育主管部门、当地政府获得资源来加速学校的发展，提高学校的办学质量、水平、效益。系统资源模式根据开放系统的概念和要求，强调学校具有较强的适应能力和寻找资源的能力。

第四节　教育管理中的目标管理与全面质量管理

一、教育管理中的目标管理

目标管理是由美国管理学家 P.F. 德鲁克在其《管理的实践》一书中首先提出来的。它是一种重要的管理方式。这种管理方式很快就受到了广泛采用。1965 年，美国的乔治·奥迪奥思对目标管理做了进一步的阐释。实践证明，这一管理方法对提高管理效能有很大作用。在大学生教育管理中，除了重视过程管理外，也应当注重目标管理。

(一)目标管理的特点

1. 大学生教育管理目标首先是为了实现教育目标

高等教育是一个培养高级专门人才和研究高深学问的行为。它存在一定的教育目标，那就是保证高级专门人才的数量和质量，并提高学术水平。而大学生教育管理是在开展高等教育的过程中为保证教育目标的实现而开展的管理工作，它本身就是为高等教育服务的，因此，考虑教育目标的大学生教育管理目标必然是存在问题的，因为那意味着高校没有方向或方向不明，且没有明确的办学指导思想。

2. 大学生管理目标具有明确的方向性

不管是哪一方面的管理都具有一定的方向性。大学生教育管理也不例外，而且这种方向性主要体现在管理的目标上。高等教育的主要任务是培养人才。培养什么样的人才，是受一定的政治观念、价值取向支配的。所以，不管是高等教育价值观的形成、教育目标的确立，还是高等教育内容的选择、教学方法的采用，都与人的思想意识和价值观念有着密切关系。一个国家的高等教育目标必然会受到该国深厚的传统文化的影响。尤其是受到政治决策的制约。根据《学会生存》一书，要保证教育目标服从于国家的全面目标，就要“从全面的政治政策所准许的目的推演出实际的教育目标。要使教育目标和国家其他部门所采取的目标协调一致”。在我国，高等教育目标受社会主义市场经济体制的影响，因而大学生教育管理的目标也要坚持社会主义方向。

3. 大学生教育管理目标以社会效益为主

概括地来讲，大学生教育管理的目标与一般管理的目标是一致的，都是要提高效率和取得更好的效益。不过，大学生教育管理必然有自身的特殊性，衡量大学生教育管理的效率时，必须充分考虑高等教育培养人才和进行科研工作的特点。高等教育教学和科学研究活动只有依靠参与这些活动的教师、学生等才能得以实施，也只有依靠他们，管理者才能有效管理。因此，要提高大学生教育管理的工作效率，必须要注重调动教师和学生内在的积极性和主动性。大学生教育管理的效益很显然不同于企业管理，企业管理以追求经济效益为主，而大学生教育管理以追求社会效益为主。也因为如此，大学生教育管理虽然也讲究投资效益，但一般都是为了尽可能降低教育成本，以较少的资金投入做更多的事。高校有时也进行一些有偿社会服务，但它主要以培养人才为任务，不是直接以盈利为目的。

（二）目标管理的过程

一般来说，一个完整的目标管理过程需要包括以下几个阶段。

1. 计划阶段

在目标管理的计划阶段，需要做好以下几方面的工作。

（1）目标论证决策

目标论证决策工作是用来确保制定目标的正确性的，而在进行具体的目标论证决策时，需要经过明确上级任务、预测未来、调查研究、分析比较等一系列活动。

（2）目标协商分解

所谓目标协商分解，就是在经过充分的协商和协调后，将制定的目标按照职责逐级分解到下级和有关职能部门。目标协商分解工作的顺利进行，能够保证在目标的执行过程中不会出现“扯皮”“踢皮球”等现象。同时，在进行目标协商分解工作时，要注意积极引导所有相关人员都参与其中。

(3)定责授权

所谓定责授权，就是以目标分解情况为依据，对各部门、个人所需承担的目标责任以及在目标实施过程中具有的对问题进行处置的权力予以明确。定责授权工作的顺利进行，能够确保目标的有效落实及最终实现。同时，在进行定责授权工作时，要注意将责任内容和实际权力用明文规定的形式进行确定，以保证在出现问题时能够迅速找出责任者。

2. 执行阶段

在目标管理的执行阶段，需要做好以下几方面的工作。

(1)咨询指导

所谓咨询指导，就是在树立起“领导就是服务”的思想基础上，对目标在实施过程所遇到的各种问题，尽可能提供帮助进行解决，以确保目标能够得到有效实现。

(2)反馈控制

所谓反馈控制，就是要对目标的实施情况进行有效掌握，以便及时对目标实施过程中出现的偏差进行纠正，进而确保目标的有效实现。在进行反馈控制工作时，要特别注意以下几个方面。

第一，反馈必须是准确、及时且可靠的。

第二，控制手段或措施应该是有效的。

第三，在目标执行过程中未出现偏差时，上级应尽量不对下级的目标执行过程进行干预，以免影响下级执行目标的积极性和主动性。

(3)调节平衡

所谓调节平衡，就是在目标的实施过程中，依据实际情况对目标的进度以及目标实施所需要的人、财、物等进行调节，以确保目标能够得到有效实现。

3. 检查总结阶段

在目标管理的检查总结阶段，需要做好以下几方面的工作。

(1)考评成果

所谓考评成果，就是以原定的目标计划和要求为依据，对目标实施的实际效果进行考核，进而对管理的绩效进行评价。

(2)实施奖惩

所谓实施奖惩，就是以目标实施的实际效果以及制定好的奖惩条例，对各目标责任者进行奖励或惩罚，以达到对目标责任者进行激励的目的。

(3)总结经验

所谓总结经验,就是找出目标实施过程中所获得的经验以及所存在的问题,以便为下一期计划的制订提供重要的依据。

二、教育管理中的全面质量管理

有关全面质量管理的含义,当前存在很多不同的看法。而国际组织在1994年对全面质量管理的定义是较有代表性的,即"一个组织以质量为中心,以全员参与为基础,目的在于通过让顾客满意和本组织所有成员及社会收益而达到长期成功的途径"①。

(一)全面质量管理的特点

全面质量管理的特点,具体来说有以下几个。

1. 系统性

全面质量管理的系统性特点,指的是教育的全面质量管理体系是由大大小小的系统所构成的整体。美国学者特瑞巴斯认为,教育的全面质量管理体系是由以下几个系统构成的。

(1)社会性系统

教育的全面质量管理体系的社会性系统,主要包括以下几方面的内容。

第一,校园文化。

第二,教师个体与群体关系的质量。

第三,教师与教师和学生、管理者与教师和学生间的行为模式。

(2)技术性系统

教育的全面质量管理体系的技术性系统,主要包括以下几方面的内容。

第一,管理过程中所使用的工具。

第二,管理过程中所采用的手段。

(3)管理系统

教育的全面质量管理体系的管理系统,主要包括以下几方面的内容。

第一,组织的结构,包括职能部门、方针政策等内容。

第二,组织的使命与目标。

第三,组织的运行活动,包括计划、指导、调控等。

---

① 赵敏,江月孙.学校管理学新编[M].广州:广东高等教育出版社,2008:33.

2. 全面性

全面质量管理的全面性特点，指的是全面质量管理与传统的质量管理相比，对质量的界定更加“全面”，具体来说表现在以下几个方面。

第一，全面质量管理对管理的每一个过程都有所涉及。

第二，全面质量管理对管理的每一项工作都有所涉及。

第三，全面质量管理对组织中的每一个人都有所涉及，即要求每个人切实对自己所做的工作负责。

3. 发展性

不断改进质量是全面质量管理的核心观念，而要实现质量的不断改进，就需要及时依据实际情况以及顾客需求的变化对目标和策略进行调整。从这一角度来说，全面质量管理具有发展性特点。

（二）全面质量管理的实施策略

1. 改革高校干部制度

一直以来，我国的干部基本是由上级直接任命的。这个制度的优点在于能够全面执行国家干部政策，能对干部人选进行全面考察，保证择优任命的校长能够达到所在高校的最佳水平。但是，伴随着社会的不断变化、发展以及社会民主和法制的日益健全，这一干部制度的缺点也开始暴露出来。如果对高校的领导干部依然采取单一的任命制，就很难适应教育体制改革的实际需要，也难以培养优秀的干部人才。因此，应该改革高校干部单一的任命制为任命、选举、招聘等多样化的制度，以适应时代的发展。

按照国务院对企业领导干部实行国家统一考试的决定，也按照许多国家对校长实行考试制度的经验，同时还按照我国进行教育体制改革和教育改革的实际需要，通过国家考试来选贤任能，是从根本上保证校长质量的一个关键措施。无论是选举的、任命的校长，还是通过招聘选拔出来的校长，都要经过国家统一的考试，并且取得相应的资格证书，才能继而接受任命。不仅如此，在上任之前，这些校长需要与教育行政部门和本校教职工签订提高教学质量的相关合同。

在我国，校长的任期通常以五年为宜。具体来说，对于那些能够全面地贯彻国家的教育政策方针，对学生负责，能让学生德智体美在原有基础上有显著提高，对教育科学进行研究和实验并取得成果，积极进行教学改革并有所突破的校长，可以在任期结束后获得连任，同时可给予一定的精神奖励、物质奖励。对于失职的或不称职的校长，上级党委和教育行政部门应及时发现并予以免职。这不但能够改革干部实际上的终身制，消除“吃大锅饭”的弊端，而且能够切实保证教学质量的不断提高。

2. 制定明确的学习标准

高校全面教学质量管理的工作需要具体化、标准化。具体来说，全面质量分析、全面质量情报、全面质量预测、全面质量统计、全面质量服务等工作都要有具体的标准，才能对其优劣程度进行评定。一般来说，制定标准必须由简到繁，便于执行，方便检查。

学习标准必须如实反映实际情况，在高校全面质量管理工作中还应不断进行修改、完善。如此一来，在以后进行同样的工作之时，就可以直接按照更加合理的标准进行，遵循成功的经验规律，杜绝失败的教训再现。这也可以让高校的工作更加条理化、专业化，达到了提高效率的目的。因此，全校教职员工都纳入到执行标准的轨道中，是高校全面质量管理的一项基本工作。

从客观角度来说，标准化不单是高校全面质量管理的结果，同时也是下一阶段工作的起点。这也就是说，高校全面质量管理从标准化开始，到标准化告终。在高校全面质量管理工作中，如果能保证标准化周而复始，螺旋上升，不断得到完善，那么整个高校就会出现欣欣向荣的良好局面

3. 做好全面质量管理教育工作

实行高校全面质量管理，需要从全面质量管理教育入手；而高校全面质量管理实践工作，又让干部和广大教职员工获得了一定的锻炼。全面质量管理能够充分发挥人的潜力，属于一种人才开发、人才利用的工作。对于校长们而言，这同时也是一项具有挑战性的工作。为了让教育适应时代变化发展的需要，就应在教育实践中探索和积累质量管理经验，并且发现、发展真理。

事实证明，全面贯彻实行高校全面质量管理，且已然取得显著成绩的高校，就是能够在工作中一面探索、一面总结经验教训，从而最终做好全面质量管理教育工作。实际上，教学不仅是一门科学，更是一门艺术，其魅力就在于可以源源不断地发展、创新，不断地被赋予新的内容。因此，各级各类高校必须结合其自身的实际情况，摸索出适合本校发展的全面质量管理途径，才能加快提高本校全面质量的进程。

第三章　大学生教育管理的组织思考

在大学生教育管理中，组织管理是不可忽视的一项重要内容。组织管理就是通过建立组织结构，规定职务或职位，明确责权关系，以使组织中的成员互相协作配合、共同劳动，有效实现组织目标的过程。组织管理是管理活动的一部分，也称组织职能。组织具有综合效应，这种综合效应是组织中的成员共同作用的结果。而高校在进行具体的组织管理时，会涉及多方面的内容，如确定实现组织目标所需要的活动；根据组织的特点、外部环境和目标需要划分工作部门，设计组织结构和结构；规定组织结构中的各种职务或职位；制定规章制度等。组织管理，应该使人们明确组织中有些什么工作，谁去做什么，工作者承担什么责任，具有什么权力，与组织结构中上下左右的关系如何。只有这样，才能避免由于职责不清造成执行中出现障碍，才能使组织协调地运行，保证组织目标的实现。本章就从教育组织管理的基本内涵、高校的领导体制、高校的组织结构、高校的规章制度这几方面阐述大学生教育管理的组织问题。

第一节　教育组织管理的基本内涵

一、教育组织的概念

教育组织是人们为实现特定的教育目标建立的由机构、人员、职权、制度和文化等要素组成的相互协作的开放系统。教育组织是实现特定目标的组织，这一目标因具体的教育组织的不同而有所不同，但其基本目标是一致的，即都是为了把人培养成为全面发展的人。为实现这一目标，它须拥有经过设计的组织结构，组织结构把组织的职能部门化和结构化；组织结构的各部门需要根据部门的要求，选用合适的人来履行岗位职责；为了完成岗位职责需要组织成员拥有特定的职权并对其加以有效运用；为了保证整个教育组织及其内部各部门和成员有效地行使职权和履行职责，就需要制定一系列的制度；为把组织和成员、个人和集体融为一体，使组织有血有肉，丰富多彩，就需要营造一种健康向上的组织文化。

根据教育组织的功能，教育组织可被分为教育行政机关和学校组织两类。教育行政机关属于国家的行政机关，是国家根据宪法和行政组织法的规定设置的行使国家教育行政管理权力的机关。其又分为中央教育行政机关和地方教育行政机关。学校是具体实施教育教学的组织。它是培养人才的摇篮，与其他企事业单位和社会组织不同。学校组织建设目标需要与学校目标、任务保持一致，需要有一支稳定的、高素质的教师队伍，需要将教育教学工作放在重要的位置上。

二、教育组织的特征

教育组织的特征主要表现在以下几方面。

（一）教育组织目标的多样性

与其他组织相比，教育组织的目标更具有多样性。对于企业组织而言，其主要的目标就是盈利。企业主要围绕这一目标建立组织结构，筹集资本，设置组织人员，根据客户的要求，运用一定的技术，向社会提供产品或服务以获得利润。可见，企业组织的目标比较单一且非常明确。政府组织的目标是保证社会的秩序、公平和公正，实现为人民服务的宗旨，虽然比企业组织的目标复杂，但由于是按照法律和政策来实现目标，因而也不是过于复杂。相对来说，教育组织的目标更为复杂：因为国家有国家的教育目标；地方有地方的教育目标；学校又有学校的教育目标；在学校内部，每一个教师又有自己的教学目标，每一个学生又有自己的学习目标。

（二）教育组织系统的复杂性

教育组织是一个开放的社会系统，其具有一定的复杂性。这主要表现在以下三个方面。

第一，教育组织的动态性。教育组织开放的系统远离平衡状态，与环境之间保持着动态的关系。

第二，教育组织结构的复杂性。一个教育组织一般都不是单个系统，它是由多个复合系统通过相互联系而构成的一个复杂系统，这些系统之间存在相互关联性和非线性。我国学校的内部管理组织就有多个，如中国共产党基层党委或党支部、校行政系统、教代会、工会、学生会等，这些组织都存在于学校组织系统内部，成为学校组织系统形成的基础。

第三，教育组织环境不稳定。教育组织受外部环境多种因素的影响，这些因素并不是稳定的，因此很难对其进行准确的预测。认识组织的复杂性，有助于人们正确分析教育组织建设受到的影响因素，以便给予系统适当的调控。

（三）教育组织运作过程的协作性

任何社会组织在运作过程中都需要有明确的分工协作，组织成员若不能进行有效的协作，就无法使组织工作正常地运转起来。教育组织属于一种协作系统，因而其运作过程具有协作性。就一所学校来说，其协作表现为校长和教师的协作、教师之间的协作、教师与学生的协作、学生之间的协作、学校与家长以及社会的协作、学校与教育行政部门的协作等。这种多方面的合作，体现了学校合作的复杂性和多样性。这也就很好地突出了教育组织更强的协作性要求。如果没有教师、学生家长、学生本人的参与和配合，学校教育工作就难以有效开展。

（四）教育组织结构的复合性

教育组织的结构不是单一的，具有一定的复合性和多样性，而且主要体现为行政系统和专业系统的双重复合性上。教育组织的行政系统保证教育组织按照规章制度运行，所有的组织成员都要按照教育组织的基本规章开展工作。教育组织的专业系统为教育组织的业务开展和质量改进提供保证。教育组织的有序运行，不能没有行政系统；教育组织工作质量的提升，不能没有专业系统。所以，教育组织建设必须加强行政系统和专业系统两方面的建设，注重这两个系统的相互协作和配合，以促进教育组织的健康发展。

（五）教育组织结果的价值性

教育组织的结果就是向社会提供教育服务。不同的教育组织，具有不同的教育目标，自然具有不同的教育服务。教育行政机关主要是向学校提供教育监督、检查、评估和指导服务，而学校则是向社会提供优秀人才和其他教育服务。这两种教育组织所提供的教育服务，都包含着两方面的价值：一是个人的全面发展，二是教育的社会公益性。这两方面的价值具有统一性，因为个人的全面发展是从个体的角度来说明教育的价值的，而教育的社会公益性则是从社会的角度来说明教育的价值的。此外，学校不仅要培养全面发展的学生，还要培养符合社会发展要求的人才。而且，无论是公立学校还是私立学校，都要具有一定的教育公益性。

（六）教育组织结果的学习性

其他组织也可以是学习型的，但教育组织的学习性是教育组织的主要特性之一。教育组织之所以较其他组织更具有学习性，是因为教育组织是传播、发展文化的地方，在信息化时代，每一个成员都必须更多、更快、更好地熟悉和掌握有关学科的科学知识和技能，这就要求个人不断地学习，同时要求组织更好地学习。只有学习，才能够保证教育组织的发展。

三、教育组织管理的功能

教育组织通过一定的管理所产生的功效以及实现这种功效所具有的能力，就是教育组织管理的功能。具体来说，教育组织管理的功能主要包括以下几个方面。

（一）目标整合功能

教育组织内外具有复杂多样的教育目标，这些目标引导着每一个成员的具体行为，但教育组织不可能去分别实现这些不同的目标，而是要对这些目标进行整合，最终促进综合目标的实现。学校不能因为家长希望自己的孩子成为医生，就专门为这个孩子进行一些医学教育；也不能因为学生不愿学习某一科目，就取消该科目的设置。没有一所学校能够满足每一个人的具体的教育需要，能够实现每一个人的具体目标的学校是不存在的。

虽然学校不能实现每一个人的具体学习目标要求，但是可以为持不同教育理念、目标期待的人提供一个可以接受的共同目标。这一共同目标能够在一定程度上体现每一个人的理想，并为每一个人提供一定实现理想的空间。由此可见，教育组织管理具有整合各种教育目标的功能，其可以为持不同教育理念和不同目标期待的组织成员提供一个可以接受的共同目标。这一共同目标可以在一定程度上体现组织内部成员的共同理想，并为他们提供一定实现理想的空间。需要强调的是，教育组织管理的目标并不是具体的教育目标的集合，它对各种不同的目标的整合或综合，还要考虑到社会发展和个人成长需要。

（二）职能划分功能

教育组织管理的职能划分功能就是指根据目标的要求，在保证统一指挥的前提下，对组织职能进行划分，使不同类别的工作都有负责的部门，以便使组织目标得到顺利实现。

对于教育行政部门和学校教育机构来说，这一功能是非常必要的。教育行政部门要分基础教育、职业教育、高等教育、财务、人事等若干职能部门，负责管理相关事务和处理相关问题。学校也同样需要进行职能划分。现代的学校都是复杂系统，根据学校的目标和任务分出若干部门分别处理相关事务，如分出教学、科研和后勤等部门，分别管理这几方面的工作。一般来说，组织越大，职能划分就越必要。

（三）任务分解功能

任务分解是组织的一个重要功能，即把所有的组织成员分别安排在合适的岗位上。任务分解主要解决人员工作职责内容的问题，即对人员工作的具体内容、责任机制和工作效果的要求。

教育组织管理的职能分化功能针对的是组织部门的设置方面，其任务分解功能针对的则是每一个组成成员。在教育事业的发展过程中，教育组织管理部门的一项重要工作内容是教育行政工作，具体来说，负责业务工作的要精通业务，负责基础教育工作的要懂得基础教育的业务，负责督导工作的要精通督导业务等。各类教育组织必须要明确分工，使组织内所有成员都能找到自己的位置，明确自己的行为目标。

（四）聚合扩张功能

教育组织管理具有聚合扩张这一重要功能。聚合是指通过对环境要素的吸收并聚集一定的物质、能量和信息，为组织的扩张奠定基础。扩张就是组织的扩大和发展。教育组织的聚合和扩张相互联系、相互促进。聚合是扩张的基础，扩张是聚合的趋势。教育组织通过整合教育资源，能使教育的聚合和扩张功能得到有效发挥。

（五）信息沟通功能

在任何一个组织中，虽然每个职能部门都承担着不同的任务，具有各自独立的一面，但所有的职能和任务又具有一定的关联性，它们都是整体目标的分解，所以组织中的各部门、各个工作人员需要相互沟通，通过沟通以及交谈，统一行为和思想，以便更好地合作。沟通是协作的前提，协作是沟通的目的。教育组织是教育职能结构和教育职务结构体系，信息沟通是很常见的一个现象。在学校中，校长与教师、教师与教师、教师与学生等都需要坦诚的交流，通过这种人际互动，才能使组织更好地运转。

在教育组织内部，虽然各职能部门的任务不同，具有各自独立的一面。但所有的职能和任务又具有一定的关联性，它们都是整体目标的分解，所以组织中的各部门、各个工作人员需要相互沟通,通过沟通以及交谈,统一行为和思想,以便更好地合作。沟通是协作的前提,协作是沟通的目的。

第二节 高校的领导体制

高等学校的领导体制是高等学校的基本制度,是由诸多重要因素及其相互关系构成的有机体系。它规定着高等学校内部的领导关系和基本管理模式,对高等学校的管理具有整体支配作用。高等学校领导体制的构建,不仅有其不同于其他组织的特殊性,更重要的是由所处国家政治经济制度所决定。

一、领导的内涵

(一)领导的定义

在管理活动中,领导是关于人的问题的基本职能。而"领导"一词有两种词性含义,第一种是名词属性的"领导",即领导者,有时也指一定的地位集团,第二种是动词属性的"领导",指的是一项管理工作、管理职能,通过该项职能的行使,领导者能促成被领导者努力地实现既定的组织目标。从管理学的角度来说,领导作为管理的一项职能,指的是"领导者依靠影响力,指挥、带领、引导和鼓励被领导者或追随者,实现组织目标的活动和艺术"①。

从领导的定义中可以看出,领导具有以下三大方面的内容。第一,领导是一种过程,是领导者带领、引导和鼓舞部下去完成工作、实现目标的过程。第二,领导者与被领导者是领导的主要构成层面。在领导者与被领导者中,领导者对被领导者的影响强度要大于被领导者对领导者的影响强度。但是,被领导者对领导者的追随和服从与被领导者的意愿有关,并非完全取决于领导者的职位与合法权力。第三,领导具有目标性,即领导行为必须指向组织的目标。不能出现为了领导而领导的情况,同时也不能为了体现领导的权威而领导。总之,领导的根本目的在于影响下属为实现组织的目标而努力。

(二)领导的作用

在管理活动中,领导主要起到指挥、激励、协调的作用。

---

① 李杰,张秋来,盛丽等. 管理学原理[M]. 北京:清华大学出版社,2011:256.

1. 指挥作用

领导最基本的作用便是指挥作用，即统一指挥组织内部各项管理事务。领导的指挥作用可以避免因多头指挥而产生忙乱低效的状况。需要注意的是，作为领导者，可以越级检查下属的工作，但不可越级指挥；作为被领导者可以越级向领导者反映情况，但不可越级请示工作。

2. 激励作用

从心理学角度看，领导者必须能够激励下属为本组织的目标做出积极的贡献，同时又能满足各种各样的个人需求。只有这样的领导者才能激发组织成员工作的积极性，提高组织成员的工作效率。而领导者要想发挥好激励的作用，要适时进行激励，要因人而异，要多管齐下。

3. 协调作用

领导的协调作用，是指协调组织内部和外部各单位、部门的工作或活动，使之建立起良好的协作关系，以便能够有效地实现组织的宗旨和目标。领导协调作用的发挥主要表现在对外和对内两个方面。对外协调是指代表组织对外交涉，维护组织利益，协调组织与外部的关系。任何层次的领导者，都要或多或少承担这方面的作用。对内协调是指对组织内部的各部门、各单位之间存在的矛盾进行协调。协调是领导和管理者重要的管理技能，搞好这项工作，有助于妥善处理企业内部关系。

（三）领导的理论

有关领导的理论，在当前研究和运用比较多的是领导特质理论和领导行为理论。

1. 领导特质理论

领导特质理论重点研究的是领导所具有的基本素质，目的在于为挑选领导人才提供标准。传统领导特质理论流行于20世纪二三十年代，当时，特质理论研究主要是对伟人进行的，目的是为了确定什么因素使某些人成为领导者，关注的是在社会、政治、军事方面伟人的天生禀赋与特征。20世纪中期，研究者们对领导者特质的研究产生了怀疑，并对特质研究法提出了挑战。人们开始意识到情境对领导力的影响，即特质可能只是领导者的一个条件，不是全部。关于领导者特质的研究非常多，斯托格迪尔是集大成者。他在1948年和1974年综合了100多项特质研究，并对这些研究进行提炼和概括，试图勾画出领导者特质的共同规律。1948 年，他分析了1904—1947 年间的 124 种特质研究，提炼出 8 个方面的领导特质，即才智、机敏、洞察力、责任感、主动性、耐力、自信、社交能力。他认为，拥有这些特质并不能保证领导者成功，还需要考虑领导者所处的情境，即某种情境下成功的领导者，并不意味着在另一种情境下也成功。他发表于 1974 年的研究分析了 1948—1970 年间完成的 163 种特质研究，这次他概括了 10 种领导者特质，即责任感与完成工作的内驱力、追求目标的激情与恒心、解决问题的冒险与创新精神、勇于创新的内驱力、自信和自我认同感、愿意承担决定和行为的后果、有接受人际关系压力的准备、能承受挫折与延迟、能影响他人的行为、能适当处理人际关系。美国心理学家吉伯 1969 年的研究发现，天生的领导者应具备 7 种特质，即善言辞、外表英俊潇洒、智力过人、具有自信心、心理健康、有支配他人的倾向、外向而敏感。这些早期的研究有两个方法论上的不足：第一，过分强调领导者特质的先天属性，认为领导力主要是先天遗传的，忽视了后天教育价值；第二，在研究方法上，过于注重领导者特质的罗列，不能指出这些特质之间的重叠关系；第三，不能清楚地说明这些特质对领导力的贡献大小。

现代领导特质理论兴起于 20 世纪 90 年代，它认为领导是一个动态的过程，领导者的特性和品质是在实践中形成的，可以通过教育训练培养。研究者发现领导者存在六种特质，即进取心、领导欲望、正直与诚实、自信、智慧和业务知识(表 3-1)。

表 3-1 现代领导特质理论中领导者的六项特质

特质名称	内涵
进取心	能够反映高水平努力程度的一系列个性特点
领导欲望	领导者有强烈的愿望去影响和领导别人，表现为乐于承担责任
正直与诚实	领导者言行一致，诚实可信
自信	对自身能力和技能的相信程度
智慧	确立目标、解决问题和做出正确决策的能力
业务知识	所属领域知识的掌握程度

经研究发现，表 3-1 中所列的领导者的特质有很多并不是天生的，而是可以通过努力得到的。

从总体上看，领导特性理论系统地分析了领导者所应具有的能力、品德和为人处世的方式，向领导者提出了要求和希望，这对组织选择、培养和考核领导者是十分有帮助的。

2. 领导行为理论

领导行为理论主要研究的是领导者的行为及其对下属的影响，以期寻求最佳的领导行为。关于领导行为理论的研究有很多，其中领导行为四象限图理论和管理方格理论的影响最大。

(1)领导行为四象限图理论

领导行为四象限图理论是俄亥俄州立大学的研究人员弗莱里曼和他的同事们共同研究出来的。他们把评价和鉴别领导行为的因素或项目，归纳为“定规维度”和“关怀维度”。其中，“定规维度”代表的是为了达到组织目标，领导者界定和构造自己与下属角色的倾向程度；“关怀维度”代表的是一个人具有信任和尊重下属的看法与情感这种工作关系的程度。通过这两个维度，形成了四种类型，即：高关怀—高定规型、高关怀—低定规型、低关怀—高定规型和低关怀—低定规型。

(2)管理方格理论

管理方格理论是在领导行为四象限图理论的基础上发展起来的，由美国管理学家布莱克和穆顿提出。他们画出了一个管理方格，如图 3-1 所示。

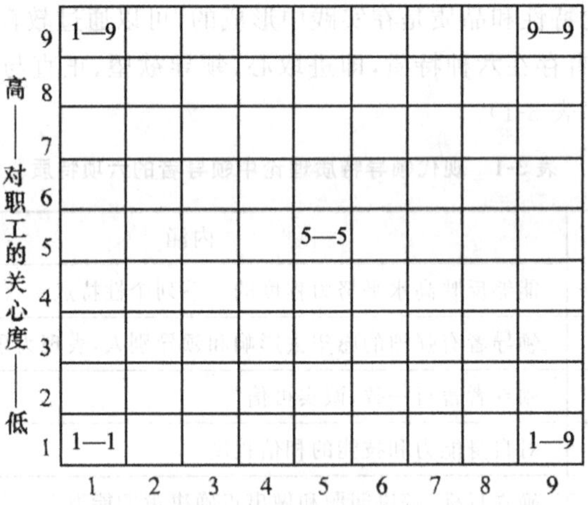

图 3-1　管理方格理论

图 3-1 中，横坐标与纵坐标分别表示领导者对生产和对人的关心程度，两个坐标轴分别画出了 9 个等级，每个方格表示“关心生产”和“关心人”这两个基本因素以不同程度相结合，共形成了 81 种不同的领导行为。而在 81 种领导行为中，最为典型的是 1—9 乡村俱乐部型、9—9 团队型、5—5 中间型、1—1 贫乏型和 9—1 任务型。

在1—9乡村俱乐部型中，领导者特别关心下属和职工，而极少甚至完全不关心生产。

在9—9团队型中，领导者对生产和人都十分关心，组织内部关系和谐，工作效率较高。

在5—5中间型中，领导者对人与生产都有适度的关心，努力保持和谐和妥协，遇到事情的时候容易选择敷衍了事。

在1—1贫乏型中，领导者对工作任务的关心和对职工的关心都做得很差，管理效率十分低。

在9—1任务型中，领导者只关心生产任务的完成，不关心人的因素；只考虑工作效率，不理会人际关系。

二、我国高校领导体制的内容

我国高校领导体制的内容，可以简单地用“理顺四个关系”来进行概括。其中，“四个关系”指的是党的领导和行政领导的关系、领导者和被领导者的关系、职责和权力的关系以及个人负责和集体负责的关系。

（一）党的领导和行政领导的关系

坚持中国共产党的领导是我国政治体制的核心问题，在各个领域都不能缺少中国共产党的领导。中国共产党的领导可以保证各领域沿着社会主义方向前进。在高校管理中，如果中国共产党在重大问题上不参与决策，不对工作方向施以监督，党的领导就会有名无实；但是，如果中国共产党对高校管理的每一件事都参与决策和指挥，就会让中国共产党的领导取代行政领导，形成党包办学校的现象，这与党组织的地位和作用是不相符的。因此，在高校管理中，必须要处理好党的领导和行政领导之间的关系，同时要将二者进行有机结合，不能走向极端。

（二）领导者和被领导者的关系

在高校管理中，领导者和被领导者之间的关系是高校领导体制必须要解决的一个重要问题。在高校中，不仅领导者是主人，广大的教职员工也是主人，尤其是一些学术人员，他们都是所属学科专业领域的专家，因此在管理中，高校领导者需要重视被领导者的地位和作用，要让被领导者也参与到管理工作中来，要充分发挥学术委员会的作用，以保证管理决策的科学性和民主性，形成全员参与、团结一致共同办好学校的局面。

（三）职责和权力的关系

职、责、权、利相统一是管理科学的一条重要原则，这条原则要求管理者既要承担责任，同时也要拥有相应的权力。在高校管理中，“要使学校各方面工作有效运转，就要授予校长相应的决策权、指挥权和人事权，否则校长就无法负责”[①]。需要注意的是，校长的权力需要受到一定的限制和制约，只有这样才能避免出现独断专行的局面。

（四）个人负责和集体负责的关系

高校工作是由个人负责还是由集体负责是高校领导体制中的一个非常重要的问题。如果由个人负责，实行“一长制”，可能出现独断专行的局面。如果由集体负责，实行“委员制”，则有可能出现互相推诿和议而不决的无效率现象及官僚主义作风。因此，高校领导体制需要将个人负责和集体负责二者有机地结合起来。

第三节　高校的组织结构

高校的管理组织结构是管理创新重要载体与构成，在改革的过程中可以依据任务和功能来进行多样化设置。作为工业化时代的产物，管理组织结构往往以等级制金字塔形为主要的表现形式，这种形式往往存在于传统和部分现今独立设置的高校之中。随着社会的改革以及知识经济时代的来临，高校合并与未合并的独立高校是不同的，所以为了实现高效的管理，尤其是多校区大学的管理，需要在组织结构与形态方面下功夫。目前我国的大学生教育管理的组织结构和一般管理组织一样，属于条块分割的层级制管理。大学生教育管理的组织结构分党、政两个系统，党委系统下属的学生管理机构有校党委、党委学生工作部、各院系党委及学生工作办公室等，校行政系统下属的学生管理机构有校办、研究生院、教务处、各院系学生管理机构等。对于高校来说，是否具有合理的组织结构，将对其管理职能的执行产生极其重要的影响。因此，高校在进行组织管理时，需要设置合理的组织结构。

一、高校组织结构的性质

高校组织的性质主要是它本身存在的本质规定性，并通过它与别的组

① 杨德广．高等教育管理学[M]．上海：上海教育出版社，2006：93．

织的比较表现出来。归结起来,高校组织的性质主要有以下几点。

(1)准公共组织。高校是一个准公共组织。一方面,高校不是企业组织,其管理的目标不是利润最大化;另一方面,高校也不同于公共组织,因为高校除了提供公共产品还生产准公共产品和私人产品,高等教育具有产业性质,可以引进市场手段进行运作。因此,高校是一个混合事业组织,可以成为准公共组织。

(2)特殊生产组织。高校是一个生产组织,但是高校的生产对象是"人",受教育者具有自己的主观能动性,因此,学校的生产还需要他们的主动配合。也就是说,学校的组织结构设计不只是针对学校教职员工的权力分配和责任分担,还要考虑学生的性质和作用。这与企业是不一样的。

(3)人力资本聚集的组织。高校不同于其他组织的特点还在于,高校是一个人力资本聚集的组织。企业是人力资本和物质资本组成的契约组织,物质资本和人力资本缺一不可,两者互相依赖。尽管高校也是一个人力资本和物质资本结合的契约组织,但是在这个组织中,人力资本占有绝对主导地位,在一定意义上支配着物质资本。

(4)信息高度不对称的组织。高校是以生产知识为主要特点的组织,而知识产品不如物质产品那样直观,这样带来的问题是:第一,生产过程中的信息不对称,我们很难准确地去监督教师和科研人员的劳动过程。第二,对产品质量的信息不对称,很难辨别产品的质量,因为学生的质量并不完全以成绩表现,高分低能很常见。第三,对于产品"原材料"信息的不对称,由于招生只认考试成绩,所以学校无法像企业购买原材料一样对生源进行准确衡量,可能让"次品"进入校园。

二、高校组织结构的层次

一般而言,组织结构的层次与组织中管理幅度的大小有着直接的关系。具体来说,在一个部门的成员数量一定的情况下,一个管理者能直接管辖的下属越多,该部门的组织层次也就越少,反之亦然。帕森斯在对组织结构进行深入研究的基础上,提出了组织结构的三层次理论。第一个层次是技术层,它完全处在组织的内部,不会与社会环境产生直接的关系,主要任务是处理生产的"产品";第二个层次是管理层,重要任务是对组织与任务环境之间的关系进行有效协调,以确保各单位能够形成完整的工作体系,促进工作的顺利完成;第三个层次是战略层,主要任务是在与外界进行广泛接触和交流的基础上制定科学合理的决策。

以帕森斯的组织结构层次理论为依据对高校组织结构的层次进行划

分，可以发现，学系属于技术层次，是以学科为基础进行组建的，主要任务是对教育事务进行处理，如对教师进行评价、确定教师职位的晋升等；学院属于管理层次，是以系为基础进行组建的，主要任务有明确教学的设备需要，评价各系的课程建设情况、人员任用和薪酬情况以及学生学习情况等；高校属于制度化层次，主要对学术氛围、教学质量、教学目标等全校师生都十分关心的问题以及高校与周边环境的关系问题进行处理。

三、高校组织结构的类型

就当前来说，常见的高校组织结构主要有以下几种类型。

（一）直线型组织结构

直线型组织结构又称“单线型组织结构”，在高校的组织结构中，这是一种使用较早且较为简单的组织结构类型。

在直线型组织结构中，各个管理岗位按垂直系统进行直线排列，职权从组织上层沿着直线“流向”组织基层，各管理者对下属进行统一指挥，同时不设置专门的职能机构。

现在高校中，采取直线型组织结构时，组织各个层级的一切指挥和管理职能基本上都由校长自己执行，形成的是自上而下的“指挥链”，有个别的职能人员协助校长来进行工作，而没有专门的职能机构。这种组织结构类型的优点是形式简单，命令统一，指挥及时，责任与权限分明，缺点是容易受校长个人素质的影响，需要校长亲自处理许多业务。直线型组织结构比较适合规模较小的高校，不适合规模较大的高校。

（二）职能型组织结构

职能型组织结构又称“多线型组织结构”，是以职能分工为基础形成的一种组织结构（图 3-2）。高校在运用这种组织结构形式时，往往需要在校长之下，依据实际情况对各种职能机构进行设置，同时校长要将自己的指挥权分为各职能机构，由它们负责向下级下达指示和命令。职能型组织结构的优点是可以让校长摆脱众多烦琐的指挥工作，能够集中精力去思考并处理学校发展中的重要事情，缺点是容易出现多头领导、指令不统一的现象，增加协调合作的难度。因此，职能型组织结构是经常与直线型结构结合在一起发挥作用的。

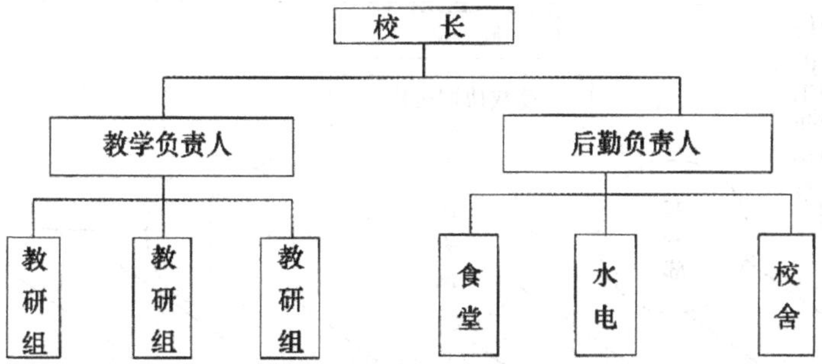

图 3-2　职能型组织结构

（三）直线—职能型组织结构

直线—职能型组织结构又称“职能综合型组织结构”，是对直线型组织结构和职能型组织结构进行有机融合的产物。在直线—职能型组织结构中，通常会将管理机构和人员分成两部分。一部分是直线指挥机构和人员，主要任务是对下级传达命令和进行指挥，并且对下级负有全部的责任；另一部分是职能机构和职能管理人员，主要任务是对直线指挥机构和人员的工作进行辅助，既不能对下级传达命令和进行指挥，也没有决策权。在当前的高校中，这种组织结构形式的运用是十分广泛的。这既有助于领导者对权力进行集中，也有助于职能机构充分发挥自己专门管理的作用。但是，在这种组织形式中，各职能部门之间无法进行充分有效的横向联系，因而很容易导致职能部门权力过大、下级无所适从状况的出现。

（四）事业部制组织结构

事业部制组织结构首创于 20 世纪 20 年代的美国通用汽车公司，是指在总部的领导下设置多个事业部门，各事业部门有各自独立的产品和市场，有自主经营管理权，实行独立核算。总公司主要是对整个公司的大政方针进行决策，对整个公司的运营进行监控，而各个事业部在公司总的目标指导下自主经营。这种组织结构的优点是能够调动各事业部的积极性和创造性，有利于提高组织的灵活性和适应性。缺点是各事业部都有一套人马，机构重叠，容易造成人力和物力资源的浪费；各部门相对独立经营，容易形成部门分割，各自为政。因此，为了防止分权后“诸侯割据”的分散状态，组织的领导集团必须握有干部的任命权和管理权，同时建立权威的中心协调机构。目前，有些大学就采用这种组织结构，图 3-3 所示就是某师范学校的事业部制组织关系图。

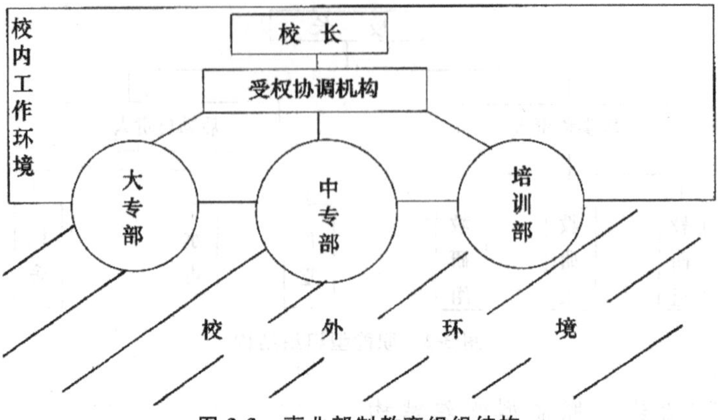

图 3-3 事业部制教育组织结构

（五）矩阵型组织结构

矩阵型组织结构，是指按照项目或服务等划分的部门和按照职能划分的部门结合起来组成的一个矩阵。组织为了完成某项工作，设项目组，项目组设负责人，受组织的最高负责人领导，而项目组的成员由各个不同的专业职能部门抽调的成员组成，这些成员既对项目组负责，又接受原来部门的领导，具体如图 3-4 所示。在现代社会中，高校各系科专业要获得迅速发展，需要跟许多相关的系科专业交叉，以借助各家之长，形成综合优势。在这种形势下，矩阵型组织结构可以帮助高校实现纵向系列的机构与横向机构的联系。目前，矩阵型组织结构在高校科研项目与对外合作项目的管理中比较常见。矩阵型组织结构的优点是可以加强各职能部门的横向联系，有利于人员的调动和合理安排，有利于提高师生员工参加学校管理的积极性，减少人力、物力的浪费，提高管理效率，缺点是在某些情况下，双重领导会产生矛盾，从而影响工作效果。

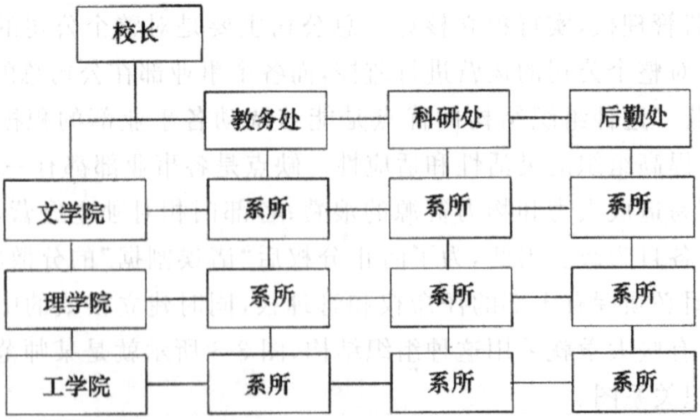

图 3-4 矩阵型组织结构

（六）学院制组织结构

所谓学院制组织结构，就是“在大学之下设立学院，学院之下再设系（所），学院在大学内享有较大的自主权，在培养目标、专业设置和教学科研活动等方面拥有相对的独立性”[①]的组织结构形式。从严格的意义上讲，学院制组织结构是直线—职能制组织结构的一种特殊形式，且比较适合多科性大学。在西方，很多国家的高校都采用的是这种组织结构形式，我国一些高校在校—系（所）两级管理结构的基础上也探索建立了学院制组织结构。

高校采用学院制组织结构，具有很多的优点，如减少高校领导的管理幅度，集中精力抓大政方针，能够加强高校与社会之间的联系，能够有效调动各学院办学的积极性和创造性等。但是，这种组织结构也导致机构层次和部类结构较为复杂，增加管理人员数量，削弱职能部门的作用。

四、高校组织结构的设置

高校在进行组织结构设置时，既要对与其相关的多方面因素进行综合考虑，又要遵循一定的设置原则，以确保最终设置的组织结构是合理的，并能够发挥出最大的作用。

（一）高校组织结构设置的影响因素

高校在进行具体的组织结构设置时，往往会受到以下几方面因素的影响。

1. 外部环境

一般来说，外部环境不确定性高的时候，高校的组织结构设置会偏于有机型，比较重视计划和预测，而外部环境不确定性低的时候，高校的组织结构设置会偏于机械型，比较重视眼前的运作。

2. 发展战略

组织的发展战略规定了组织发展的方向和总目标以及实现目标所应采取的行动方案，它决定着组织运营的范围以及组织成员和组织外部人员的关系，换句话来说，组织发展战略不同，其组织结构形式也会不同。

---

① 杨德广．高等教育管理学[M]．上海：上海教育出版社，2006：198.

3. 组织规模

组织结构的设置与组织规模是密不可分的。随着组织的发展、组织规模的扩大，组织结构必然要进行一定的调整。这是因为，组织规模在扩大的过程中，会导致组织活动变得更加复杂，出现很多新的工作，而这些新的工作需要设置新的部门和岗位来完成，同时，随着组织规模的扩大，对不同岗位与部门之间的协调和控制要求也会进一步提高，从而要求组织结构必须向着规范化、分权化和专业化的方向发展。

（二）高校组织结构设置的原则

高校在进行组织中结构设置时，需要遵循一定的原则，具体来说有以下几个。

1. 目标一致原则

组织并非是通过自由组合而形成的松散群体，而是人们为了实现某一共同目标而建立起来的。也就是说，组织是以共同的目标为基础产生并逐渐发展起来的。因此，高校在进行组织结构设置时，必须要遵循目标一致的原则，以确保各部门、员工的目标与组织的总体目标相一致。

2. 统一指挥原则

在组织内部，单位和职位之间存在着层级关系，这就产生了上级如何指挥下级的问题。一般来说，每个下属应当而且只能向一个上级主管直接负责，否则下属人员可能要面对来自多个主管的冲突要求或优先处理要求。因此，高校在进行组织结构设置时，必须要遵循统一指挥的原则，以确保政策与行动的一致性，避免出现多头领导和多头指挥的混乱局面。

3. 分工协作原则

一个组织要想正常运转，既要有合理的分工，又要在合理分工的基础上进行必要的协作。分工可以让一个人不必掌握所有技能，只需掌握少数几项技能并使之达到熟练的程度即可，在分工基础上进行协作可以大幅度提高组织绩效。因此，高校在进行组织结构设置时，必须要遵循分工协作原则，以确保工作效率能够大大提高。而高校在进行组织结构设置时遵循分工协作原则，需要掌握好分工的度，如果分工过细，就会出现增加机构、浪费人力资源的状况，同时也会增加管理协调的难度，对协调众多组织成员的工作活动提出更高要求。因此，高校在进行具体的组织分工时，要以组织的具体情况、以各项管理职能的业务性质为依据进行分工。除了要掌握好分工的度,还要注意加强各个机构及其各项专业管理工作的横向联系,以便协作能够取得最大的效果。

4. 权责对等原则

这里所说的“权”,指的是职权,即“组织成员为了履行岗位职责所拥有的开展活动或指挥他人的权力”[①];“责”指的是职责,即组织对某部门或岗位的功能要求,或某部门和岗位应该完成的工作、应该达到的工作要求。职权对等原则是分工与协作关系落实的保障,如果职权大于职责,会导致职权的滥用;如果职权小于职责,会导致指挥失灵而难以达到相应的目标。因此,高校在进行组织结构设置时,遵循权责对等原则也是十分重要的。

5. 集权和分权相结合原则

在进行组织结构设置时,应该遵循集权和分权相结合的原则。集权是组织保持统一性与协调性的内在需要,分权是组织权力专门化的需要。集权有利于及时做出组织重大决策,但过分集权必然导致组织的灵活性、适应性减弱,同时也会影响下级的工作主动性和积极性。因此要注意权力的平衡。

6. 精干高效原则

在进行组织结构设置时,必须要遵循精干高效的原则,力求减少管理层次,精简管理机构,精简人员,做到可设可不设的机构坚决不设,能够合并或撤销的机构坚决予以合并或撤销。在对待多余人员上,要采取妥善措施予以分流或下岗培训,以充分发挥组织成员的积极性,提高管理效率,更好地实现组织的目标。

五、我国高校组织结构的改革

综观我国高校的组织结构形式,可以发现其大致经历了从“大学—学院—系”的组织体系到“大学—系—教研组”结构转变的过程。但这种组织体系也开始无法有效适应高校发展的需要。而鉴于目前国外高校组织结构改革的趋势,结合我国高校发展的实际情况,我国高校组织结构改革可以从以下几方面着手。

---

① 罗哲．管理学[M]．北京:电子工业出版社,2010:200.

(一)明确高校核心组织的职责权能

在进行高校组织结构改革时,必须要加强对高校的核心组织即校、院、系的认识,并明确三者之间的职责权能。具体如表 3-2 所示。

表 3-2 校、院、系的职责权能

组织	职责权能
学校	制定高校的学术发展规划和管理规章制度,协调学校与外界以及学校内各学院间的关系,进行与高校有关的重大改革,实施与高校有关的发展战略
学院	对学生进行管理,协调全院和院校间开展的教学、科研等学术活动,配合系对教师进行有效管理
系	开展具体的教学、科研等学术活动,配合学院对师资队伍进行合理建设

(二)进一步完善学院制改革

高校实行学院制的宗旨是促进学科发展,提高教育质量和办学效益,增强办学活力。目前我国已经形成了三种类型的学院。第一种是以学科群组建的学院,即利用高校内部优势,在具体操作上集系成院,这种学院可以促进学科的横向联合。第二种是由系直接升级的学院,即在系基础上进行扩大或者几个相关的学科进行合并。第三种是按照社会产业、行业需求集多学科而成的学院。实行学院制,意味着要将一部分的管理权下放给学院。具体来说,学院需要承担教学管理、学科建设、科研管理、学生管理,以及人事、行政、财政管理的责任。目前,我国高校虽然在学院制方面取得了一定的成绩,但是仍有很多的地方需要改进,因此,在我国高校组织结构改革的进程中,还需要对学院制进行进一步的完善。

(三)促进高校组织结构弹性化、多元化和网络化

高校组织所面临的问题是千变万化的,因此,在进行高校组织结构改革的时候,一定要注意组织结构的弹性化,以避免僵化的组织结构带来的与社会发展不相适应的问题。由于高校是政治组织、行政组织和学术组织的结合体,因此,高校组织结构必然要带有多元化的特征,既要体现国家的意志,也要体现保证政策的执行,同时要能够实现学术的发展。随着互联网的发

展，网络信息技术的应用为高校组织结构发展带来了新的管理手段，因此，高校组织结构改革需要朝着网络化的方向发展，实现信息沟通的顺畅，以及管理的创新。

第四节 高校的规章制度

规章制度是由党政机关、社会团体、企事业单位制定或群众议定的，在一定范围内要求有关人员共同遵守的行为规范和准则，是一种具有约束力的事务文书。规章制度是条例、规定、办法、细则、守则、公约、章程、规则、标准、须知等的总称。规章制度的应用十分广泛，大至国家机关、社会团体和行业，小至单位、部门和班组，都需要规章制度来规定人们的职责和应该遵守的准则，以维持社会活动的正常运转。具体到高校管理来说，规章制度是“学校内部各种规定、章程和制度的总称，是用文字形式对学校教学、科研以及各项管理工作的要求所作的制度规定”[①]。

一、高校规章制度的作用

我国高校规章制度主要包括《中华人民共和国高等教育法》《普通高等学校德育大纲》《高等学校学生行为准则》《普通高等学校学生安全教育及管理暂行规定》《高等学校校园秩序管理若干规定》《普通高等学校学生管理规定》等，这些规章制度在高校的发展中起到十分重要的作用，具体来说主要包括以下几个方面。

（一）协调和规范高校各项工作与活动

在高校中存在着很多对立又统一的“二元结构”，如教师与学生、行政人员与学术人员、教学与研究等，他们之间总会发生一些矛盾。由于高校的规章制度对教师与学生、领导与被领导、个人与集体以及个人与个人之间的关系处理进行了明确规定，因而能够对高校组织“二元结构”的矛盾、学校各种活动主体间的权利关系和利益冲突进行有效调节，从而使学校内部的各种关系保持平等。从这一角度来说，高校若是缺乏规章制度，各项工作与活动将无法顺利开展。此外，高校的规章制度是集体意志的决定，对各项工作需

① 杨德广．高等教育管理学[M]．上海：上海教育出版社，2006：206－207.

要遵守的基本规范进行了具体而明确的规定。而这能够有效预防管理腐败现象、学术失范和越轨现象等的出现。

（二）有效落实高校办学理念和组织文化

高校的办学理念和组织文化要想落实到实处，就必须借助规章制度的力量。这是因为，规章制度是对组织的内在精神与理念进行外化的结果，但又能反过来促进组织内部文化氛围的培育与营造，影响组织个体的精神人格、价值诉求、信念和价值取向，从而使得组织文化在个体上得到一定的体现。另外，良好组织文化的形成和落实，会深受制度管理的影响，从这一角度来说，高校的规章制度能够有效落实高校办学理念和组织文化。

（三）促进高校管理向着科学化方向发展

高校的规章制度对高校管理科学化的促进作用主要体现在以下几方面。

(1)统一高校管理者的思想认识，继而能够保证高校采取正确的方式来促进自己的教育和管理目标能够得到有效实现。

(2)规范高校工作，并使各个岗位、各类人员明确自己的分工，进而促进管理工作效率的提升。

(3)优化组合高校的人、财、物、时空、信息等因素，继而保证教学、科研等活动的顺利进行。

(4)避免经验主义和长官意志等的出现，并能保证各项工作不会因领导者变更而无法顺利进行。

（四）促进高校更好地实现依法治校

根据《高等教育法》的规定，高校具有法人资格，在民事活动中依法享有民事权利，承担民事责任。因此，高校作为法人，所有的行为都应该依法进行。高校的规章制度是高等教育体系的重要补充，是实现依法治校的重要途径之一，只有进行建设好规章制度，才能够让高校体现出法治精神，让依法治校的理念落实到实处。

二、高校规章制度的制定原则

高校规章制度对高校的意义是十分重要的，因此，高校在制定规章制度时必须遵循一定的原则，具体来说，高校规章制度的制定原则主要有以下几个。

(一)可行性原则

规章制度是指导和约束人们行为实践的准则,其内容和尺度必须符合社会现实情况,如果不符合社会的实际情况,那么规章制度的落实就无从谈起。因此,高校在制定规章制度时一定要遵循可行性原则。通常情况下,在规章制度制定的过程中,存在着两种基本取向,一种是从理想状态来考量,一种是从现实状态来考量。高校在制定管理规章制度时,要对这两种状态进行综合考量。

(二)教育性原则

客观来说,高校的规章制度既是一种管理手段,又是一种教育手段。因此,各种类型的高等院校在设置和制定本校的规章制度时,不但要从管理和控制的角度进行考虑,还要从高等教育的教育和教养的角度进行考虑,遵守教育性的原则。只有这样,才能够保证出台的规章制度既能够达到管理与控制的目的,又能够达到教育和教养的目的。

(三)政策性原则

高校规章制度的制定首先要符合国家的政策,不能与国家的政策相违背,具体来说,就是高校所制定的规章制度,一定要在内容上、方向上与党和国家教育管理的法律、法规、政策相符合。例如,各大高校对本校学生的管理规则必须符合《中华人民共和国高等教育法》的相关规定;高校对教师的管理规则必须符合《教师法》《劳动合同保障法》等法案的相关规定;高校的各项财务制度也必须符合《会计法》及国家的各项财经政策与纪律;高校的校训必须与党的教育方针的精神保持一致;等等。之所以要遵守政策性原则,是因为高校是国家这个母系统中的子系统,子系统必须要与母系统相一致。

(四)严肃性原则

客观来说,高校规章制度和法律法规一样,本质上带有强制性,因此,高校规章制度的制定必须要遵守严肃性原则,要严明纪律,赏罚分明,对所有师生员工一视同仁。另外,为确保高校规章制度的严肃性,所制定的规章制度要相对稳定,绝不能朝令夕改,一经颁布之后,要坚决执行。

(五)民主性原则

民主集中制的组织原则是我国社会主义条件下高校管理过程中的固有

特色，也是高校教职工参与民主管理的基本权力。遵守民主性原则要求在高校的各项规章制度的形成过程中，不能单单由高校领导制定，而是要广泛地接受广大教职工的意见。客观来说，高校教职工民主参与学校管理规章制度的制定有着十分重大的意义。一方面，可以使高校管理规章制度更加缜密和完善，更加切合学校实际，另一方面，由于经过大家共同制定制度，可以使高校管理规章制度本身对教职工产生更大的约束力，强有力地唤起大家自觉遵守和遵循的责任与义务。

三、我国高校规章制度存在的问题

随着我国高等教育改革的不断深化，我国高校规章制度存在的问题越来越突出。具体来说，我国高校规章制度存在的问题主要有以下几个。

(1)制定程序有待规范。规章制度的制定程序一般包括三个步骤，即酝酿阶段、修改阶段和通过阶段，也就是通常所说的动议、审议和发布三步骤。但是在实际的工作当中，我国高校在制定规章制度的程序上还不够规范，规章制度的“立、改、废”还存在一定的随意性，还需要确立规范性依据。

(2)主要内容有待完善。很多高校的规章制度在内容方面存在一定的疏漏，例如，只规定了行政职权而忽视了对行使职权的条件、程序以及应当承担的责任规定，违背了职权与职责相统一的原则；只要求教职员工和学生履行有关义务而没有对他们应当享有的权利做出规定，违背了权利与义务相一致的原则等。

(3)在适用与解释方面存在混乱。很多高校的规章制度在适用与解释方面存在混乱，如对同一事项，不同的规章制度有不同的规定，有些高校的规章制度并没有明确相关的细则，导致在实施的过程中产生各种问题，等等。

四、我国高校规章制度的改革

针对我国高校规章制度存在的问题，可以从以下几方面对其进行改革，以使其能够更好地发挥自身作用。

(1)坚持正确的指导思想。规章制度是否能够激励人们努力工作，最大限度地发挥人们工作积极性的动力，关键要看制定规章制度的指导思想。在高校中，师生员工的主动性和创造精神对高校教育功能的实现具有重要的作用，因此高校的规章制度应该要以调动师生员工的主动性和创造精神为指导思想，更好地为教学和科研工作服务，为广大教职员工和学生服务。

(2)完善规章制度的制定程序。规章制度的制定不应该是由领导者拍脑门决定的,它需要有一系列规范的制定程序,并且要严格按照规范来执行,具体来说,要完善规章制度的制定程序需要做到以下几点。

第一,在起草工作开始之前,起草部门应当对拟起草的规章制度进行必要性和可行性论证,同时,高校也应该按期编写计划。只有经过深入调研、充分论证、各方面条件都比较成熟的规章制度才能够进入起草阶段。

第二,在起草阶段,规章制度的表述需要观点明确、言简意赅,同时要保证规章制度之间相互协调,不能互相矛盾。

第三,在审查阶段,应制定出明确的审查标准。在涉及重大或者疑难法律问题上,还应当邀请有关法律专家进行咨询论证。

第四,在正式出台前,应该有试行阶段,以便能够及时发现问题,总结经验,对规章制度不完善的地方进行改进。

第五,在审议和决定阶段必须按照规定的程序进行审议,经审议确定的规章制度需要在全校范围内进行公布。

(3)合理确定规章制度的内容。高校规章制度的制定除了要遵守一定的原则外,在内容上还需要注意合理性,要注意从实际出发,不能生搬硬套。

(4)确保规章制度的与时俱进。时代在发展,应确保高校规章制度的与时俱进,及时清理那些不符合实际情况的规章制度,以保证高校规章制度与客观实际的一致性以及自身的有效性。

第四章　高校人才培养活动及其管理

培养人才是高校的根本任务。因此，高校的人才培养活动及其管理在高校教育管理中占据重要位置。在新时代，为了不断提高人才培养质量，我国进行了一系列相关的改革，同时也加大了与人才培养有关的管理力度。本章着重就高等教育人才培养机制改革、高校教学活动管理与课程管理、大学新生管理、高校学分制教学管理等内容进行相应的探讨。

第一节　新时期我国高校人才培养的主流及基本面

自改革开放以来，我国高等教育事业展现出了惊人的发展速度。自1999年高校扩招开始，我国高等教育毛入学率稳步上升。2002年，我国高等教育毛入学率达到15%，这标志着我国进入国际公认的高等教育大众化阶段（按照国际公认的说法，高等教育毛入学率15%以下叫精英化阶段，15%～50%叫大众化阶段，毛入学率50%以上叫普及化阶段）。2007年，中国高等教育毛入学率达到23%。2010年，中国高等教育毛入学率达到26.5%；到2016年时，录取人数达737.8万，全国各类高等教育在学总规模达到3 699万人，高等教育毛入学率达到42.7%（图4-1）。根据适龄人口的情况，预计在今后较短时间内，我国高等教育毛入学率将达到50%，快速进入高等教育普及化阶段。

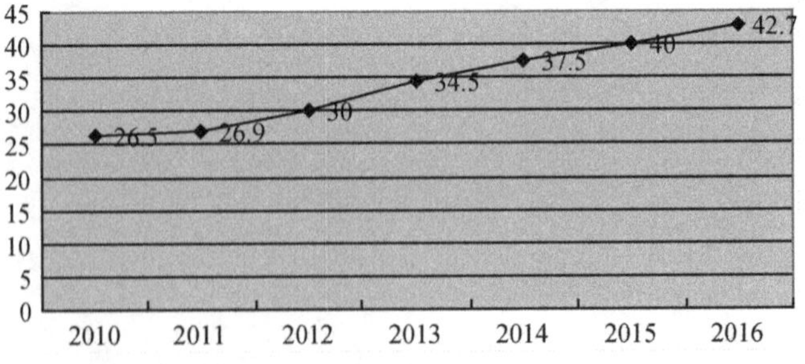

图 4-1　2010—2016 年高等教育毛入学率增长情况

伴随着教育事业的快速发展，我国高校数量也在急剧增加。2000—

2016 年，我国普通高等学校从 1 041 所增至 2 879 所，增长 2 倍多(图 4-2)。从诸多的统计数据可以看出，我国正在逐步加大高校人才的培养。

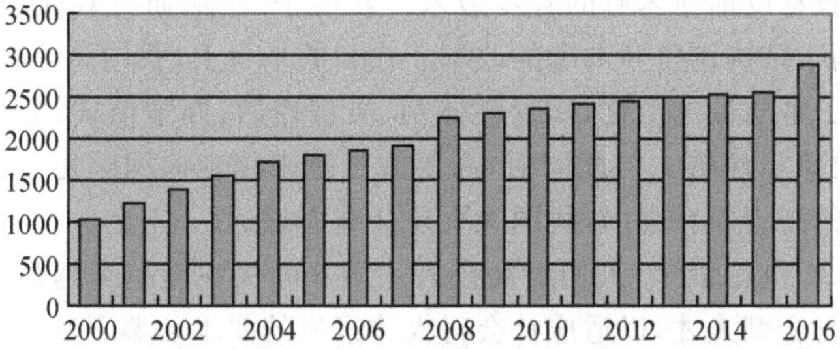

图 4-2　2000—2016 年我国高校数量的增长情况

与此同时，我国还特别重视紧缺人才和高技能人才培养，对西部和人口大省进行高教发展倾斜支持，通过“211 工程”和“985 工程”建设了一批高水平大学和重点学科。高校积极参与国家创新体系建设，“十二五”期间，全国高校荣获的国家自然科学奖、技术发明奖、科技进步奖均占全国奖项总数的 50%以上。2016 年，高校共投入 1 356 亿元科研经费，拥有 38.110 2 万名科研人员，提交 18.442 3 万件专利申请，12.198 1 万件获得专利授权。高校还汇聚了全国哲学社会科学界 90%以上的研究人员和 80%以上的研究成果，积极参与“马克思主义理论研究和建设工程”，在理论创新、国家和区域战略决策咨询、文化建设上做出了突出贡献。到 2015 年，全国独立设置的高职院校达 1 341 所，在校生数 1 048 万，是 1979 年的 5.1 倍，占高等教育的 41.2%。

回顾历史，高等教育的发展首先得益于 1977 年冬天，这是高等教育再次发展的起点。1983 年。邓小平同志为北京石景山学校题词：“教育要面向现代化，面向世界，面向未来。”“三个面向”不仅是基础教育的，而且是整个教育的根本指导方针；不仅包括高等教育，而且对高等教育改革方向具有更强的针对性和深刻的指导意义。为了适应时代发展的要求，落实“三个面向”，从 20 世纪 80 年代中期开始，在邓小平同志亲自关怀下，我国高等教育开始进行改革，高等学校在国家方针政策的指导和宏观管理下，可以自主开展多种形式的联合办学，接受委托培养，可以自行调整专业方向，制订教学计划和大纲，编写和使用教材，逐步实行毕业生就业的“双向选择”。为了面向世界，我国聘请了大量外籍教师，大力开展与世界各国高校和科技界的交流与合作。同时，高职教育在探索中逐步发展，通过改组、改制、改革，一批高等专科学校和成人高等学校正成为新型的高等职业学院。社会力量办学的兴起，在我国出现了一批民办高等教育机构，利用社会资源，发挥灵活特点，为国家培养了大批人才。

20世纪90年代以后，我国高等教育领域产生了三大举措：一是高校合并调整；二是大学扩招；三是建设世界一流大学。在这三大措施的实行下，我国高等教育以前所未有的脚步迈入了新的平台，从而有效促进了高等教育体制创新、结构调整和观念的改革。在新的平台上，我国高等教育很多方面都发生了本质性的变化，如管理体制、质量控制、办学模式、师生关系、学术标准、决策程序等。与此同时，高等教育越来越走向国际化。当然，要想成为真正的高等教育强国，我国无疑还任重而道远。

进入21世纪以来，人们对高校人才培养的关注度越来越强，基本一致要求培养复合型人才，以适应社会对人才素质的要求。鉴于这一目标，我国高校在以下一些方面做出了较大努力。

第一，高校以适应城市现代化的建设需求，培养基础理论扎实、专业知识面宽、职业技术过硬的复合型人才为目标。在专业设置方面，突出了社会适应性和区域性，设置适应性较强的专业。

第二，高校坚持育人为本、德育为先，把立德树人作为根本任务。在课程设置方面，重视课程与将来学生所从事工作的匹配性，强调理论与实践相结合。

第三，高校在教学方面，更加注重内容上的新与实、严密的教学计划和严格的教学管理。

第四，高校注重培养出既具有丰富理论知识又具有扎实的专业技能的人才。

第二节 中国高等教育人才培养机制改革

我国高等教育主要通过普通本科教育、研究生教育、职业教育、继续教育、远程教育等形式来培养人才。其中，高等职业教育、本科教育、研究生教育构成高等教育内部的三个层次，当然也是高等教育中的核心内容。本节通过本科教育、研究生教育和高等职业教育三个方面来探讨中国高等教育人才培养机制改革。

一、本科教育人才培养机制改革

本科教育是我国高等教育的主干部分。为了培养知识丰富、能力高超、品德优良的高质量本科生，促进本科教育质量的提高，我国在人才培养目标、教学基本建设、教学管理制度等方面进行了一系列的改革。

(一)人才培养目标的改革

人才培养目标是大学本科教育的工作方针,是大学对于"培养什么样的人才"的理性思考与周密设计,具有导向价值、标识价值和激励价值。因此,本科人才培养目标的确定是本科教育发展中的一项重要内容。一般来说,本科教育的人才培养目标是在高等教育人才质量观的指导下,根据社会发展需要来确定的。在过去,人们认为知识就是人才质量的基本要求,但改革开放以来,随着科学技术的迅猛发展和社会的不断进步,人们越来越发现,教育仅仅关注人才的知识是不够的。因此,高等教育界深切反思了传统教育教学过程中出现的重知识、轻能力的现象,总结出了能力和知识同等重要的观点。于是,我国高等教育人才质量观开始由知识质量观转变为能力质量观。到了20世纪90年代,高等教育的思想观念又发生了变化。联合国教科文组织出版的《学习——财富蕴藏其中》一书进一步肯定了学习化社会和终身学习的理念,提出了人才培养过程中的四大支柱:一是学会认知,二是学会做事,三是学会共同生活,四是学会做人。在这样的观念之下,我国高等教育的人才质量观进一步发生变化,开始由能力质量观转变为综合素质质量观。

高等教育质量观的转变对我国高等教育人才培养目标的转变有着重要的影响。20世纪80年代初,教育部领导一批人专门研讨了普通高等教育本科培养目标,并修订了过去所确定的人才培养目标。从高等教育理科类本科专业来看,20世纪50年代主要以培养"自然科学的理论研究、科学实验和教学人员"为目标;20世纪80年代初,则以培养"具有能够从事本专业和有关专业教学、科研的实际工作能力"的人才为目标。从高等教育文科类本科专业来看,20世纪50年代以培养"从事研究或教学工作的专门人才"为目标;20世纪80年代则以培养"从事实际工作和教学、研究工作的高级专门人才"为目标。从高等教育工程类本科专业来看,20世纪50年代主要以培养"工程师"为目标;20世纪80年代初则以"获得工程师的基本训练"为目标。当然,除了上述三类专业外,农林科、医科等本科专业培养目标也都相应地发生了变化。

进入20世纪90年代,随着高等教育质量观的转变及"知识经济"概念的提出,高等教育人才培养目标又一次发生了变化。1999年,中共中央国务院发布了《关于深化教育改革全面推进素质教育的决定》,其明确提出"高等教育要重视培养大学生的创新能力、实践能力和创业精神"。文件颁布后,各大高校纷纷开始全面分析学科发展的现状和趋势,并积极开展专业建设,重新确立人才培养目标体系。例如,2012年,北京大学的人才培养目标就是“为国家和民族培养具有高度社会责任感、富有创新精神和实践能力、国际视野开阔、在各行各业起引领作用的高素质人才”。

进入21世纪以来，随着时代的发展和社会的进步，各大高校根据政策的指示依然持续关注本校人才培养目标的时代性与前沿性，力求与时代发展相接轨，与社会需求相吻合。比如，北京师范大学在2014年以前的人才培养目标为“培养具有良好的人文与科学素养、宽厚的专业基础、开阔的国际视野和勇于实践的高素质创新人才”；到2016年，其人才培养目标出现了些许变动，由培养“高素质创新人才”变为培养“创新型高级专门人才”。这与国家所提倡的人才培养目标是相吻合的。

（二）教学基本建设方面的改革

教学基本建设就是指教育教学的基础性工作，主要包括专业建设、课程建设和教材建设。这些方面对人才培养质量的提高有着重要的影响。自改革开放以来，我国本科生教育非常重视这几个方面的工作，并切实采用多种措施进行改革。

1. 专业设置改革

新中国成立后，我国主要模仿苏联举办高等教育，在高校院系下面设置专业。1953年，高校设置的本科专业有215种；1957年增加到了323种。1963年，教育部在“宽窄并存、以宽为主”的原则上较大程度地调整了专业结构，修订并发布了《高等学校通用专业目录》。进入20世纪80年代后，我国高等教育院校专业种数达到了1 039种。由于专业划分过细、口径较窄，加之一些专业名称不科学、不规范，以及专业结构和布局不够完善等，高等院校所培养的人才越来越不适应社会经济建设、科技等发展的需要。为此，教育部从1982年下半年开始，着手进行专业调整。其主要就是为了减少繁冗的专业种数，以便拓宽专业面、增强对社会的适应性。

（1）第一次高校本科专业目录的修订和规范

1984年4月，教育部召开了约有200多位国内专家参加的专业目录审定会，对工科专业的目录进行了专门的修订，并且出台了《高等学校工科本科专业目录》。本次目录修订不仅减少了工科专业种数，还拓宽了工科部分专业的业务范围。之后，从1985年开始，教育部又先后组织修订了农、医、文、理等学科的专业目录。截至1987年，教育部组织的对全国各科类专业目录的修订工作基本宣告结束。此次修订之后，专业种数骤减到671种。

（2）第二次高校本科专业目录的修订和调整

第一次高校专业目录的修订工作虽然取得了一定的成果，但专业划分过细等问题还是比较严重。因此，自 1989 年开始，国家教委开始进行第二次专业目录的修订与调整，前后历时四年多，于 1993 年全部完成，并且在当年的 7 月正式颁布了《普通高等学校本科专业目录》。这次修订的本科专业目录，分别设置了哲学、文学、历史学、经济学、法学、教育学、工学、理学、农学、医学等共计 10 个学科门类。各学科门类下再设 71 个二级学科，一共 504 种专业。这次修订的本科专业目录，专业种数继续有所减少，但其拓宽了专业口径和业务范围，充实了专业内涵，增设了一些实用性的专业。

(3)第三次高校本科专业目录的全面修订和调整

第三次修订工作从 1997 年开始，于 1998 年 7 月完成了全部专业目录的修订工作。修订后的《普通高等学校本科专业目录》一共设置了 11 个学科门类，即哲学、文学、历史学、经济学、法学、教育学、工学、理学、农学、医学、管理学，下设 71 个二级学科门类，共计 249 种专业。其中，管理学是新增的 1 个学科门类，在二级学科门类中，也出现了一些新兴学科、边缘学科和交叉学科专业。总体上，高校本科专业种数减少了，减少幅度达 50.6%。这次的修订工作不仅柔性设计了专业培养方向，还基本按照学科划分专业，各个专业都有十分明确的主干学科方向或者主要学科基础。这使我国学科专业目录更加规范、科学、弹性。

(4)第四次高校本科专业目录的修订和调整

为了进一步优化高校本科专业目录的结构，我国教育部经过两年时间，于 2012 年修订并颁布了《普通高等学校本科专业目录(2012 年)》。此次修订不仅规范和调整了一些专业的名称，明确了一些专业的内涵，还增设了一批国家战略新兴产业发展和改善民生急需以及应用性强、行业针对性强的新专业，如轨道交通信号与控制专业。新目录分为基本专业 352 种，特设专业 154 种，并确定了 62 种专业为国家控制布点专业。特设专业和国家控制布点专业分别在专业代码后加“T”和“K”表示，以示区分。

这四次专业目录的修订与调整一方面优化了专业人才的培养方案与模式，另一方面又深化了教育教学改革，意义深远。

2. 课程改革

改革开放之前，高等学校的课程有很大的波动现象，这在很大程度上影响了高等学校人才培养的质量和水平。尤其在一段时间内，高校课程的政治化和劳动化倾向极为明显，课程内容和课程时间减少，基础理论和知识被取消，课程体系充满了极端实用主义。

改革开放之后，我国高等教育加大了课程改革的力度，着手修订了课程教学大纲、改革了课程体系，并开展精品课程，从而渐渐构筑了适应时代变化发展所需要的课程内容和课程体系。比如，在课程体系上，1950 以后，教育部成立了高等学校课程改革委员会。该委员会先后组织各高校相关专家制定了《高等学校课程草案》与《专修科课程草案》。1954 年，在高等教育部的直接指导下，我国制定了 173 个专业的全国统一的教学计划，其中工科 119 个，理科 11 个，文科 5 个，农科 9 个，医科 5 个，财经 12 个，法律 2 个等。[①] 这就促使高校课程体系基本形成。不过，这一课程具有显著的统一性和计划性。一直到 20 世纪 80 年代，高校课程体系都是计划经济时代的延续。

20 世纪 90 年代，教育部为了深入开展高等教育院校教学改革，将教学内容和课程体系作为教学改革的一个重大突破口，来促进高校教学理念、教学模式的更新与转变，并带动高校课程教学方法和手段的改革。1994 年初，国家教委正式提出并制定了《高等教育面向 21 世纪教学内容和课程体系改革计划》。1995 年，国家教委两度召开“改革报告会”，决定全面启动实施《高等教育面向 21 世纪教学内容和课程体系改革计划》。关于这次课程体系改革的总体思路就是：加强基础课程教育，适当增加选修课比例，减少课内学时，课程设置更为注重高校学生的实际操作能力和全面素质的培养。经过改革，在课程结构与课程模式方面，很多高校把相近的专业合并起来构筑课程体系，从而将公共课和基础课串联起来，并且规定在高校学生一、二年级时进行学习。同时，原本的专业基础课和专业课，则被划分为了若干个专业方向，并且相应形成了课程组或者课程模块。这些课程组有的是原来的专业课程，而有的则是按照市场需求和科技的发展要求，进行重组或者在原有专业课程基础上得以完善的。这些专业方向或者课程组基本是从高校学生的三年级时开始进行学习。此外，在这次课程体系的改革中，也设有一些任意选修课，内容涵盖了人文、科普、健康、艺术等多方面，并且贯穿于高校学生的整个大学学习阶段。总的来说，这次课程体系改革是我国高等教育院校课程改革从微观层面向宏观层面的一次重要转变。其打破了以前重局部而不重整体的改革思路，更多地顾及宏观层次课程结构优化和全局范围的整体优化，从而大大减少了课程的重复开设，并且更注重校本性（各大学自主确定）、宽博性（学科知识丰富多样）、选择性（选修课比例加大）。

进入 21 世纪以后，随着人们对高等教育质量与教育教学改革的关注越来越多，以及“高等学校本科教学质量与教学改革工程”的实施，高校课程体系越来越朝着基础化、综合化、多样化和个性化发展。

---

① 胡建华．现代中国大学制度的原点：50 年代初期的大学改革．南京：南京师范大学出版社，2001：227.

3. 教材改革

教材的质量深深地影响着教学质量。所以,在教学基本建设方面的改革中,教材改革也是很重要的一部分。1978年,《关于高等学校教材编审出版工作若干问题的暂行规定》被批准,这一文件全面规定了我国高等教育院校各类教材编审出版工作的领导层、具体分工要求等。1985年,国务院恢复或者重建了工、理、农、医各科专业教材编审委员会162个,其下设376个小组。另外,国务院14个部委建立了教材编审室,恢复或重建了81个大学出版社。这就使我国初步形成了高等教育院校教材出版体系。1987年和1988年,国家教委又相继发布了《关于加强高等学校教材建设工作的几点意见》《高等学校教材工作规程(试行)》《高等学校优秀教材奖励试行条例》以及《高等学校教材工作评估办法》共四项文件,总结归纳了我国高等教育院校教材改革的基本经验,并提出了未来教材工作的总体方针,制定了教材编审、出版、评估等方面的有关制度,以便进一步指导和促进我国高校的教材改革工作。进入21世纪以来,教育部在经济、法学、信息科学与技术、生命科学与技术等学科专业方面,引进了国外优秀的原版教材,这对我国高校学科专业教学内容的更新发挥了较大的作用。

(三)教学管理制度的改革

教学管理是学校管理的重要组成部分。高等教育教学管理制度的改革与创新,能够在很大程度上保障高等教育人才培养的质量。所以,自1978年开始,我国就加强了对高等学校教学管理的研究。至20世纪90年代,教育部在总结归纳新中国成立以来教学管理经验的基础之上,又进一步制定了《高等学校教学管理要点》。它是我国较为系统的高等教育院校教学管理指导性文件。随着后来的改革和发展,很多高校都逐渐建立起了一套完善的教学管理体系,以便促进教学管理工作的科学化和合理化。在教学管理制度的改革方面,学分制与校院两级教学管理体制是最突出的举措。

1. 学分制

改革开放以前,我国高等教育院校主要采用的教学管理制度是学年制。随着体制的大幅度改革,这种单一的教学管理制度越来越难以适应社会发展的需要。于是,学分制诞生。1978年,全国科学大会提出"有条件的高等院校要实行学分制"。之后,一些重点高校实行学分制改革。1983年,教育部召开了全国高等教育工作会议,积极探讨了如何开创高等教育工作新局面、促进学分制的试行向纵深发展等。于是,学分制改革由少数重点大学扩大到了许多非重点大学，同时也由综合性高校扩大到了其他类别的学校。

2. 校院两级教学管理体制

20 世纪 80 年代中期，我国综合性大学迅速增多，开始普遍设置二级学院，校院两级管理体制逐渐兴起和盛行。正是在校院两级管理体制的基础上，很多高校开始实行校院两级教学管理体制。由于这种教学管理体制能够切实提高我国高校内部教学管理质量，所以被很多高校所认可。校院两级管理体制的构建主要以健全基层教学组织、构建以学生为中心的运行机制、实行分学院类型的教学工作目标考核制度为重要内容。

二、研究生教育人才培养机制改革

研究生教育也是高等教育的一个重要组成部分。它主要以培养高级专门人才为目标。研究生教育制度的完善程度极大地反映着高等教育的质量和水平。我国研究生教育起步较晚，20 世纪初叶，我国第一个以法律形式颁布并在全国实行的较为完备系统的学制——《癸卯学制》，把高等教育分为了高等学堂、大学堂和大学院三级。这里的大学院实施的其实就是研究生教育。一直发展到今天，研究生教育人才培养机制也经历了诸多改革。

（一）招生方式的改革

我国硕士研究生主要通过全国统考、推荐免试、单独命题考试三种方式来招生。在实施过程中，通过免试和单独命题考试招生方式的人数很少，基本上都是通过统考录取的。考试以初试（笔试）和复试（笔试加面试）的方式进行，内容一般包括外语、政治、专业课和综合。为了确定合理的招生方式，我国在不断进行研究生招生方式的改革。尤其是在研究生的入学考试中，弱化初试的权重、强化复试的权重，逐渐形成以吸引具有创新潜力的优秀生源为目的的新型招生方式。

（二）研究生学位制度的改革

在研究生培养过程中，学位制度是一个非常重要的制度。学位是衡量一个人的受教育程度和学术水平的重要标准，也是一种学术称号或学术性荣誉称号。学位制度的完善与否也会影响高等教育人才的培养质量，因而我国也十分重视学位制度的改革。

1935 年 4 月，民国政府仿效英美体制正式颁布了“学位授予法”，这是一个比较完整的学位制度文件。它是我国现代学位制度的开端。然而，由于旧中国教育的落后，这项制度最终没有得到真正的执行。研究生学位教育在当时发展得相当缓慢，从1935年到新中国成立前，仅有232人获得硕士学位，没有人获得博士学位。新中国成立后，国家逐步开始重视研究生的学位教育，于是，研究生学位教育得到了一定程度的发展。1963年颁布的《高等学校培养研究生工作暂行条例（草案）》使得我国的研究生教育和培养制度得以初步建立。不过，受历史因素的影响，我国研究生学位制度的建设受到中断。改革开放以后，研究生学位制度恢复并开始发展。1980年2月，五届全国人大常委会第十三次会议审议通过了《中华人民共和国学位条例》，并于1981年开始施行。1981年5月，国务院批准了《中华人民共和国学位条例暂行实施办法》，其制定了学士、硕士、博士三级学位的学术标准。自此，中国学位制度全面建立起来。自学位制度建立以来，我国研究生教育体系和运行机制得到了完善，研究生培养能力大幅度提高，极大地促进了我国科学建设和社会经济的发展。

（三）导师责任制的改革

2006年，在“第三届中外大学校长论坛”会上，时任教育部部长的周济指出，研究生教育改革要根据社会对高素质创新人才的实际需要，学习借鉴世界一流大学成功的经验，“建立以科学研究为主导的导师负责制，实行与科学研究紧密联系的导师资助制”。于是，我国研究生的培养机制初步建立起来，是以导师责任制为核心。导师招收一定的研究生进行培养，培养时必须依托其科研工作进行，并为研究生提供“助理研究”的岗位和报酬。当年，哈尔滨工业大学、华中科技大学、西安交通大学等3所高校开展研究生培养机制改革试点工作，2007年实施改革的试点高校增至17所。2008年，有47所高校实施了以导师责任制为核心的研究生培养机制改革。2009年9月，教育部发布了《教育部办公厅关于进一步做好研究生培养机制改革试点工作的通知》。

此后，这种机制的改革逐步推广到了全部中央部委属院校。导师责任制强化了导师在研究生培养中的地位和作用，以这种制度为核心的培养机制改革一方面为提高研究生培养质量提供了主观动力和客观保障；另一方面推动了研究生教育体制机制的创新。

三、高等职业教育人才培养机制改革

高等职业教育也是高等教育的重要组成部分，其主要培养的是“具有一定理论知识和较强实践能力的技术应用型人才”。它以职业能力为逻辑起点，实施以技术为主的教育，具有职业性、平民性、实践性和社会性等鲜明特征。虽然我国高等职业教育的发展历程较短，但其也在不断改革，努力为社会培养出更多的适应社会发展需求的面向生产、建设、管理和服务第一线的技术应用型人才。

20世纪90年代以前，我国高等职业教育的办学模式基本采取的是普通高等学校的办学模式。例如，实施统一的招生计划，不管是在专业设置上，还是课程结构上，还是教材建设上，还是教学管理上，都没有产业、行业特色，缺乏竞争与活力。然而，1999年发布的《试行按新的管理模式和运行机制举办高等职业技术教育的实施意见》，在对高等职业教育的办学管理和实施机构进行规范的同时，还提出了适应高等职业教育发展的多元办学模式。此后，高等职业教育的办学模式从单一走向了多元。在办学的主体方面，既有独立设置的高等职业技术学院，又有普通高等学校的职业技术学院；既有国家为主导投资的高等职业技术学院，又有多元投资的民办高等职业教育。在办学体制方面，我国高等职业教育打破了单一的政府办学格局，初步形成了政府主导、社会各方力量共同参与、面向市场的多元化办学格局，尤其是民办高校的快速、健康发展，为高职教育注入了新的活力。在管理体制方面，形成了以省级政府统筹为主、国家进行宏观调控和质量监控的两级管理格局。政策措施和法规体系不断完善，不仅建立了有效的质量监控体系，而且还确立了高等职业教育的地位和根本任务，这使得我国高等职业教育的办学能力和社会认可度得到提高。

在人才培养上，我国之前的高等职业教育实行的是单一的学科知识教育，也不注重学生的职业素质和人格发展。这给高等职业教育的人才培养带来了较大的弊端。为了适应我国经济社会的发展和专业技术应用型人才培养的需要，我国通过不断地改革与发展，重新定位了人才培养目标。现在的高等职业教育着重走内涵化发展，不仅注重学生知识的掌握、技能的学习，还注重学生认知、情感等方面的发展，力求走全面发展之路。

近年来，随着社会经济的不断向前发展，高等职业教育也在适时做出调整，努力跟上时代的步伐。比如，我国沿海和经济发达地区，如上海、深圳等地试办四年制高等职业教育；也有的本科大学开始办四年制的高职学院，开设“专升本”高职本科班；有条件的高职院校也开始招收应用型本科生。这意味着高等职业教育正在努力将学历层次高移化。在教学管理上，我国一些高等职业院校也开始实行学分制，不过并不普遍。但是，这确实已经成了高等职业教育的一个重要发展趋势。2015年11月，教育部出台了《高等职业教育创新发展行动计划（2015—2018年）》的通知，专门提出“专科高职院校要逐步实行学分制”。此外，为了适应国际化、全球化的社会背景，我国高等职业教育也越来越注重与国际接轨，走国际化办学之路，如主动参与国际教育领域的竞争，实施跨国职业教育和培训计划，建立与国际接轨的高等职业教育质量评价体系和职业资格质量标准、认证制度及认证机构等。

第三节 高校教学活动管理与课程管理

一、高校教学活动管理

高校教学活动管理作为学校重要的一项管理内容，主要是按照教学规律和特点，通过计划、组织、控制与指挥等过程，对高校教学系统中的各个要素进行协调，以便促进教学的高效率运行，实现预期的教学目标。

（一）高校教学活动管理的意义

高校教学活动管理不管是对高校自身来说，还是对学生和老师来说，都具有重要的意义。

1. 有利于学校教学质量的提高

学校的教学工作和教学管理工作是相互交错、相互影响的，它们共同构成了学校工作的两条主线内容。可以说，现代学校的教学工作是建立在一系列的教学管理活动基础之上的。所以，教学质量的高低其实深受教学管理的影响。学校通过先进的教学管理手段，推广成功的教学经验和科学的教学方法，使全体教师提高业务水平，发挥教学潜能时，教学质量必然能够保持在一个较高的层次上。

2. 有利于保障学校其他工作的有序进行

高校教学活动管理是高校管理中的核心内容。在和谐有序的教学管理格局下，不仅教学工作能够有序进行，学校其他工作也能受到影响，保持较好的秩序性。因为教学工作的良好运转能够为学校其他工作提供一定的保障，能够促使工作人员明确职责，各司其职，能够使人际群体在情绪和行为上形成良性互动，创造良好的工作氛围。如果学校教学管理时紧时松、时抓时放，学校就容易处于混乱无序的状态下。当教学工作处于混乱状态时，那么其他工作也必然难以有好的结果。

3. 有利于促进大学生的发展

教学活动管理与大学生的学习有着极为密切的关系。科学、合理的教学管理能够使学校为学生提供有助于他们发展的大问题，有助于引导教师全面认识教学工作，正确处理教与学的关系，最终保证学校教学目标的实现，从而不断促进学生的发展。

4. 有利于提升教师的教学水平

教师教学水平的提升除了与教师自身的努力程度有较大的关系外，还与学校教学活动管理情况有较大关系。因为，教师的教学水平主要是在教学实践活动的动态发展过程中逐渐提升的。高校教学活动管理良好的情况下，通常都能够为教师提供专业化的教学实践环境和学习研究平台。基于良好的学习与教学条件，教师不仅能够高质量地完成自己的教学工作，还能够促成教学工作的良性循环。可见，高校教学活动管理有利于提高教师的教学水平。

(二)高校教学活动管理的基本要求

高校教学活动管理应做到以下几点要求。

1. 加强教学思想管理

人的活动是由一定的思想支配的，教学活动也不例外。所有的教学活动都要受到一定的教学思想的支配。所谓教学思想，就是指“教师和教学活动管理者对教学系统内部诸因素、内部结构、运行规律及其与外部关系的基本观点和看法，它是一种对教师的教学行为和教学活动管理行为起着导向作用的教学观和方法论”①。

作为教学工作的灵魂，教学思想决定了教学行为和教学活动管理行为。因此，进行高校教学活动管理，一定要加强教学思想的管理。只有教师的教学思想正确了，教学工作才会朝好的方向发展，教学质量才会得到提高。

加强教学思想管理就是要加强教师的教学观管理，使教师热爱教育事业、积极向上、对教学工作认真负责、精益求精；加强教师的质量观管理，使教师树立正确的质量观念，重视学生各方面全面发展；加强教师的人才观管理，使教师公正、客观地看待、评价每位学生，帮助每位学生在自己原有的基础上得到最大可能的发展；加强教师的学生观管理，使教师树立热爱学生的

① 赵敏，江月孙．学校管理学新编[M]．广州：广东高等教育出版社，2008：249．

观念，会在教学中必须充分调动学生的主动性和积极性；加强教师的育才观，使教师真正做到教书育人，用科学、有效的方法使学生掌握系统的科学文化知识和技能技巧。

2. 明确教学工作管理的目标

高校教学活动管理工作的目标是全面提高高校教学质量和教学工作效率。关于教学质量的提高，这里不仅是指全面完成教学任务，也包括全体学生全面掌握各门学科（课程）的体系和知识结构，从而得到发展和提高。关于教学效率的提高，主要就是以较快的速度完成教学计划和教学大纲所规定的教学要求。这需要努力提高教师的业务水平，不断改革教学内容和教学方法。需要注意，在具体的教学活动管理中，高校管理者应将这两个管理目标有机结合，不能偏废任何一方，否则就达不到理想的管理成效。

3. 实行教学活动全过程管理

高校的教学过程是一个多层次、多因素共同活动的动态过程。这一过程中的各要素都是相互联系、相互制约、相互促进的。从本质上而言，高校教学活动管理就是对整个教学过程的管理，就是对影响教学的各方面因素以及各个因素之间的相互关系的管理过程。基于这种认识，高校教学活动管理应始终坚持教学活动全过程的管理，实现对教学全过程的各因素的最优化控制。

4. 健全教学规章制度

高校教学活动管理工作应依据教学过程的科学程序与客观规律，按照上级教育管理部门的有关规定而建立健全各种教学规章制度，以维护正常的教学秩序，使本校教学工作中的各个环节规范化、制度化、程序化，最终优化整个教学过程管理。

5. 正确处理教学活动管理中的各种关系

高校教学活动管理工作是一种组织性、协调性的工作，因此要正确处理好教学活动管理中的各种关系，主要包括各学科之间的关系、教与学的关系、教书与育人的关系、面向全体与因材施教的关系以及课堂教学与课外活动的关系等。

在处理各学科之间的关系时，要有全局观点，保证各学科占有应有的课时，能够发挥应有的作用。在处理教与学的关系时，不仅要注重协调好教师与学生的主体地位，还要注意调动教师和学生两方面的积极性，做到抓教导学、抓学促教。在处理教书与育人的关系时，不仅要注意向学生传授文化科学知识，还要合理利用教材中的思想教育因素对学生进行思想品德教育，帮助学生养成良好的行为习惯。在处理面向全体与因材施教的关系时，要注意从学生的实际出发，加强对各类学生的辅导，并开设选修课和各科课外活动，虽然不要求全体学生达到同一水平，但一定要采取各种方法努力提高各类学生的水平。在处理课堂教学与课外活动的关系时，要注意将课内外结合起来，在抓住课堂教学效率的同时，组织、开展各种课外活动，全面提高教学质量。

6. 重视教学环境管理

教学环境对教学活动开展的效果有着十分重要的影响，这种影响有时虽然只是潜在的，但却不容忽视。如今，我国社会经济迅速发展，高校的物质条件得以不断地改善，教学环境变得日益复杂。新的发展形势对高校教学活动管理的影响也更为突出。因此，高校的管理者须重视对教学环境的有效管理。当然，管理者不仅要重视教学设备和场地的建设，为教学提供良好的物质条件，而且要注意建立健全教学工作的各项管理制度，如备课制度、成绩考核制度等，以维护良好的教学秩序。

二、高校课程管理

高校课程是高等教育的核心内容。其与基础教育课程不同，对它的设置要考虑诸多因素，包括社会发展的要求、科学技术的发展、高等教育培养目标、学生身心发展特点、学校自身的定位等。所以，在高校中，课程体系建设是课程管理中最重要的内容。因为课程体系是否合理，直接关系到所培养人才的质量。以下主要对高校课程体系建设和优化进行一定论述。

（一）高校课程体系的建构

课程体系是根据一定的教育价值理念，科学排列组合课程的各个构成要素的系统。在当今高等教育的大众化背景下，高校的课程主要分普通课程、专业课程与跨学科课程，必修课程与选修课程，以及大、中、小型课程，显性课程与潜在课程。设置这些课程时，一定要注意这些课程的比例关系。这也是课程改革的重点内容之一。以下我们对这些课程进行相应的阐释，以便大致了解高校课程体系的大致轮廓。

1. 普通课程、专业课程与跨学科课程

在高校课程中，普通课程是最为基础的一类课程，包括政治课、外语课、体育课、军训课等。这类课程虽然与学生所学的专业没有直接的关系，但是关系到学生其他素质的培养，是高校全面培养人才的规划课程，所以不管是哪一专业的学生都必须要学习。

专业课程是集中体现某一专业特点的课程。学生选择了哪一类专业就必须学习这一专业的所有专业课程。这类课程又可分为专业基础课程和专业应用课程。前者是学习某一学科或某一专业的基础理论、基本知识和基本技能训练课程，而后者则是带有较明显的职业倾向的课程。

跨学科课程是指由一些与专业课程有着内在联系的不同学科合并或融合而成的课程。这类课程重在培养学生的基本技能、批判性的思考能力、解决问题的能力、利用图书馆和信息的能力、创造性思维及艺术表现能力。它能使学生不囿于专业课程，思维受限，而是学会比较不同的学科和理论观点，融会贯通。可见，这类课程的目的是促进学生学习的综合化，使学生的知识结构和知识体系成为一个紧密联系的整体，形成整体知识观和生活观，以全面的观点认识世界和解决问题。

2. 必修课程与选修课程

社会的不断进步及科技的飞速发展，使得高校为了培养出真正与时俱进、适应社会需要的人才，不断地对教学内容做出相应的调整。然而，主要课程内容总要有一个相对稳定性，这就难免与社会、科技的发展拉开距离。鉴于这种情况，高校开始实施必修课程与选修课程。

必修课程是强制规定学生必须学习的课程种类，体现了社会或机构的权威和强制力，蕴含了民族、国家和人类共同的文化要素。在我国主要是指为保证所有学生的基本学力，而规定的同一年级的所有学生都必须修习的公共课程。必修课程又可以分为国家级、地方级和校本必修课程。其主导价值在于培养和发展学生的共性，有选择地将主流文化传递给学生，帮助学生掌握系统化知识，形成特定的技能、能力和态度。当然，必修课程过分注重学生的共性发展，容易偏向极端的社会本位，最终可能忽视学生的个性成长。

选修课程是为适应学生的个性差异而规定的，学生可以按照一定规则自由地选择学习的课程种类。其主导价值在于满足学生的兴趣、爱好，培养和发展学生的个性。选修课程又可以分为限定选修课程与任意选修课程，也就是我们常说的必选课程和任选课程。

必修课与选修课的比例在不同的高校有着不同的分配，有的高校的选修课占 30%左右，有的则在 5%以下。选修课的比例具体占多少合适，并没有一定标准，高校应该根据专业的需要与教师的特长，适当地增加选修课的比例并使之兼容并蓄，百花齐放。

3. 显性课程与潜在课程

显性课程是人们精心设计的、有目的的，内容全面、计划周密、结构复杂的学科，一般列入学校的课程表内。其显著特征之一就是计划性。显性知识根据教学内容的不同，又可以分为两类。一类是重知识体系的学科课程，另一类是重生活经验的活动课程；根据习修方式的不同，可以将显性课程分为重视统一性的必修课程与重视灵活性的选修课程。

潜在课程是学校课程方案和学校计划中没有明确规定的教育实践和结果，但属于学校教育经常而有效的组成部分，贯穿于学校教育的整个过程。它主要包括学校文化方面的教育、学习和生活环境的建设、良好的人际关系的建立等。它对学生的影响主要是无意的、隐含的和非预期的。

对于高校来说，不仅要重视显性课程，还应当重视潜在的课程。

4. 大、中、小型课程

这类课程主要显示的是学校的课时结构。一般来说，如果大型课程(100学时以上)所占比重过大，给课程组合和自我调整增加难度，也加剧了总学时数的不断膨胀。国外很多高校的课时规模都比较小，不同课时的课程分布的峰值多集中于40课时左右，而我国则集中于60～80学时。

近年来，随着课程改革的深入，我国也提倡课程的小型化，可以在不增加总课时的前提下，压缩教学内容，削减教学时数，同时增加课程的门数。40学时的课程在整个课程中占50%以上，那么就可多开设几门课程。同时，教师应顺应时代的发展，积极开发30学时以下微型课，及时地将学科发展前沿的信息，以及教师自己从事科研的成果及时转变为教学内容，以便更好地拓宽学生的知识面。

高校在课程体系的建构中，一定要从教育目的和专业培养目标出发，正确处理上述这几类课程的比例关系，让课程体系变得科学合理，符合高校人才的培养。

(二)高校课程体系的优化

课程体系就像一棵树一样，有树干，有树枝，树干代表主干课程，树枝代表拓展课程，只有主干课程和拓展课程有机地组合在一起，才能形成科学合理的课程体系。所以，课程并非设置得越多越好，而是要有很好的组合。在优化高校课程体系时，首先，我们应当从剖析专业所需的结构和能力结构入手，强化那些必要的主干课程，即基础理论课程，同时取消不必要的课程，设置切实有利于提高学生自学能力、思维能力、创新能力和组织管理能力等的拓展课程。

此外，优化课程体系时，还要抓住权重和整体性这两点。权重是指某一因素或指标相对于某一事物的重要程度。高校可以通过用人单位对某一方面知识、技能需求程度的广泛调查及模糊统计，获得课程权重的参考。一般来说，课程是分层次的，因此权重也是分层次提出。整体性主要是指高校在调整课程学时时，必须从整体范围来考虑其连锁反应，保持课程的学分和掌握度的匹配。当然，课程掌握度只允许在一定范围内变化，引起课程性质改变是不行的。

最后还需要注意的是灵活性，不同专业的课程体系设置应当充分考虑专业的特点而使其有所不同。

第四节　大学新生管理

对于任何一个初入大学校园的学生来说，其一方面结束了上一个人生历程，另一方面又踏上了一个新的征程。很多学生在短暂的兴奋与激动之后，会陷入新的苦恼之中。因为新的生活环境、新的学习问题、新的管理制度、新的人际关系都需要他们一一适应，一旦适应不良，就会出现各种各样的问题。那么，对于高校来说，进行大学新生管理就显得非常重要。大学新生管理的主要任务就是帮助大学新生做好入学的一些基本事务，让他们适应大学生活。以下我们主要就大学新生管理中的学籍管理和入学辅导进行相关分析与论述。

一、学籍管理

学籍是学生合法身份的约定，是对学生权利保护和行为约束的前提。有了学籍，学生才能获得在学校中学习、生活及学业期满按条件申请该校毕业生证书、学位证书的资格。因此，高校在学生入学之际一定要做好学籍管理工作。

(一)大学新生学籍管理中存在的问题

虽然大学新生的学籍管理处于非常重要的位置，但是就目前的情况来看，各高校在新生的学籍管理上还是不够重视，还存在诸多问题。

1. 重视程度不够

大学新生的学籍信息在其日后的学习、就业等过程中占据着十分重要的地位，但一些管理人员在对新生进行学籍管理时，却没有充分认识到大学新生学籍管理的重要性，导致其在工作过程中常常漫不经心，或者不能及时搜集信息予以归档和整理，或者因为工作程序杂乱无章而登记了这个，忘记了那个，导致大学新生的学籍信息不完整或出现错误。

2. 管理手段落后

在高校扩招之后，各高校每年入学的新生都比较多，而新生的学籍登记、管理是一份十分繁杂的工作，这给工作人员的工作量带来了极大的挑战。所幸的是，在信息技术的高速发展之下，学籍管理可以借助一些科技手段来提高效率。只是，好多高校因经济、思想等原因，在进行大学新生学籍管理时仍采用较为落后的手段，这无疑大大降低了管理者的工作效率。

3. 管理人员的流动性大

高校基本上都将学生的学籍管理定位在“后勤”上，认为其在高校的正常教育教学活动中处于从属的地位，不必太过于重视。而学生的学籍管理又涉及诸多工作，需要工作人员进行多种类型的、多个层次的整理，工作量较大，工作任务十分繁重。因此，管理人员的流动性很大，工作交接十分频繁。这就为学生学籍管理的工作埋下了很深的隐患。

（二）大学新生学籍管理的改进措施

大学新生学籍管理出现问题，不仅不利于大学新生之后的日常学习与生活，而且也不利于高校的发展，因此高校要不断完善新生学籍管理工作。

首先，高校应当加大对新生学籍管理工作的重视力度。新生学籍管理之所以出现诸多问题，与高校没有完全认识到这项工作的重要性密切相关，因此我们必须加强宣传，不断提高学校各界对新生学籍管理工作的认识程度，加强学籍管理部分同学校其他部门之间的交流，这样才能从思想上不断强化新生学籍管理工作的重要性，从而在具体工作中能切实将新生学籍管理工作重视起来。

其次，高校要不断提高管理人员的业务素质和业务能力。作为直接参与新生学籍管理的工作人员，他们承担的不仅是一份服务性的工作，更是一项要求从业者必须具备很强业务素质与业务能力的工作。因此，要想完善新生学籍管理，首先必须不断提高管理人员的业务素质和业务能力，从而使他们能够充分认识到新生学籍管理的重要性，并学会运用现代化信息手段来管理新生的学籍，这样才有助于新生学籍管理的不断完善。

二、新生入学辅导

在高校中，大学新生的入学辅导就是指高校学生管理者协助大学新生成功地熟悉大学校园、了解大学文化、融入大学氛围、适应大学生活的指导性教育活动。它的具体任务是帮助新生熟悉校园的方方面面，尤其是熟悉学校的设备、服务以及各项活动等；帮助新生了解学校的各项规章制度；帮助新生了解新入学可能会发生的各类事件，并学习一般的应对策略；帮助学生了解学习、课程等方面的规定；帮助新生根据自己的实际情况制定适合自己、科学合理的选课计划；帮助新生学习读书、研究、写作的技巧；帮助新生处理和扩展人际关系；帮助新生规划自己的职业生涯；帮助新生建立自我教育的目标。这些对大学新生尽快地适应大学生活非常重要，高校不应忽视。

（一）新生入学辅导中存在的问题

虽然当前很多高校都比较重视新生的入学辅导，也都将入学辅导切实纳入大学新生入学教育的体系之中。但从实际的运行过程中，仍然存在诸多问题，这些问题主要表现在以下几方面。

1. 辅导形式单一

在大学新生入学后，高校一般都会将他们集中在一起进行辅导，主要是组织学生参加入学辅导课。这种课程以大课堂讲授的形式进行，每次有500～600个学生一起听课，上课时间持续2～3个小时。由于授课时间长，授课方式单调枯燥，因此学生大都对教师的讲授毫无兴趣，常常出现教师在上面讲，学生在下面玩的现象。而高校为了防止学生逃课，常常要求各系派辅导员到场监督，这使得很多大学新生都将入学辅导课当成了一种形式，一份煎熬，对教师所讲授的内容毫无兴趣。入学辅导的成效可想而知。

2. 部分教学内容陈旧

入学辅导的作用就是帮助大学生尽快适应大学生活，而近年来，随着高校与社会联系的日渐紧密，大学生活也在不断变化，因此入学辅导的内容必须紧跟时代潮流，这样才能使大学生更好地适应大学生活。然而在实践过程中，入学辅导的部分内容依然十分陈旧，有的甚至延续着几年前的内容，这显然是不合理的。

3. 形式化问题较严重

入学辅导目前已经成为各高校新生入学必须要做的一件事，这在很大程度上显示了各高校对入学辅导的认可，但部分高校在实施的过程中，却出现了明显的形式化问题。例如，在对学校的一些重要场地及设施予以介绍时，常常一笔带过。比如，在对图书馆的介绍上，大多数辅导人员给新生介绍图书馆时，一般会先介绍一下图书馆的大体情况，但对如何使用图书馆等具体操作性的知识却一笔带过，而这必然会影响大学生日后的学习效果。

（二）完善新生入学辅导的措施

好的入学辅导能够为大学生以后的学习、生活打下良好的基础。因此，完善新生入学辅导是十分必要的，而在操作过程中，我们可以从以下几方面入手来完善新生的入学辅导。

1. 丰富新生入学辅导的内容

新生入学辅导的内容如果过于单一，不仅难以满足大学新生的实际需求，而且不利于入学辅导成效的显现，因此，丰富新生入学辅导的内容是十分必要的。具体而言，进行高校新生辅导，主要要从生活与行为、心理适应、学习与生涯、活动与交往、成长与发展这五个方面入手。

(1)生活与行为方面。高校教师首先应通过查阅学生档案、与学生交流等方法，及时了解入校新生的所有情况；其次应组织大学新生参观、学习，帮助新生尽快了解和熟悉校园地理环境、教师、实验室、图书馆、食堂、开水间、体育馆、医院等校园硬环境，学习校史等校园软环境；最后还应开展学校规章制度的学习活动，强化新生的自律意识。

(2)心理适应方面。高校教师应普查全体新生的心理状况，建立新生心理健康档案，对于有心理问题的新生给予更多的关注与关心。不仅如此，教师还应向新生传授心理调适的相关技巧和方法，加强大学新生的自我调整与自我保护。

(3)学习与生涯方面。首先，高校教师要加强新生的专业思想教育，主要包括专业及学科背景、专业教学条件、专业培养模式、专业学习经验介绍等方面的教育。其次，开展大学生涯规划教育，引导新生按照自己的兴趣、特长以及学校的人才培养方案来规划自己的学习生涯。最后，通过开设学习指导课，开展咨询、交流等方式，帮助新生尽快适应大学的教学管理与学习要求。

(4)活动与交往方面。首先，引导新生民主竞聘班委会、学生干部、舍长、团制度等职位，组建自我管理组织，培养新生的团结协作、服务、责任意识。其次，充分发挥大学生社团的作用，但要正确引导、帮助新生认识社团活动与学习、个人发展的关系，不要过于专注社团活动而影响学习。最后，帮助新生建立良好的人际关系，避免其产生人际交往障碍，出现人际关系紧张情况。

(5)成长与发展方面。高校要有计划、有目的地对新生进行理想和信念教育，使其树立正确的人生观、世界观和价值观，了解自己的责任与学习目的，坚定远大的理想和信念。当然，最好的方式是通过丰富的校园文化生活、人文讲座、研讨等活动来加强对高校新生的人文素质教育，引导新生重视人文知识的学习，养成良好的人文素养。

2. 创新辅导形式

高校应重视新生入学辅导形式的创新，让其不仅不拘泥于形式，而且能通过多样、有趣、科学、有效的辅导方式，帮助新生合理定位自己，明确大学教育的起点和自己的发展目标。这样才能切实发挥大学新生入学辅导的积极作用。为了做到这一点，高校可通过引导学生观看校史展览，倾听学校远景规划，加深对学校的了解；可通过召开新老学生座谈会，给新生一些指导和帮助；可通过心理讲座，指导新生尽快适应大学生活；可通过召开班级团体活动，让新生尽快融入新集体，找到归属感等。总之，新生入学辅导的形式有很多，高校应当不断挖掘，并充分运用。

第五节 高校学分制教学管理

进入新时期以来，随着社会经济文化的不断发展，我国高等教育领域进行了深刻的变革。在良好的环境和条件下，学分制被引入高校之中，在国内全面推广开来。学分制是一种新型的教学管理制度，它打破了传统的修业年限和按系别、班级、统一课表上课的限制，引发了教育与教学的根本性变革，当然，它也有自身的一些负面性，因此需要高校采取一定的策略来更好地发挥其优势。

一、高校学分制教学管理理念

高校实施学分制教学管理，首先应当树立全新的适合这一模式的教学管理理念。具体来说，高校学分制教学管理理念主要包括以下几方面。

(一)以生为本理念

学分制教学管理最为突出的理念,就是以生为本理念。这一理念强调学生的个性发展,强调充分调动学生的积极主动性,发掘他们各方面的才能。这与以往高校教学管理十分强调计划的高度统一性,忽视每名学生的个性发展完全不同。学分制自由选课、选教师等的手段都是将学生的自主权利放在重要的位置上的。

(二)竞争理念

在学分制条件下,学生对教师有了较大的选择权,从而也就对教师有了更高的标准或要求:一方面,他们希望高校所开设的选修课能满足自己的个性发展需求;另一方面,他们也希望所开设的课程内容能反映当今学科发展的最新成果或前沿动态。这就使学分制教学管理引入了竞争机制。这种竞争机制将有效地鞭策高校教师潜心进行教学科研,开设高质量课程,努力提高自己的教学水平。当然,对于学生来说,为了能选修到更好的课程,获得更多方面的知识与能力,也会与同学积极竞争,这是有利于他们的成长成才的。可见,高校学分制教学管理秉持着强大的竞争理念。

(三)服务理念

高校学分制教学管理要求教学管理工作人员既要做好管理者角色,也要做好服务者角色,树立"为教学服务,为师生服务"的服务意识,为高校教学服务、为高校广大师生而服务。

(1)为高校教学服务。高校教学管理工作人员需要牢固树立为教学服务的意识,工作要认真、积极,要充分利用现有的一切教学资源,按照高校教学规律的一般要求,将高校教学活动中的各项资源进行优化、重组,以最大限度地利用教学资源,最终促进高校教学质量的提高。

(2)为高校教师服务。高校教师不仅是高校教学活动的主体,同时也是高校教学活动的直接组织者。他们作为高级知识分子,肩负着教学与科研的双重任务。所以,高校教学管理工作人员一方面应当督促高校教师按时保量地完成教学任务,而另一方面也要将高校、院系的一些通知、文件精神等及时传达给每一位教师,使其能够了解高校、院校的最新动态,从而促使其积极地配合高校、院部的相关教学工作。总之,高校教学管理工作人员为高校教师服务,也就是要对高校教师工作上的要求应当予以高度的重视,并充分利用现有教学资源予以及时、高效的解决,最终为他们提供优质服务。

(3)为高校学生服务。学生不仅是高校教育的实施对象,同时也是高校教学的精神产品，而且还是检验高校教学质量的直观参考。高校教学管理工作人员需要为学生服务，通过服务学生而提高教学管理质量，同时以教学管理质量的提高再来促进学生综合素质提高。具体来说，高校学生教学管理的内容一般包括学籍管理、班级管理、考试管理、成绩管理、毕业论文管理等方面。高校教学管理工作人员在为学生服务时应态度诚恳、热情周到，为他们提供相关的教学咨询或成绩查询等。此外，高校教学管理工作人员也要耐心听取学生反映的问题，了解学生对教学过程安排的意见，以确保高校教学管理工作正常开展。

（四）创新理念

伴随着我国高等教育的深入发展，加之高校办学规模的不断壮大等，高校教学管理工作面临着一些复杂的新情况、新问题。为此，高校教学管理工作也需要相应地进行深化改革，坚持走创新之路。

创新是知识经济时代所倡导的具有时代特色的理念。高校教学管理工作经过长期的实践发展过程，可以说形成了一套相对较为完备的运行体系。但是，在学分制背景下，高校教学管理工作人员必须树立创新的管理理念，以适应社会、经济、校园文化等发展所提出的新要求，为迎接新的机遇与挑战做好充分的准备。否则，高校教学管理工作就显得缺乏活力、发展缓慢。与此同时，高校教学管理工作人员要想创新，就必须不断进行学习，如学习新的管理模式、调整自己的知识结构、扩大自己的知识面、摆脱以往的管理思维定式等。

二、高校学分制教学管理的特点

高校学分制教学管理有以下四个方面的突出特点。

（一）学分是唯一的评判标准

在学分制教学管理中，学分是唯一的评判标准。换句话来说，就是指高校在对学生学习效果进行评判时，主要看其学分的高低。学生在学习中的一切活动都被以学分的方式记录下来。在期末的学分考核中，学生的考试成绩、出勤状况以及作业完成状况等都被教师转化成学分的形式表现出来。这一特点一方面可以使学生的学习状况以较为直观的形式体现出来；另一方面，光凭学分并不能完全判断出学生实际的学习情况，带有一定的武断性。

（二）灵活自由的选择权

在学分制背景下，学生拥有灵活自由的选择权，他们有选择第二专业的自由、选择课程的自由、选择上课时间的自由、选择上课教师的自由。可以看出，这种自由是一种充分的自由。这种灵活自由的选择权，体现了高校因材施教、培养多层次人才的教育目标。它适应了学生身心发展的特点，给学生的日常学习和生活提供了更多的便利，有利于培养学生独立的人格。

（三）高校教育的服务性

学校作为教育学生的载体，其本来就是为了服务学生教学而出现的。在学分制教学管理模式下，这种服务性的特点更为突出。首先，学分制给了学生更多的自由和自主权利，这就体现了高校对学生个性发展的服务。其次，学分制虽给了学生较多的自由，但并不意味着高校在管理上的轻松。事实上，学分制对高校的管理提出了更为严格的要求。它要求高校在教学资源配置和管理上更好地适应学生选课的需要，要求高校教师更多的对学生进行指导，这些都是服务增强的表现。

（四）学生集体意识弱化

在学分制背景下，学生彼此之间所选课程往往不同，这就使学生缺少了集体行动的机会。一个班的学生很难有机会聚集到一起，都是各自忙着自己的课程。长时间的彼此隔离，就会导致学生对集体缺乏感情。同时，在学分制下，学生的表现主要看学分的多少，班级对学生的利益影响变小，这又使得学生难以看到班集体存在的价值。所以，学生表现出了比较弱的集体意识。

三、高校学分制教学管理的基本策略

由于学分制教学管理在掌控力度上难以把握，给予学生的自由度比较大，对学生的自主性要求也比较高，还对教学的秩序、质量都有较大的挑战，所以，高校一定要注意采取一定的策略做好学分制教学管理工作，使其充分发挥优势，而减少局限性带来的问题。

（一）建立健全教学管理组织机构

1. 完善两级教学管理机构

当前，我国很多高校都设两级教学管理组织机构，即教务处与二级学院

(系)教学工作办公室。教务处主要代表学校管理全校教育教学工作;二级学院(系)教学工作办公室则具体履行二级学院(系)的教学管理职责。在学分制下,高校想要进行正确而科学的教学管理,就应当努力完善这两级教学管理机构,具体应注重以下几点。

(1)明确职责。高校完善教学管理机构,首先应当做的就是明确界定与准确划分教务处与各二级学院的教学管理职责。一般来说,教务处主要进行宏观上的指导与管理,重点在专业建设、教学改革、教学研究、质量工程、管理队伍建设、管理机制等方面发挥作用。各二级学院则主要进行微观上的管理,即具体组织、实施与完成各项教学工作。为了使职责更为明确,高校应当制定相应的规章制度。

(2)下移管理重心。为了不断激发二级学院教学管理的主体性、积极性与能动性,高校应将教学管理的重心下移到二级学院,多给二级学院独立自主地开展教学管理工作的机会,让二级学院形成科学的教学管理机制。

(3)统一责、权、利。高校在责任落实到二级学院的同时,要根据自身教学管理的传统与实际,科学确定校、院双方的人事权、财务权、分配权、决策权等,将这些基本的权力下放给二级学院,调动其教学管理的自主性与创造性,使其能够真正独立从事教学管理。

2. 建立健全各类教学管理“专家”委员会

高校学分制教学管理工作一般都紧紧依靠各类专家与教授,因为专家治校、教授治教往往能够有效促进教学管理质量。这就要求高校要充分发挥专家、教授的学术权力,逐步建立专家与教授在教学管理工作中的主体地位与主导作用。于是,很多高校都开始努力建立健全各类教学管理“专家”委员会。

要做好这一方面,高校应重点从以下两个方面努力。

(1)强化教学工作委员会职能。教学工作委员会主要负责规划、指导、审议和监督全校教学工作,研究和决定教学管理工作中的一些重大问题,主要由一些直接从事教学工作、有丰富教学工作经验的学术专家和熟悉教学工作、有管理专长的教务、教学行政领导组成。强化教学工作委员会的职能,首先要充分发挥教学工作委员会在学校教学与教学管理工作中的决策、监督、指挥、引导作用;其次要努力吸纳学校的主干学科或专业具有较高学术影响的专家、教授到教学委员会;最后应赋予教学委员会在教学与教学管理工作方面的最高决策权,使教学委员会成为学校教学工作的最高决策机构,充分发挥其宏观管理作用。

(2)充实教学督导专家组力量。教学督导专家是教学质量监控的重要力量。因此，高校应努力建立教学督导专家组。督导专家组一般由具有相当学术影响与学术权威的专家、教授组成。充实教学督导专家组的力量时，高校应将在职与非在职教授有机结合起来，不仅要聘请工作在教学第一线的教授为督导专家，更要聘请已经离开领导岗位或教学岗位，但具有较高声望的教授为督导专家；应发挥督导专家的顶层引领作用；应尊重、爱护督导专家，尽可能为督导专家提供良好的工作条件，以较好的服务，减轻他们的工作压力与强度，以激发他们更好地从事教学管理工作。

（二）建立健全学分制综合配套制度

学分制下的教学管理工作往往具有灵活、多样、动态等特征，它打破了传统教学管理的框架，在使教学管理走向系统化、科学化的同时，也给教学管理工作带来了相当大的难度。因此，高校必须及时健全与完善学分制综合配套制度。

1. 制订科学的人才培养方案

当前，随着社会主义市场经济的发展，高校的人才培养出现了新的变化，高校要培养高素质、多规格、复合型的人才。这就要求高校学分制教学管理者要主动适应社会主义市场经济对高校人才培养规格多样化的需求，构建科学的人才培养方案。

在制订人才培养方案时，高校一般应注意以下几点：第一，轻结果重过程，轻分数重个性发展，优化专业设置，对一些确有一定社会需求的专门人才，通过在宽口径专业内设柔性的专业方向或选修课程进行培养；第二，同时加强自然科学和人文社会科学基础，也重视本专业学科理论与实践，以促进基本能力和基本素养的提升；第三，在教学体制、教学内容、教学方式、教学组织形式等方面，建立以学生为本、目标管理为中心的教学管理新模式；第四，充分利用本科院校综合性多学科的优势，积极创造条件为学生提供跨学科选修、主辅修等多种教育形式，培养大批复合型、应用型人才。

2. 完善选课制

选课制是学分制的核心内容，因此，要完善选课制，以加强学分制教学管理。首先，高校要合理规划课程体系，把握好学生选课的“量”与“度”，建立严格的选课审批手续。规划课程体系时，要充分考虑教学资源、学生需求等具体情况，在此基础上增加选课的自主性。我国很多高校的课程基本由基础选修课、专业选修课与素质教育选修课构成。虽然每个高校所开设的选修课在其课程体系中的比例各不相同，但有一个共识，就是不断增加选修课，减少必修课。其次，高校要积极引进师资，调动教师的积极性，不断增设新的选修课。教务管理部门要灵活排课，制定与选课有关的规定、文件等，编写选课指导书，介绍有关课程、开课教师、开课时间及地点，实行选课导师制，指导学生选课。最后，高校要建立选课中心、考试中心等，并对选课、考试等各个环节实行电子信息化管理，努力提高教学管理的科学化、规范化。

3. 完善导师制

学分制教学管理也引入了导师制。这一制度主要是为学生指派导师，由导师指导、引导学生选课与选师，帮助他们制订科学合理的学习计划，帮助他们解决思想及生活问题。随着学分制的推进，导师制的完善也亟须进行。要想完善导师制，导师的选拔、职责划定、考核与奖罚等方面应当有较为明确的规定。关于此，不同的学校往往有不同的规定。例如，中共山东省委高校工委于2004年颁布的《关于在全省普通高等学校实施本科生导师制的意见》就规定“导师和学生原则上实行双向选择”“导师的任期一般为两年或四年，要保持相对稳定性，无特殊情况，个人不得中止导师工作”“每位导师指导学生15～20名”。

4. 完善学分制收费制度

在学年制下，学生的学费主要以接受一学年的教育服务为基本的计量单位；而学分制下，学生的学费以学分为基本的计量单位。我国学者徐颖认为：“以学生实际选修的学分而非传统意义的学年作为收费单位，将使高校收费建立在为各个学生提供了充足的教育服务量的基础上进行，它更体现了等价交换的市场公平原则，维护了受教育者企图购买‘物有所值’的高等教育服务的合理利益。”①可见，高校实行学分制收费制度是具有合理性的。

根据学者孙山的观点，高校要加强学分制收费制度改革，应注重以下几个方面。

（1）明确收费制度，尤其是收费标准的制定要具体、准确、明了，应落实到每一学科、每一专业。

（2）完善学分制下有关补考、重修、补修、辅修等项目的收费制度，哪些项目收费，哪些项目不收费都应该准确界定。

（3）及时结算，学生按年修学分交纳学费，多学多交，少学少交，对学生的学费，高校应每学年结算一次。

---

①　徐颖．关于弹性学分制与我国高校收费的思考[J]．华东师范大学学报（教育科学版），2006(1)．

(4)不违规收费,更不借学分制之名乱收费。

(5)加强学分制收费制度的宣传,提高学生的交费意识,强化学生交纳学费的责任。

(6)强化学分制收费的公示制度,对各种收费项目与标准,要及时向学生公示。

(三)创建高水平的教学管理队伍

学分制教学管理相对更为复杂,因此要想保证学分制教学管理的顺利实施,高校就必须努力构建一支数量足够、结构合理、素质优良的教学管理队伍。具体来说,创建高水平的教学管理队伍,可从以下几个方面努力。

1. 优化教学管理队伍的基本结构

高校教学管理队伍的结构主要有年龄结构、性别结构、个性结构、学科结构、职称结构等。在学分制下,高校应以“精干、高效”为原则,优化教学管理队伍。

在年龄结构方面,应充分结合老、中、青,构建金字塔年龄结构,即以青年为基础,以中年为“腰”,以老年为“顶”。在性别结构方面,应逐步协调男女比例,避免教学管理队伍以女性居多的现象,实现科学的性别结构。在个性结构方面,应根据教学管理人员的兴趣、爱好、气质、性格等个性特征,本着“优势互进、不足互补”的原则,构建有利于友好合作的教学管理团队,提高其凝聚力与战斗力。在学科结构方面,教务处的教学管理人员应文、理(工)结合,兼顾其他学科;院(系)的教学管理人员,应以本院(系)所拥有的主要学科为主体,兼顾其他学科。在职称结构方面,应当有机结合初、中、高级职称,以中级人数居多、初级和高级较少的结构为宜。教务处的教学管理人员以高级职称为主,中级职称为辅;院(系)的教学管理人员则以中级职称为主。

2. 明确教学管理人员的素质

创建高水平的教学管理队伍的关键就是高水平的管理人员素质。一般来说,学分制下的教学管理人员应具备较高的思想政治素质与职业道德修养,应具备先进的教育思想与现代管理理念,应具有丰富的教育与管理知识,应具有较强的综合素质与能力,应具有良好的身体与心理素质,应具有使用现代信息技术的能力。高校应注重提高教学管理人员的这些素质。

3. 加大教学管理人员的培训与管理力度

为了提高教学管理人员的素质，高校应加大教学管理人员的培训与管理力度。

首先，加大教学管理人员的培训力度。这需要高校注重三个方面的结合：一是将短期培训与长期培养结合起来，短期培训主要用于深化教学管理人员的理论知识，促进教学管理经验的交流与学习；长期培养主要提高教学管理人员的素质。二是将日常学习与集中培训结合起来，除进行集中培训外，教学管理还应注重日常学习，要坚持在工作中培训，在管理中学习。三是将校内培训与校外培训结合起来，校内培训主要加强学校教学管理制度的学习、现代教学管理技术的使用等；校外培训则以学习先进的理论知识与学术交流为主。

其次，高校应制定相关的规章制度，对教学管理人员的选拔、任用、考核、奖惩等作出明确而具体的规定，并成立相应机构，适时监控教学管理人员的管理行为，以保证教学管理的科学与高效。需要注意的是，在严格管理的同时，高校也要遵循"以人为本"的原则，适时关心教学管理人员各方面的问题，不断促进教学管理队伍的持续健康发展。

4. 调动教学管理人员的积极性

高水平的教学管理队伍应是一支充满活力的队伍，能够发挥最大效用的队伍。高校要充分使用好现有的教学管理队伍，使其发挥最大作用。这需要高校一方面建立竞争机制，通过公平竞争，让教学管理人员的潜力得到最大限度的发挥，使优秀教学管理人员得以突显，使不受学生、教师欢迎的教学管理人员加大自我提高的力度；另一方面科学调整分配政策，实行按劳分配，激发教学管理人员的主动性、积极性与创造性，鼓励他们多参与教学管理活动，充分发挥自身的潜能。

(四)促进教学管理运行的程序化和网络化

在新的时代背景下，高校要想不断提高学分制教学管理效率，还应当跟随时代脚步，促进教学管理运行的程序化和网络化。

1. 教学管理运行的程序化

所谓程序化，就是指将教学运行的各步骤、各环节逐一进行细化、落实，形成相对稳定、简便易行的操作程序，使相关人员严格按照程序进行活动。根据许多高校推行学分制的实践证明，程序化确实能够促使学分制教学管理规范有序地运行。

如何做到程序化，这需要高校注意做到以下几个方面。

(1)认真梳理教学运行的各环节、各步骤，形成既相对独立又彼此协调的若干“单元”。例如，将教学管理过程分为教学任务安排、学生选课、补考、重修、调课与停课、免修等几个“单元”。

(2)根据学校实际及相关的教学管理规章制度，对教学运行各“单元”提出具体要求，形成具体操作步骤。

(3)系统化、集成化教学运行的各“单元”，以形成完整、科学、严密的教学运行程序。

教学管理运行形成一定的程序后，要想保证其有效，高校还必须注意保证教学运行程序的可操作性，及时更新与调整程序，避免教学运行的机械与僵化；同时还要注意促进程序的制度化，并将其内化为教师、学生、教学管理人员自觉的行为模式。

2. 教学管理运行的网络化

网络化是教学管理现代化、信息化的必然要求，它能够帮助高校规范学分制教学运行，有效提高教学管理效率。因此，高校要努力实现网络化的教学管理运行。首先，提供一定物质保障，如计算机、服务器、防火墙、各类应用软件等。其次，创建一套高效、科学、安全的现代教务管理系统。对此，高校可依靠自身科研优势对现代教务管理系统进行自主研发，并不断改进，以确保证其具有良好的性能。再次，创建教学运行的校园网络集成系统，使教务管理系统、财务管理系统、图书资料系统等互联互通，促进资源信息共享。最后，高校还要注意通过各种有效方式不断提高师生员工的网络意识，不断提升其现代教学管理系统的使用与操作能力，以便更好地应对网络中的各项事宜。

第五章　大学生学习管理

学习是在校大学生的主要任务之一。大学生要获得健康的发展，就必须要具有科学的学习心理。学习心理是指在学习过程中人的心理反应、心理特点及其活动规律。认识和了解人们在学习过程中反映出来的多种心理因素的作用，有助于调动人们的学习积极性，有助于解决在提高技能、发展思维和获得知识等方面的问题，有助于形成健康的学习心理。大学生正处于智力发展的高峰期，在大学期间，其记忆力、观察力、思考力、逻辑思维能力和创造力都会有很大的发展。大学生如果不能处理好学习过程中的心理问题，将会严重影响其学习效果及心理健康。因此，大学生一定要注重学习管理。

第一节　学习与学习理论

一、学习概述

（一）学习的概念

我国古代文献中早就有学习一词，最早提出“学习”一词的是《礼记·月令》中的“鹰乃学习”，用“雏鹰起飞”来比喻学习。在中国古代“学”和“习”是分开的，“学”就是我们现在意义上的学习新知识，“习”是指复习、温习学到的新知识。《论语》中有“学而时习之，不亦说乎？”“学而不思则罔，思而不学则殆。”的言论。然而长期以来，人们对学习并没有一个统一的概念。

学习是一个十分复杂的过程，不同的学习有不同的表现形式，我们通常把学习分为广义的学习和狭义的学习。从广义上讲，学习是人和动物在生活过程中，通过实践训练或凭借经验而引起的行为或行为潜能的相对持久的适应性心理变化。“狭义的学习是指人类的学习，即人在社会实践中，以语言为中介，经过思维活动，自觉地、积极主动地掌握社会和个体积累的经验，进而产生行为、能力和心理倾向的相对持久的变化”。[①] 学生的学习是狭义学习的一种特殊形式。

(二)学习的方法

前人给我们留下很多值得借鉴的学习方法，如“三到四边”法、比较学习法、结构学习法等。创造最佳学习方法要以提高学习效率为标准，还要注意因人而异。

第一，我们要做好课堂笔记，注意课后复习，查阅参考书籍，补充课外知识。心理学研究认为最常用的有效记忆方法有理解记忆法、有意记忆法、边读边背法、归类对比法、联想记忆法、组织记忆法等。

第二，我们要广泛阅读和思考，积极质疑，树立参与意识。古语说，“操千曲而后晓声，观千剑而后识器”，大学生应主动参与到教学活动中，并对教师的讲课内容提出质疑。

第三，我们要注意把握整体，注重各种知识之间的联系，善于归纳事物的本质。在大学学习中应当是“从个别到一般，从特殊到抽象”。努力发掘它们内在的东西，深入理解所学知识。

第四，我们要注意劳逸结合，调整心态提高学习效率，掌握应试技巧。古人云：文武之道，一张一弛。我们要保证充足的睡眠时间，注意锻炼，培养广泛的兴趣和爱好，养成良好的生活习惯，科学用脑，掌握学习效率最高的时间。同时，大学生要注意应试技巧的培养，做好考前准备，掌握一些应对“怯场”的办法。另外，大学生要充分利用一切学习资源，善于交流，培养学习能力，“温故而知新”。

大学学习最重要的是学习的能力的培养，只学习知识是不够的，只有将理论和实际相联系才能更快地融入社会。

(三)学习与心理健康的关系

学生的学习质量和效率既受智力因素和非智力因素的影响，又与心理健康相互联系、相互影响。这主要表现在以下两个方面。

1. 学习对心理健康的促进作用

概括来说，学习对心理健康的促进作用主要包括以下几方面。

第一，学习能不断发展智力，开发潜能。心理卫生学认为，一个人的智力和心理健康密切相关，智力的发展程度反映了心理健康水平，一定的智力

① 韩延明．大学生心理健康教育[M]．上海：华东师范大学出版社，2007：78.

水平是心理健康的基础。

第二，学习可以促进心理健康的水平不断提高。不断地学习有利于健康情绪和高级情感的发展，有利于健全人格的培养，有利于和谐人际关系的建立。

第三，学习能给人带来满足感和愉快的情绪体验。乐于学习的学生，常常能从学习中发现自己的价值和尊严，找到学习的乐趣。甚至可以巧妙地把生活中不如意的情感变成学习的动力，这样不仅能化解烦恼，还能提高学习成绩。由此可见，大学生积极学习有利于促进心理健康。

2. 心理健康对学习的影响

由于大学生已经具备一定智商基础，因此相对智力因素而言，非智力因素对学习更具影响力。学习动机、兴趣、情绪、态度、意志等心理因素，对学习起着动力、定向、激励、强化和调解等方面的作用。因此，良好的心理健康状况有利于促进大学生的学习，而如果心理健康状况差，则自身的学习和潜能的发挥都会受到不同程度的影响和妨碍，严重者甚至无法学习以致发生悲剧。

因此，在大学生的学习活动中，一定要充分重视学习和心理健康的关系。因为处理好学习与心理健康的关系不仅是大学生健康成长的需要，同时也是大学生心理学研究的一个重要课题。

二、学习的心理学理论

关于学习的心理学理论有许多，主要有以下几种。

（一）人本主义理论

人本主义心理学兴起于20世纪五六十年代的美国，以马斯洛与罗杰斯为主要代表人物，其中罗杰斯是人本主义学习观的代表人物，罗杰斯的学习理论可以概括为以下几点。

第一，学习是一个有意义的心理过程，而不是机械的刺激和反应联结的总和。

第二，人类的学习是一种自发的，有选择、有目的的学习过程。教学任务就是指创设一种有利于学生潜能发挥的情境，使学生的潜能能够得到充分发挥。

第三，罗杰斯特别强调对学习方法的掌握，强调在学习过程中获得知识和经验。

第四,从学习内容上讲,罗杰斯认为学生应该学习对自己有用、有价值的经验。

(二)认知理论

学习的认知理论以格式塔的顿悟说、托尔曼的认知论、布鲁纳学习理论等为代表。

格式塔强调在整体环境中研究学习,同时还强调知觉经验组织的作用。他认为,学习是知觉的重新组织,这种知觉经验变化的过程不是渐进的尝试与错误的过程,而是突然领悟的。

托尔曼关于学习的理论受格式塔理论的影响,他认为外在强化并不是学习产生的必要因素,没有强化过程也会出现学习。他还强调内在强化的作用。他认为,在学习过程中存在着尝试与错误的过程,在多次尝试中,有的预期被证实,有的预期未被证实。预期的证实就是一种内在强化,即由学习活动本身所带来的强化。

布鲁纳认为学习某一知识,就在头脑中形成某一知识结构,一定的认知结构形成之后,与新的感觉输入相互作用,就会影响着个人的感知与概括。他强调学习是通过主动发现而形成的,如让学习者自己去发现教材的结构、结论和规律的学习,这种学习方法要求学习者像科学家那样去思考、探索未知,最终达到对所学知识的理解和掌握。同时,他也非常重视内在动机与内在强化训练的作用。

(三)联结理论

学习的联结理论是20世纪初由桑代克首先提出来的,桑代克认为学习的过程是盲目尝试错误的渐进过程。个体在问题情境中表现出多种尝试性反应,直到其中有一个正确的反应出现,将问题解决为止。这一正确反应,就是在该刺激情境中学得的特定反应。在特定反应出现后其他尝试无效的反应就不再出现。这种从多种反应中选择其一与特定刺激固定联结的历程,被称之为尝试错误学习。后来行为主义心理学家华生、赫尔、斯金纳等人对这一理论进行进一步发展,使之成为一个较为完整且影响较大的学习理论。这一理论是用刺激与反应的联结即条件反射来解释学习过程。它解释了学习发生的原因以及影响学习的主要因素。

认知理论、人本主义理论、联结理论等都对学习做了较深入的探讨,在教育界有一定的影响。

第二节　大学生的学习特点与学习动机

一、大学生的学习特点

大学生的学习具有显著的特点，概括来说主要包括以下几方面。

（一）学习内容的专业性

大学学习实际上是一种高层次的专业学习，大学的课程体系设置与中学明显不同，学习内容、方法等方面也有其独特性。大学阶段的专业课程分类更加细致，可分为工、理、经、管、文、法、哲等学科门类，每一名大学生都进一步分出具体的学科或专业。大学的学习具有专业性和领域指向性强的特点。大学课程的设置紧扣专业发展需要。大学里所学的课程是由公共基础课、专业基础课、专业技能课以及专业实践能力训练组成的，这些课程的设置都是围绕着培养专业人才这个中心进行的。

1. 公共基础课

公共基础课是高等学校各专业大学生共同必修的课程。其虽然不一定同所学专业有直接联系，但它可以帮助大学生形成一个合理的基础知识结构系统，为大学生掌握专业知识、培养有关专业能力打下坚实的基础。每个学校的公共基础课可能因学校性质、类别以及办学理念不同而存在部分差异，但总体上可以分为三大模块：一是社会科学公共基础课，如马克思主义基本原理；二是自然科学公共基础课，如大学计算机基础；三是实践环节公共基础课，如军事训练等。

2. 专业基础课

专业基础课是指同专业知识、技能直接联系的基础课程，它包括专业理论基础课和专业技术基础课。它是高等学校中设置的一种为专业课学习奠定必要基础的课程，也是大学生掌握专业知识技能必修的重要课程。不同的专业有各自的一门或多门专业基础课，同一门课程也可能成为多门专业课的专业基础课。

3. 专业技能课

专业技能课是与专业基础课相对而言的，指高等学校根据培养目标所开设的专业知识和专门技能的课程。主要是指那些与所学的专业联系较紧密,针对性比较强,某一专业必须学习掌握的课程。此类课程是保证培养专门人才的根本。专业技能课的任务,是使学生掌握必要的专业基本理论、专业知识和专业技能,了解本专业的前沿科学技术和发展趋势,培养分析解决本专业范围内一般实际问题的能力。

4. 专业实践能力训练

专业实践能力训练也是大学课程的一项重要内容。各级各类高等院校教学计划中都安排了实验、生产或教育实习、社会调查、暑期的社会实践、野外考察等教学环节。

大学毕业生的毕业论文(设计)是毕业生在大学阶段必须完成的最后一个重要教学实践环节,是对大学学习内容的总结和检验,对加强大学生的知识综合运用能力、培养大学生科学研究能力及独立工作能力具有重要意义。因此,它也是重要内容之一。

(二)学习过程的自主性

大学生的学习过程具有自主性的特点,这主要表现在学习时间、学习内容、学习环境以及学习途径这四个方面。

1. 学习时间的灵活性

在大学生活中,大学生可以自由支配的时间比较多。这样就使得有些大学生无所适从了,他们不知道如何支配自己的学习时间,因此,在大学期间如何掌控好和分配好时间,是保证大学生学习成效的重要条件。

2. 学习内容的自主性

在大学的学习过程中,除了完成规定的课程设置之外,每一名大学生都可以根据自己的兴趣爱好、发展方向,结合自身的特点有针对性地进行选修和辅修一些课程。此外,大学生还可以自主选择社会实践、社会实习等各类课外的活动。

大学生学习的自主性可以在最大程度上发挥大学生的学习主动性,使大学生真正可以最大限度地利用在大学校园的时间,实现自我提升。但是,因为我国应试教育在基础教育阶段的统治性影响,很多大学生并没有形成良好的自我学习能力,都是在老师和家长的督促下进行学习的,很多大学生甚至产生了厌学情绪。这样导致进入大学后,很多大学生就失去了学习的动力,不适应大学的学习环境,出现“大一很迷茫”“大二很自我”“大三很逍遥”“大四很成熟”的“四很”问题。

3. 学习环境的自由性

大学里教室几乎都是不固定的，所以大学生在大学里很难固定自己的学习场所，他们可以选择适合自己的场所进行学习，比如校园、图书馆、教室、操场、实验室或是机房。这种自由的学习环境使得大学生拥有不同的学习伙伴，学习视野得到了极大的拓展，与其他同学的交流与沟通的机会也大大增加了。

4. 学习途径的多元性

大学生在大学中拥有多元化的学习途径。除了课堂教学和大学生自学之外，大学生还可以参加学术交流、社会实践，听学术报告，查阅文献资料等，这些都是有效的学习途径。不仅如此，大学生还可以根据自身的兴趣爱好参加一些校园文化活动，通过与老师、同学进行交流、讨论以及借助互联网等，都可以促进自己的学习。

（三）学习方式的探索性

高等教育除了传授专业知识之外，更加侧重于培养学生的学习能力。对学生来说，专业知识的学习是基础，更重要的是提高学习的能力和应用专业知识的实践能力。因此，在课堂教学中，教师除了讲授基本的概念和理论外，也会提出不同学术观点之间的争论，介绍最新的学术动态。这种学习特点就要求大学生具备不断创新的意识和精神，注重探索和研究，培养自己的动手能力、探索精神和研究能力。

（四）学习环境发生较大变化

进入大学后，大学生面临的是一个全新的天地，学习环境发生了很大的变化，这些变化主要体现在以下几方面。

第一，大学的智能环境发生了很大变化。大学里不仅有很多的图书资料，而且有许多中学没有的、先进的教学设备，还有许多实践经验丰富、知识渊博的教师，这些都是一般中学所无法比拟的，而这些智能环境的变化，可以为大学生进入更广阔的知识领域和进行更严格系统的技能训练提供必要条件。

第三，大学生的竞争环境发生了很大变化。受中学教育普及性的影响，大学生在中学阶段是和接受普及教育的学生竞争，在竞争中一般处于领先的地位。而进入大学后，大学生需要与来自全国各地的都经过考验的、在中学阶段都处于领先地位的学生竞争，这就使他们的竞争环境有了新的变化。在新的竞争中，他们将会遇到更加强硬的对手，更容易看到自己学习上的差距，增大学习上的压力，提高学习上的抱负水平。

第二，大学生的生活环境发生了很大变化。中学校园虽然也存在住宿的情况，但中学生的住宿具有一定的临时性，而大学校园会将大学生的学习与生活有机地融为一体，通过配备较中学更为齐全的生活设施与设备，为大学生建构一个小型的生活社会，给大学生的学习和生活提供了相对而言更加稳定的、安静的环境。

第四，大学生的人际关系环境发生了很大变化。在中学阶段，学生与教师的关系较为密切，而进入大学以后，学生与教师的关系则因为大学教学方式的不同，而有了明显的疏远。而大学生彼此之间则因为学习、居住、生活在一起，接触的机会更多，因而彼此之间的关系变得更为密切。这种变化，一方面对大学生独立学习与生活的能力提出了挑战，另一方面也容易影响大学生的学习，若大学生不能适应这一变化，在学习与生活中将有可能产生各种问题。

第五，大学的教育环境发生了很大变化。在我国，学生在中学阶段接受教育的形式一般是课堂教学，且这种教育形式多具有应试教育的特色，即教育是围绕考试进行的。而进入大学以后，主要施教于课堂的教育形式发生了变化，教师的作用更多地在于启发和引导大学生自主学习，因而产生了一种研究、讨论、钻研的教育环境，对促进大学生的学习很有益处的。大学教育环境的影响，许多不是通过口授，而是通过在一起研究、讨论而逐步进行的。这种教育环境，可以产生比中学教育大得多的力量。

二、大学生的学习动机

（一）学习动机的概念

动机是激励人行动并努力达到某种特定目标的内在动因。学习动机是激发个体进行学习活动、维持已引起的学习活动，并使学习行为朝向一定目标的一种内在过程或内部心理状态。激励大学生学习的动机通常是由多种因素构成的动机系统，是直接推动学习的内在力量。

（二）学习动机的类型

当前，面对多种多样的学习动机，我们可以从不同角度进行分类。

1. 远景性动机与近景性动机

从作用久暂性看，可将大学生的动机分为远景性动机和近景性动机。

(1)远景性动机

远景性动机是一种广义的、概括的动机，与社会意义相联系。如早年周恩来"为中华崛起而读书"的理想、21 世纪大学生"为中华民族的伟大复兴而努力"等都是社会要求在大学生学习中的体现，并且与大学生的人生观、世界观有着密切的联系。远景性动机具有很强的稳定性和持久性，能在较长时间内发挥作用，但是与当前进行的活动直接联系较少。因此，远景性动机对大学生当前活动的推动作用较小，因为"将来"是一个很模糊的概念，这种远景性动机对那些自我控制力比较低的大学生只能起一些比较间接的推动作用。

(2)近景性动机

近景性动机追求较近的目标，与具体活动本身相联系，其持续作用时间短且影响范围小。近景性动机很容易受偶然因素影响，常常随着周围情境的改变而改变，是一种局部的、狭隘的动机。不过，近景性动机一般都比较具体，作用较强，因此同样也是推动目标活动进行的有效动力。

需要注意的是，远景性动机与近景性动机的作用并不是对立、矛盾的，而是互相补充、互相转化的。近景性动机直接激励当前学习活动，而远景性动机对于学习目标明确、自觉性高的学生的学习起着更巨大的激励作用。由此可见，远景性动机和近景性动机二者密切结合、相互补充，对大学生的学习起着巨大的推动作用。

2. 内在动机与外在动机

从内部与外部角度来看，可以把学习动机分为内在动机和外在动机。

(1)内在动机

内在动机具有持久性、主动性，它是大学生根据自身的意志、兴趣、爱好而进行学习的动机因素，如个人的远大理想、成就动机、社会责任感，明确的学习目的和强烈的求知欲。内在动机往往能最大限度地发挥一个人的主观能动性，具有强烈而持久的动力作用，因为内在动机的控制点在个体内部。培养学生正确、高尚的内在动机，形成良好的个性品质，也是教育培养的目标之一。

(2)外在动机

外部动机是指学习者在外因的驱使下进行学习，这种动机是短暂的，引起的学习也是被动的。尽管外在动机有时也能产生较强烈的动力作用，但由于外在动机的控制点在个体外部，易为外部条件所左右，因此个体的学习积极性会随着外部情况的变化而变化，不能持久。

3. 积极动机与消极动机

(1)积极动机

积极的动机受积极的人生观支配，属于进取向上，并为社会、为国家服务的那一类。积极的动机能促使大学生产生学习的动力，并产生积极的社会效果，如有的学生希望成名或获得科学成就。

(2)消极动机

消极动机只能起暂时的维持作用，在这种动机推动下，学生可能会采取一些萎靡颓废的学习方法，并且在学习过程中自我监控的行为较少。如有的学生学习只是为了能获得一个毕业证和一个饭碗。

(三)大学生学习动机心理的特点

心理学研究认为，人的需要或愿望是产生行为动机的源泉。不同的人有不同的需要和愿望，因此就有不同的行为动机；同一个人在同一个时期的需要往往是多方面的，因此表现在他的行为动机内容上也是由多因素构成的。据有关调查，近几年我国大学生的学习动机有这样几种。

第一，摆脱贫穷，跳出农村。

第二，报答父母厚望。

第三，为祖国富强，献身社会主义建设事业。

第四，对某学科有浓厚的兴趣，想在这一领域有所作为。

第五，广泛的求知欲及形成的学习习惯。

第六，想考研究生或出国深造。

第七，取得大学文凭，谋求理想的职业和社会地位。

第八，避免留级或退学等惩罚。

第九，争当优秀大学生，得到他人的肯定和尊重。

心理学研究还表明，随着旧的需要的满足，新的需要的产生，动机也将随之变化和发展。由于大学时期是人生观确立的关键性时期，因此，大学生个性倾向性的变化，影响和制约着人的需要结构，制约着学习动机的方向。从调查情况看，大学生在大学期间学习动机的发展具有以下特点。

第一，外部动机和近景性动机作用逐步削减。初入大学，学生的学习动机中，想取得好成绩，想得到周围人们的赞赏，想得到奖励或避免受惩罚的动力因素占很大比重。随着年级的升高，学生对分数虽仍重视，但关注的程度减弱了，而更注重广泛吸取知识，参与创造性的探索工作，掌握现代化的科学研究方法。

第二，社会责任感的学习动机和内部动机作用逐步增强。随年级升高和学校教育的展开，大学生的学习动机中，想为社会做贡献，想在某专业领域有所建树等富有社会责任感的动力因素逐步增强。这说明随着大学教育的展开，大学生正确的人生观的逐步形成，其学习动机趋于成熟。

（四）大学生学习动机的培养

关于大学生学习动机的培养，可从以下几个方面着手。

1. 要明确学习目标，不断强化学习的自觉性

弗兰西斯·培根说："跛足而不迷路，能赶过虽健步如飞但误入歧途的人。"因此，大学生把大学生四年的总目标明确，结合当前社会对人才的要求和自己所学专业等实际情况，详细规划每一学年、每一学期的学习目标。当有了明确的学习目标和方向，我们才能踏上追求成功的步伐。

2. 要制订学习计划，不断提高目标的吸引力

一份详细的学习计划，有助于我们将目标付诸行动。如果大学生制订一份详细的学习计划，并且明确每学期、每个月、每星期甚至每一天的学习安排，那么我们就可以有条不紊朝着我们的目标稳步前进。

3. 要学会合理归因，正确对待成功与失败

学习上的成功与失败的体验会影响学习动机，但是这种影响并不是绝对的。问题的关键是在面临成功和失败时，我们要学会合理归因。成功和失败既受能力或努力等内部因素的作用，也受任务难度、别人的作用或运气等外部因素的影响。其中，能力、任务难度和别人的作用是一些影响学习动机的稳定的因素，而努力和运气则是一些不稳定的因素。心理学家卡温特指出，大学生的自我归因倾向有积极与消极之分。个人将成败因素归因于自己的责任并且拥有积极心态的属于求成型学生，而个人将成败因素归因于自己能力不足或其他外在因素者，且心态较为消极的属于避败型学生。

4. 要积极参加校园文化活动，激发求知欲

俗话说："兴趣是最好的老师。"许多同学会感觉学习感兴趣的课程，非常轻松，并且能进一步将学习任务变成自觉的需要和愿望。对于自己不感兴趣的课程，大学生要试着从不同的角度去了解和发现这种课程的兴趣。大学校园中有着丰富多彩的文化活动，我们可以根据自己的兴趣选择性地

参加一些有利于激发我们的求知欲、增强学习动机的活动。另外,兴趣可以迁移,大学生参加自己感兴趣的活动还可以逐步培养在其他方面的学习兴趣。

第三节 大学生常见的学习问题及其自我控制

一、学习疲劳

学习疲劳是指因一定的紧张程度或连续时间的学习而引起学生生理和心理方面产生变化,使学习效率下降,甚至处于不能学习的状态。学习实际上是一种极其繁重的脑力劳动,如果不合理地安排学习,用脑过度,当疲劳积累成为过度疲劳,就会造成大脑的机能损伤。

(一)学习疲劳的原因

产生学习疲劳的原因主要包括以下几方面。

1. 生理原因

导致大学生产生学习疲劳的生理原因,具体来说又包括以下几个方面。

第一,未能做到劳逸结合,将大部分时间用于学习,而休息、睡眠时间不足。

第二,不注意用脑和用眼卫生。

第三,营养供应不充足。

第四,自身体质较差。

2. 心理原因

导致大学生产生学习疲劳的心理原因,具体来说又包括以下几个方面。

第一,对学习缺乏兴趣,无法在学习中体验到快乐。

第二,学习动机不足,没有足够的动力推动自己进行学习。

第三,学习情绪不佳,将厌烦、倦怠、浮躁、低落等情绪带入学习中。

第四,缺乏毅力,一旦遇到困难便会信心不足,难以花费较多的时间和精力坚持学习。

3. 环境原因

导致大学生产生学习疲劳的环境原因,具体来说包括气温、湿度、噪声和光线等异常，家庭经济问题的影响，社会和家庭思想观念的影响，学习方法不当以及学习负担过重等。

（二）自我控制学习疲劳的方法

控制学习疲劳的方法主要包括以下几种。

第一，要注意大脑的营养，大学生一日三餐要吃饱吃好，合理搭配食物。大学生要戒掉不吃早饭、吸烟、饮酒等不良习惯，创设良好的学习环境，使大脑处于最佳的工作状态。

第二，大学生要端正自己的学习目的，培养学习兴趣。一旦有了明确的学习目的，学习就有了动力。能否使大脑细胞处于兴奋状态一定程度上决定了我们学习的好坏，如果对学习不感兴趣，进行强迫性的学习，那么是肯定搞不好学习的。只有激起自己的学习兴趣和求知欲，才能使大脑功能处于最佳状态，把学习搞好。

第三，大学生在学习过程中要注意科学用脑，科学合理安排用脑时间，最大限度地发挥大脑的功能。同时，大学生还应当养成正确用脑的良好习惯，注意休息，劳逸结合。也就是说用脑时必须学习与休息交替，遵循大脑皮层的活动规律。

第四，大学生要建立合理的作息制度，保证充足的睡眠。充足的睡眠可以消除疲劳，大学生应保证有足够的睡眠时间，每天睡眠时间不应少于7～8小时，因为睡眠是休息的最重要、最基本的形式，也是防止大脑疲劳，保护脑的重要条件。除保证睡眠时间充足之外，还要睡好、睡熟，以早睡早起为好，不提倡晚睡晚起，同时应当注意掌握好休息时间的长短。

二、学习焦虑

学习焦虑是指学生由于不能达到目标或不能克服障碍、威胁，导致自尊心、自信心受挫，失败感增加的一种紧张不安、恐惧的状态。学习是一个非常艰苦的过程，因此不论是学习优秀的学生，还是学习困难的学生，都会经常体验到学习带来的各种压力，并由此引发不同程度的焦虑。一般来说，适度焦虑对于学习是有益的，可以使学生精神高度集中、思维活跃敏捷、行动积极努力、学习效率提高。但过度的焦虑会影响学习效率，影响正常水平的发挥。

（一）学习焦虑的原因

产生学习焦虑的原因主要包括以下几方面。

1. 个性原因

性格敏感、易焦虑的大学生往往容易因学习上的失败或挫折体验挫伤自信心和自我效能感，从而产生学习焦虑。

2. 能力原因

部分大学生，知识经验储备不足，学习效率不高，记忆提取困难，常常难以取得好成绩。在外在压力下，他们感到自卑自责，产生焦虑。焦虑使其注意力难以集中，学习成绩进一步下降，从而更加焦虑和自卑，形成恶性循环，最终导致学习焦虑。

3. 学习期望值过高

有些学生对自己实际的能力缺乏正确认识，所树立的学习目标远远超过实际水平，同时自信心又不足，心理压力很大，内心常常潜藏着一种恐惧感，久而久之便形成了严重的学习焦虑。

4. 身体状况

体质虚弱、疲劳过度、经常失眠的学生，容易产生较强的情绪波动，导致学习焦虑。另外，由于个体受父母遗传基因的影响而在神经类型的强弱上有所不同，使得有些人对刺激容易产生紧张反应，这也容易产生学习焦虑。

此外，家庭、学校的期待和社会环境的压力也是造成学生学习焦虑水平过高的外在因素。

（二）自我控制学习焦虑的方法

控制学习焦虑的方法主要包括以下几方面。

第一，找出学习焦虑的原因，稳定情绪。世界上任何事物的产生都有其起因，大学生应该学会冷静、客观地分析导致焦虑的主客观原因，针对原因找出缓解焦虑的办法，不能采取回避的态度，放任焦虑的发展。

第二，正确认识和评价自己的能力，制定出切合自身实际的学习目标；增强自信心，经得起困难和失败的考验；保持适度的自尊心，降低对胜败的关注度；保持乐观稳定的情绪。这些都有助于克服严重的学习焦虑情绪。

第三，充分发挥自我调节的能力，控制焦虑的程度。自我调节的能力包括自我放松、自我暗示和向他人倾诉等方法，这些方法可以减轻学习焦虑的程度。学生要学会放松自己，合理宣泄自己抑郁焦虑的心情，保持良好心态。

第四，努力创造一个关系和谐的集体和轻松愉快的学习气氛。良好的人际关系，可以使学生产生积极向上的情绪状态。师生间的情感交流、同学间的互助友爱都对学生调节心理平衡，减轻焦虑情绪有着积极的作用。

三、记忆障碍

记忆是大脑对经历的事件的反映。它是一切智慧的基础，是人们积累知识和经验，达到预定目标与成就的必要条件。

（一）记忆障碍的原因

记忆障碍的原因主要包括以下几方面。

第一，学习目的不明确、学习动机不强、学习兴趣不浓厚以及对学习缺乏信心等心理状态会使大脑对知识的记忆缺乏积极主动性，大脑皮层活动不活跃甚至处于抑制状态，这是引起记忆障碍的主要原因之一。

第二，过度疲劳。长时间单调的学习会使大脑相应功能区域处于疲劳状态，新陈代谢功能失调，从而产生保护性抑制，记忆效率必然下降。

第三，急躁、烦恼、紧张、压抑等情绪会引起神经功能紊乱，并且容易破坏记忆功能。

（二）自我控制记忆障碍的方法

控制记忆障碍的方法主要包括以下几方面。

1. 培养浓厚的学习兴趣、愉快的情绪

浓厚的学习兴趣以及愉快的情绪可以集中人的注意力，使思维较清晰，对事物印象深刻，从而提高记忆效果。反之，消极情绪、精神紧张容易引起大脑皮层相应区域的抑制，难以建立广泛的神经联系，导致记忆减退。

2. 重视科学的复习方法

第一，及时复习。复习是避免与减少遗忘的重要手段。

第二，坚持复习。新学的知识除及时复习外，还要坚持复习。

第三，复习方法多样化。复习不是简单的重复，每次复习都应该有新的角度、高度，不是简单的死记硬背，还要把思考、分析、动手结合起来，使复习方法多样化。

3. 遵守记忆规律，提高记忆效率

第一，掌握自己的记忆规律，安排好记忆内容。

第二，要有明确的记忆目的和强烈的动机。

第三，认真选择记忆内容。

第四，充分利用理解记忆。

第五，采取积极独立的活动方式，使识记客体成为活动对象或结果，运用多种感官，使多种分析器官共同活动，从而建立起广泛的神经联系，取得较好记忆效果。同时，将学过的知识及时运用到实际活动中，在实际参与中更好地理解学习材料，不仅记得快，而且记得更牢固、持久。

四、考试焦虑

考试焦虑是一种由于面临考试而引起的紧张、不安、恐惧等情绪体验。适度的考试焦虑可以使大学生在考试时保持适度紧张，有利于集中注意力，但过度的考试焦虑则会对考试产生不良影响，甚至对大学生的身心健康造成潜在危害。

(一)考试焦虑的原因

考试焦虑的原因主要包括以下几方面。

1. 主观赋予考试更多的意义

有些大学生在考试之前，都会有“我一定要通过这次考试，要不然就太没面子了”“这次我一定要考好，否则就拿不到奖学金了”“这次要考不好，我就失去了改变命运的机会”等类似的想法，把考试跟荣誉、面子，甚至是前途、命运联系起来，而当一个人把考试作为影响自己的重大事件，对其产生了较高期望值时，他就会十分在意自己考试的结果，无形中给自己增加了很多的压力，考试焦虑水平也会相应提高。事实上，考试只是对一个人学过的知识的检验过程，大学生应该用平和的心态去看待考试。

2. 外在环境带来过大的压力

随着社会竞争的日益激烈，父母、老师都希望大学生更加优秀，他们对大学生寄予了很高的期望值。比如，父母会说“这个学期的考试一定要考好，一定要把一等奖学金拿到手”；老师会说“这次英语六级一定要通过，很多企业是非常看重你的英语水平的”。这些外界所给予的期望值往往会给大学生造成一定的压力,使其更加担心考试失败,会令父母或老师失望,从而产生了考试焦虑。

3. 知识掌握不到位

考试是对所学知识的检验过程,如果学生知识掌握不到位,自然就会觉得心中没底,从而感到忧虑。知识的掌握是一个长期积累的过程,但一些大学生上课不认真听讲,课外也没有认真复习和完成作业,而指望在考前前几天突击背诵知识要点,把需要一个学期积累的知识和经验压缩到一个星期,这就违反了学习规律,对知识的掌握也必然是不牢固的。由于对考试的准备不足,大学生自然会产生一定的焦虑感。

(二)自我控制考试焦虑的方法

1. 用平和的心态面对考试

考试的目的主要就是对前一段时间的学习进行检验,通过检验分析自己在前一段学习中存在哪些不足之处,及时地给予纠正。从这个方面上说,它本身并没有太多重大的象征意义。因此,面对考试,应该用最平和的心态去面对。所谓平和,不是随便、随意,而是在保持适度焦虑、积极准备的基础上,尽量保持平常的状态。另外,大学生要在考前正确地对自我进行评估,包括自己学习和复习的时间、相关知识的掌握程度、考试所需能力的掌握情况等,在此基础上制定出合理的考试目标,使之不会因定位过高而产生额外的压力,增加考试焦虑程度。

2. 充分做好考试准备

无论多么重要的考试,其本质都是对所学知识和相关能力的检验,如果我们掌握了这些知识,具备了相应的能力,在考试时就能够胸有成竹,不慌不乱。可见,充分做好考试准备是避免产生考试过度焦虑的根本途径。考试准备包括知识与能力准备、心理准备、细节准备、身体准备。

(1)知识与能力的准备

知识与能力的准备就是学生要对考试所要求的知识与能力,进行自我检查、不断完善的过程。而知识与能力准备不仅仅是一遍一遍地看知识、背书,更重要的是要知道哪些知识是掌握了的,哪些是不够熟练的,哪些是根本不会的,并进行针对性的处理。为此,这就需要我们不仅要翻开书本进行阅读,还应适时地把书本合上,进行逐个知识点的重现,即在大脑中呈现相关知识点的内容,来检查知识的掌握情况。

(2)身体准备

身体准备是指在备考期间要保持科学的饮食和良好的睡眠,注意劳逸结合,保持身体健康。

(3)心理准备

心理准备是指逐渐塑造自己更加平和的心态。我们可以利用积极的自我暗示,如提示自己,"我的大部分知识点已经掌握了,继续努力,会有收获的""我已经参加了那么多次考试,对考试情景非常熟悉,没什么好怕的"等,树立信心、调节情绪。

(4)细节准备

细节准备就是要把考试需要的所有证件、文具都提前准备好,牢记考试时间、地点。避免在考试当天丢三落四,出现突发事件,如临进考场时发现准考证没带、考试时发现笔坏了等情况,产生不必要的心理焦虑。

3. 寻求专业人员的帮助

如果大学生感到难以克服考试焦虑,应主动寻求心理咨询帮助。心理咨询人员可以通过放松训练、自信训练和系统脱敏等方法来帮助大学生摆脱考试焦虑。

五、注意力不集中

人的各种心理活动要想顺利进行,必须要借助于注意这一心理活动。在大学生的学习活动中,注意也发挥着十分重要的作用。若是大学生的注意力比较差,而很容易出现学习效率不高、学习成绩较差的现象。

(一)注意力不集中的原因

引起大学生注意力不集中的原因,具体来说有以下几个。

第一,没有明确的学习目的和学习任务,无法将注意力长久地集中在学习内容上。

第二,因存在过度疲劳、过度焦虑等问题,导致自身无法有效地集中学习注意力。

第三,对所学专业没有足够兴趣,长期处于一种被动学习状态,学习注意力必然难以集中。

第四,不适应大学的学习方式,不知道课后该如何进行复习和继续学习,而且常常将大量的时间花费在玩上。长此以往,想在学习上集中注意力必然会变得十分困难。

第五，学习环境不佳，过于杂乱、嘈杂、空旷等，很容易分散大学生的学习注意力。

（二）自我控制注意力不集中的方法

对大学生注意力不集中的控制要从以下几方面进行。

1. 明确并合理设置目标

目标不仅要明确，而且要设置合理，要从客观实际出发，把目标建立在切实可行的基础上，具体可从以下几点入手。

(1)分析实际

分析实际时需要考虑以下四个因素。

第一，本专业的总体培养要求。

第二，各专业课基本要求及特点。

第三，自己现有的知识基础。

第四，可利用的时间和精力。

(2)确定目标

目标对动机起引导、激发和维持作用。大学生可以根据当前社会对人才的要求以及自己的实际需要来制定自己的目标，具体做到以下几点。

第一，对自己有比较正确的认识。每个大学生只有在充分了解自己的智力水平、学习风格、个性特征、情感特征等的基础上，才能建立正确的自我概念，才能清晰、科学地明确自己的学习目标。

第二，从实际出发。目标定位要准确，太高的目标难以激发学习热情和学习动力，得不到自己和他人的认同；太低的目标则容易影响自己的自信心和自我评价的能力。

第三，突出重点。所谓重点，一是指专业知识体系中的重要学习内容；二是指自己学习中的弱势学科；三是指自己觉得应该列入重点的学习目标。

第四，具体化。大学生应该具备将大目标分解为具体目标的能力。如具体的课程、内容、时间和要求等。目标越具体，越容易获得信息反馈，越便于对照检查和调整修订。

第五，排除困难和干扰。明确学习目标后，就要把自己的行为置于目标之中。为了实现学习目标，要排除一切困难和干扰。

总之，目标是学习的方向和动力，是制订学习计划的依据，是评价学习效果的标准。

2. 制订明确的学习计划

大学生要克服注意力不集中的问题，还要制订明确的学习计划，对此应特别注意以下几个方面。

第一，制订的学习计划要全面且要由浅入深，并据此对学习内容进行合理安排。

第二，制订的学习计划要与自身的生理特点、学习习惯、所处的学习环境等相符合。

第三，制订的学习计划要留有一定的余地，以便日后根据实际情况进行有效调整。

第四，制订的学习计划要对学习时间进行合理安排，以免产生学习疲劳。

第五，制订的学习计划要切实实施，并在实施过程中保持一定的毅力和耐心，切不可遇到一点困难就放弃。

六、学习动机过强

（一）学习动机过强产生的原因

一般情况下，大学生学习动机过强产生的原因主要包括以下几方面。

1. 设置的学习目标超过了自己的能力范围

若大学生无视自己的能力范围和现实情况，设置了一个自己根本不可能达到的目标，将会对自己的学习造成巨大压力，且常常会出现不管自己如何努力都达不到目标的现象，从而导致自己对自己过于严苛，也就会在学习中出现学习动机过强障碍。

2. 认知模式不当

一般情况下，存在学习动机过强障碍的大学生常常会存在这样一个认知模式，即“只要我努力了，就一定会获得成功”。这一认知模式将成功与努力画上等号，而忽视了大学生自身的条件、社会环境因素等其他重要因素，因而导致其在学习中出现动机过强障碍。

3. 他人不适当的强化

根据调查显示，不少存在学习动机过强障碍的大学生都会受到学校、家庭、社会等的肯定和支持，他们会称赞这些学生，将“有出息”“勤奋”等诸多褒义词灌输在他们身上，从而对他们进行了不适当的强化，导致他们没有看到过于强化的危害，而在学习上产生动机过强障碍。

（二）自我控制学习动机过强的方法

对大学生学习动机过强的调适就是要帮助大学生形成正确且适度的学习动机，也能使大学生逐渐养成健康的学习心理。

1. 树立正确的学习观

所谓学习观，就是学生对知识和学习经验的态度。学习观是否正确，既影响着学生能否取得良好的学习成绩，也影响着学生能否设置合理的学习目标，还影响着学生能否形成合理的学习动机。因此，大学生要调适过强的动机，需要树立起正确的学习观。具体来说，大学生可以借助于以下几个途径来促使自己树立正确的学习观。

第一，要明确终身学习观的重要性，并积极对其进行实践。

第二，要逐渐从以教为主转变为以学为主，注重自主学习，主动汲取知识，并将学习的主阵地由教室变为图书馆、阅览室等。

第三，要自觉突破专业限制，尽可能多地涉猎其他专业或其他学科的知识和课程，以便获得更加广泛的知识，为未来就业奠定重要的知识基础。

第四，要逐渐用人本主义的学习观取代功利主义的学习观，并将其渗透到所有科目的学习之中。

2. 客观认识自己，培养广泛的兴趣爱好

大学生要正确认识自己的潜质，客观地认识自己的能力和特长，正确评价自己，提出与自己的能力相适应的抱负和期望，制定切实可行的阶段性目标，调整成就动机。与此同时，大学生要脚踏实地，循序渐进，量力而行，不好高骛远。

大学生要积极参加各种文化娱乐活动，培养多种特长和兴趣爱好，重视综合素质的提高，但要注意劳逸结合。

3. 正确看待荣誉和学业成绩

大学生要转换表面的学习动机为深层的学习动机，淡化名利得失，克服虚荣心理，正确对待荣誉与学业成绩，把关注点聚集在学习活动中，而不是关注成败后果，从而使学习效率提高，更能发挥水平，更有利于成功。

七、专业不称心

有一些大学生，由于种种原因对自己所学的专业感到不称心，甚至感到厌倦和反感，如不予以重视和及时解决，不仅直接影响到他们专业知识的巩固，而且还可能导致其他消极的情绪或过激的行为出现。

（一）专业不称心的原因

大学生对所学专业感到不称心的原因比较复杂，其中既有客观原因，也有主观原因。具体而言，主要有以下两个。

1. 招生制度不完备

首先，缺乏必要的升学指导。许多考生在填报高考志愿以前，由于不了解个人的特长和所报专业的性质、特点，而是根据家长的意愿和社会舆论的影响盲目地填报志愿，结果造成对录取的专业感到不称心、不适合。

其次，缺乏强有力的监督机制。在一些地区的招生工作中缺乏强有力的监督机制。存在着比较严重的不正之风，使招生工作无法真正体现"分数面前，人人平等"的公平原则，结果造成考试成绩优良的学生因没有"关系"和"后门"，而没能如愿以偿地录取到自己称心的专业。

2. 个人的专业理想与现实条件严重脱节

大学生的生活阅历比较简单，对专业的性质、特点及未来的就业出路不甚了解，当他们在选择所学专业的时候，具有浓厚的浪漫色彩，富于想象，容易造成个人的专业理想与现实条件（如专业的招生人数和个人的高考成绩等）脱节。或因刚刚步入大学校门时，对所学专业倍感兴趣，对个人的未来发展踌躇满志，然而，时间一长又逐渐感到乏味，觉得不合自己的心意，于是有意或无意地移情到其他新异的专业上，破坏了原有的心理平衡，对专业的兴趣迅速减退，甚至反感，结果产生了"专业不称心"的心理困扰。

（二）自我控制专业不称心的方法

大学生专业不称心的控制具体可从以下几点入手。

1. 改变原有的不合理认知

当自己对所学专业感到不称心如意的时候，不要马上肯定或否定，应通过各种途径进一步加深对有关情况的了解。例如，可以到专门的心理测试机构进行有关本人的智力、人格、能力倾向以及职业兴趣等方面的科学测试，以便准确地了解自己的特长；另外也可以找本专业或其他专业的老师和高年级同学进行咨询，倾听他们对本专业和其他专业的情况介绍以及他们的建议。以上这些做法都将有助于对自身的客观认识，有助于全面地了解各专业（尤其是所学专业）的特点及其发展的前景，促使自己改变以往对所学专业的不合理认知，不断地矫正自己的专业理想，去除其中的不现实成分，激发自己对本专业的学习兴趣和学习动机，增强对本专业的心理认同。

2. 提高本专业的学习动机

任何一个专业都不是十全十美的，都有其局限性和不尽如人意之处。然而，每个专业又有其独一无二的特点和诱人之处。不同学科之间也不是截然分开的，而是互相渗透、紧密关联的。因此，一旦从事了某专业的学习，就不要患得患失，过于追求完美，应该立足本专业，善于在专业学习过程中挖掘新意，捕捉诱人之处，还应不断巩固自己的专业学习动机，提高自己的职业抱负水平，这样才能够提高自己的专业学习兴趣，克服“专业不称心”的心理困扰。

3. 重新选择专业

如果采取以上两种心理调适方法仍然不能克服因“专业不称心”而带来的心理困扰，则不妨考虑采取重新选择专业的办法。这一方法在具体操作上又分为三种情况：一是直接转换专业。目前国内的某些高等院校允许入学新生经过一年的原专业学习后重新选择专业，并直接转入自己所喜欢的专业继续学习。二是修读双学位或第二学位。如果个人所在学校不允许直接转换专业，那么可以在修完所学专业的第一学位之后或者同时，再修读自己喜欢或感兴趣的第二学位。三是借升学之机重新选择专业。如果本人是大学生，可以借助报考研究生的机会选择某些自己感兴趣的专业。

第四节 学习的常用策略

学习策略是指学生在学习过程中有效的学习规则、方法、技巧及调控方式。下面主要对学习策略中的学习迁移策略、知识理解策略、记忆提高策略进行具体分析。

一、学习迁移策略

（一）学习迁移的概念

学习迁移是指“在一种情境中获得的技能、知识或态度对另一种情境中技能、知识的获得或态度的形成之影响”。简单来说，学习迁移就是一种学习对另一种学习的影响。

学习与迁移不可分割，只要有学习，就有迁移。积极的迁移不但意味着学生学得更快、更好，而且更重要的是能将学到的东西有效地用于当前问题的解决。因此，迁移是学习的继续和巩固，又是提高和深化学习的条件。

心理学家对迁移做过多种分类。例如，按照迁移的影响效果将之分为正迁移、负迁移。正迁移也叫“助长性迁移”，是指一种学习对另一种学习的促进作用；负迁移也叫“抑制性迁移”，是指一种学习对另一种学习产生阻碍作用。按照迁移的方向将之分为垂直迁移与水平迁移。按照迁移的影响方向将之分为顺向迁移和逆向迁移。按照迁移的内容将之分为特殊迁移和非特殊迁移等。现代认知心理学的一个特点是强调认知策略和元认知在学习和问题解决中的作用，由此认知策略的迁移越来越受到研究者的重视，认为认知结构在迁移中的有重要作用。

研究表明，学习迁移并不是自动发生的，它受制于许多条件。其中最主要的影响因素有学习对象的共同因素、已有经验的概括水平、认知技能与策略、情境以及定势的作用。

（二）促进学习迁移的策略

促进学习迁移的策略主要包括以下几方面。

1. 采取正确的动机和态度

有研究表明，学习动机的强和弱，情绪和态度的积极与消极对学习迁移有重要的影响。如果学习知识时能认识到所学知识对以后生活和学习的重要意义并能联想到当前知识的应用情境，会有助于在以后的具体情境中运用已有知识来学习或解决问题。

2. 把握基本知识、新知识与原有知识的关系

心理学家埃利斯通过研究揭示，迁移的条件是对刺激（信息）的反应如果相同时迁移量就大，反之则小。迁移量取决于刺激和反应的类似程度。

为了获得迁移学习的成功，在平时的学习中就要注意掌握最基本的知识，这样就可以形成基本知识对一些具体知识与应用的正迁移。另外，还要注意使新学习材料与原有知识由“近”至“远”的安排，即使新学习的材料先尽可能接近原有的知识，然后逐渐扩展到新知识的范围。

3. 创设与实践相似的学习情境

当学习情境与日后运用所学知识内容的实际情境相类似时，学习迁移更容易实现。因此，在知识或技能的学习中，大学生要注意理论联系实际，考虑到实际运用情境中的种种情况，尽量在类似于真实的情况下进行训练。近年来开展的许多室内模拟装置的训练，为培养和训练各方面技能的专门人才起到了既经济又有效的效果。

4. 理解基本原理，促进原理或法则的迁移

在学习中相似的原理及法则的迁移是最常见的迁移现象。为促进原理的迁移，学习中应准确地理解基本原理，为了理解基本原理，最初给予恰当的学习内容或必要练习，充分掌握以达到过度学习的程度是十分必要的。此外，在学习中自己总结、归纳和概括学过的知识，充分掌握运用基本原理的条件、方法，使基本原理达到最有效的迁移。

5. 总结学习经验，运用学习定势

总结学习经验，运用学习的定势是促进学习迁移的又一有效方法。学习经验和学习方法基本上都是自己总结出来的，也有教师在教学中有意传授或暗示的。一般包括认知策略、分析和综合的方法、识记和回忆的方法、分析问题和解决问题的方案或技巧等。所谓学习定势，就是指学习者进行学习活动时的心理准备状态。学习者在以往的学习中形成的愿望、态度、知识经验、思维方式等都能构成其学习的心理准备状态，使后继的学习活动具有一定的倾向性，朝着一定的方向进行。因此，学习定势也可以说是先前的学习对后面同类或相似课题的学习的影响。

二、知识理解策略

（一）知识理解的概念

所谓理解，即利用已有的知识去认识新事物，或把某个具体的事物纳入相应的概念和法则中去认识。而知识的理解通常指学生运用已有的经验、

知识去认识事物的种种联系、关系，直至认识其本质、规律的一种逐步深入的思维活动。它是学生掌握知识过程的中心环节。

在大学生的学习中，了解一个词的含意，明确一个科学概念，学习一个定理、定律、公式，掌握法则的因果关系，把握文章的段落大意及全文的中心思想都属于知识理解。无论是初步地、不完全地或比较完全地认识教材的联系、关系，认识其本质和规律，只要不限于单纯地通过感知觉或记忆的直接认识，而是通过思维活动的也都属于理解。

在大学生进行专业学习的过程中，理解发挥着非常重要的作用。在学习的初级阶段，对事物必须有直接的感知，但是“感觉到了的东西，我们不能立刻理解它，只有理解了的东西才能更深刻地感觉它”。有些知识需要记忆，而在理解的基础上进行，记忆的效果就高。另外，理解与迁移、应用之间也有着密切的关系，不理解就难以应用和迁移，只有理解的知识才有可能迁移和应用。

(二)知识理解的影响因素

在大学生的学习活动中，影响知识理解的因素一般有以下几点。

1. 学习内容本身的性质

首先，知识的具体—抽象化程度，会影响理解。在一般条件下，事物的概念越具体，越容易理解。

其次，学习内容有逻辑意义和内在联系，比无内在联系的容易理解。

最后，学习内容所必不可少的属性的多少及其关系的复杂程度也影响理解。

2. 已掌握的基本概念的正确程度

高级的概念或复杂的概念和法则、原理的学习，往往要借助于已有的基本的概念。如果基本概念掌握得不准确，就会极大地影响后面要掌握的概念、法则和原理。

3. 理解知识的心理准备

知识的理解是一个积极主动的过程。因此，当学生有积极理解知识的心理准备，则更容易理解。这一般要求学生事先将学习的内容与自己原有的知识进行有机的内在联系。

(三)促进知识理解的策略

促进知识理解的策略主要有以下几方面。

1. 注意新旧知识的联系

任何知识都不是孤立的，都处于一定的知识体系之中，其本身都有一定的结构。当学生在学习过程中，注意到新旧知识的联系，重视知识本身的结构和体系的学习时，就比较容易理解知识。关于此，我国心理学家张庆林也指出，知识的类化，系统化有助于使知识形成有机的理解网络，甚至达到触类旁通的境界。例如，大学生在学习完每一章的知识后，可以做一个知识结构图。在头脑中具有良好知识结构来储存的知识，形成有核心、有条理、有层次的知识体系，这样的知识体系使得对知识的理解更透彻。

2. 丰富相关经验和感性材料

苏联心理学家鲁宾斯坦说："任何思维，不论它是多么抽象的和多么理论的，都是从分析经验材料开始的，而不可能是从任何其他东西开始的。"因此，为了增进理解，认识到知识的本质，大学生应努力获取大量的感性材料。一般，在学习活动中，大学生丰富的经验和感性材料主要采用以下几种直观形式。

第一，实物直观。实物直观即通过实物获得直接的感性经验。例如，标本展览、实验、实地参观、访问和考察等。

第二，言语直观。言语直观即通过形象化的语言描述或举例，在头脑中形成有关事物的表象，从而获得感性知识。

第三，模像直观。模像直观即通过模拟实物的形象提供感性材料。例如，各种图片、图表、模型、幻灯和教学电影等。

3. 积极的思维活动

知识的理解必然与思维活动紧密相连。因此，大学生要想促进知识的理解，必须以积极的思维活动为前提。具体而言，这要求大学生一方面要善于通过自己的思考来寻求对知识的了解，发现要点，获得各种知识，养成勤于思考的习惯，形成善于思考的本领；另一方面要富有一定的批判精神，对教师、教科书的讲解和论述，力求有自己深刻的理解和独到的见解，不盲从，敢于质疑或否定，这样才能提出问题并真正理解所学知识。

4. 扩大关键特征

有关实验研究和教学经验都证明，概念的关键特征越明显，学习越容易；无关特征越多、越明显，学习越难。因此，在概念学习和理解中，大学生可以采用扩大有关特征（定义的特征）的方法，促进概念的学习。

通常而言，大学生可采用实物直观、模像直观、挂图、电影、幻灯等手段来扩大关键特征，从而使获得的概念精确化。

三、记忆提高策略

（一）记忆的概念

记忆是大脑对经历的事件的反映。过去所经历的事情，总有一部分作为经验留存在人们的脑子中，成为“痕迹”，并时而浮现在人脑中。记忆有一个完整的心理过程，心理学上常分为识记、保持、再认或回忆三个基本环节。识记是识别和记住事物的形象或意义。从而积累知识经验的过程，保持是巩固已获得的事物的形象及意义。回忆又叫再现，是指过去经历过的事物再次出现在面前，能把它们辨认出来，就是再认。在我们日常学习中，对书上的知识，老师讲过的内容，经历过的情绪感受，都要用心记住，这就是识记，为了识记过内容和知识不遗忘，要不断复习和巩固，就是保持；当提问、测验、考试时，要回答所学过的内容，背诵出一个重要的定义，辨认出不同的概念，这要涉及再现和再认。

（二）记忆的类型

从不同的角度划分，记忆可以分为不同的类型，具体有以下几种。

1. 根据材料的特点及记忆的方法进行分类

根据材料的特点及记忆的方法，记忆可分为机械记忆和意义记忆两种。

机械记忆是因为材料本身没有什么意义，或者是没有理解材料意义的情况下去进行记忆。

意义记忆是在理解材料意义的情况下去进行记忆，如数学公式、物理规律等，理解后去记忆。

2. 根据记忆的目的性程度进行分类

根据记忆的目的性程度分为无意记忆、有意记忆。

无意记忆就是没有自觉目的，不需要任何意志努力的一种记忆，在日常生活中，很多事物都是在不经意之间记住的。

有意记忆是具有自觉目的、有时还需要做出一定的意志努力，刻意去追求的一种记忆，在日常的学习中，大多的知识的获得依靠有意记忆。

3. 根据信息编码方式、储存时间的长短进行分类

根据信息编码方式、储存时间的长短，可以把记忆分为瞬时记忆、短时记忆和长时记忆三类。

瞬时记忆是极短的，储存时间大约为 2 秒，如果得不到进一步强化，瞬息之间就消失了，可谓是“转瞬即逝”。

短时记忆是指信息保持在 1 分钟之内的记忆，如果没有复述强化，一会儿也会自行消失。对信息加以复述，信息就会转入长时记忆，得以较长久保存。比较典型的例子就是查找电话号码，不重复的号码查到后拨打电话，打完后，号码就忘记了。如果觉着号码重要，多复述几次，就会长时间地记住。

长时记忆是指较为“永久性”记忆，信息保持时间以分钟到小时、天、年来计算，甚至终生。长时记忆容量可以说是无限的。除此之外，记忆按呈现形式可分为形象记忆、语词记忆、情绪记忆、动作记忆等。

（三）提高记忆效果的策略

1. 对识记内容进行整理，促使机械记忆意义化

机械识记是只依据材料本身的表现形式或外在联系去机械重复的识记。意义识记，是通过对材料的理解而进行的识记。在日常生活和学习工作中，有意地利用意义识记，对识记材料进行组织、编码的，并辅之以机械识记，达到在理解的基础上熟记的目的，这是记忆的最好方法。有时，我们可给本来无意义的材料赋予一种认为的意义，使机械识记转化为意义识记，以提高记忆效果。

2. 适当过度学习

所谓过度学习是指对知识达到勉强可以回忆的地步后，继续进行学习。也就是说，在对知识技能全部学会以后再继续学习一段时间，以达到巩固学习成果的目的。美国心理学家克鲁格曾做过一项实验，他让被试识记一组序列词汇。第一组学习到全部能回答时就停止学习，第二组则继续学习，进行 50%的过度学习，第三组则进行 100%的过度学习。实验结果表明，过度学习对材料的保持率起着很重要的作用。过度学习越多，保持率越高。但有一点也要注意，过度学习超过 50%之后，对内容的记忆效果有下降的趋势。因此，要适当过度学习，在这个限度之内，过度学习的学习效果较好。一般来讲，中等程度的过度学习效果较佳。

第五节　大学生学习能力的培养

学习能力是大学生顺利完成学业的保证。正处于学习阶段的大学生，一定要注重培养自身的学习能力。

一、大学生培养学习能力的意义

(一)时代发展要求大学生提高学习能力

21世纪是知识经济时代，当今社会的飞速发展，使人们的知识迅速更新，今天接受的新知识到明天就可能被淘汰更新，教育将呈现终身化趋势。因此，大学生要充分抓住自己一生中的各种机会，去探索、深化和进一步充实自己的知识，以适应不断变革的社会。

学习是一个人终生的任务。从古至今人们都非常重视学习，“书山有路勤为径，学海无涯苦作舟”“活到老，学到老”等都是人们总结出来的关于“学无止境”的格言。传统的“勤学”“苦学”固然应该提倡，但相比之下，“巧学”显得更为重要。一个人的学习不仅要靠“苦”，更要注重学习方法，要将“学海无涯苦作舟”变为“学海无涯巧作舟”。

(二)提高学习能力是大学生成才的需要

在大学阶段，中学时期以教师为主导的教学模式转变成以大学生为主导的自学模式。大学生的自学能力对于其学习成绩有着重要影响。具体来说，大学生的自学能力包括：能独立地确定自己的学习目标；能确定自修内容，将自修的内容表达出来与人探讨；能对教师所讲的内容提出质疑；能独立查询有关文献；能够写学术论文、学业报告等。对于大学生来说，其应该积极观察、思考、掌握适合自己的学习方法，具备制订学习计划的能力以及自主选择、使用各种教学媒体和教学支持服务的能力等。实际上，大学生自学能力的提高也就是其学习方法的提高，根据研究表明，学习方法可以推动学习动力的产生。大学生掌握正确的学习方法之后，可以提高学习小轮车，从而产生成功感，进而激发其学习兴趣和积极性。

在当今时代，要求人们必须掌握高效的学习方法，必须具备搜集、检索知识和信息的各种能力，要知道学什么，知道怎样学，知道到哪里学。要求大学生必须掌握巧妙、高效的学习方法，以提高学习效率。同时，大学生学习能力的培养，也是当今素质教育、创新教育的重要内容。因此，为了自身发展的需要，大学生必须提高自身的学习能力。

二、培养大学生学习能力的方法

培养大学生学习能力的方法有很多，概括来说主要包括以下几方面。

（一）明确学习目的

学习目的决定了大学生学习什么，怎样学习以及是否能够坚持学习。它既与大学生的主观因素有关，在一定程度上反映了其价值倾向和精神面貌，同时也反映了社会对个人的要求。具体来说，如何明确学习目的，可以从以下几个方面来进行。

1. 树立正确的人生价值观

在全球化、现代化的当代社会中，新世纪的大学生面临着多元价值观的冲突，光怪陆离的社会现象的交错，形形色色诱惑的干扰，激烈竞争的刺激……社会的大潮时刻冲击着大学生的心灵，过去“两耳不闻窗外事，一心只读圣贤书”的学子们已不再安心于待在“象牙塔”中了。于是，很多大学生积极投身于各种社团活动，尝试各种实践工作等。然而，许多大学生也在这忙碌的奔波中产生了困惑，比如“我学习这些东西真的有用吗”“学业与能力锻炼孰轻孰重”等问题，其实这些问题的根源就是大学生没有正确认识学习的价值，而对学习价值的认识是个人人生价值观的一部分。换言之，对人生的态度影响着对学习的态度，这就要求大学生树立正确的人生价值观。

正确的人生价值观有助于大学生自觉将个人需要和社会需要结合起来以树立正确、稳定的学习目的。而明确的学习目的也就意味着肯定学习价值，将学习作为个人重要的需要，并通过学习活动实现个人价值。所以说，与个人人生价值观相一致的学习目的才是最有实现可能的目标。只有这样，才能在学习过程中，面对困难不轻言放弃，面对诱惑不迷失方向，面对暂时的成绩而不自满骄傲。

2. 激发学习动机，提高学习的自觉性

学习动机总是出于一定学习目的的需要，只有把自己的学习与社会的需要密切的联系起来，看到自己学习的价值，才会产生学习的自觉性。而我国的许多大学生在考上大学之后，失去了过去“为了高考成功”而刻苦学习的动机，暂时脱离了枯燥单调的“苦学”生活，很多人都认为可以松口气了，

于是放任自己吃喝玩乐，混日子、混文凭。在不少高校里，不难看到这些“厌学”的大学生。

大学生厌学固然会受许多客观因素的影响，但不可否认的是，他们中的大多数人是由于缺乏内在的学习动机和积极的学习态度，不少大学生心态浮躁、不思进取，缺乏应有的自我约束力。当他们受到外界浮躁的思想的影响时，就会进一步失去对学习的兴趣。因此，激发学习动机，也就是要使大学生能够转变思想，树立学习是内在需要的观念，不断发展自己的学习需要和学习兴趣，真正做到愿学、勤学、乐学。

（二）培养良好的学习习惯

学习习惯是指学生在一定情境下自主地进行学习活动的特殊倾向。良好的学习习惯，对于提高大学生学习能力有至关重要的作用。具体来说，培养大学生学习习惯的途径有以下几个方面。

1. 改进学习方法，变被动学习为主动学习

在中学时代，学生主要是处于在老师指导下被动学习状态中，而大学的学习与中学不一样，大学教师讲课后，余下的许多时间要求大学生自学。因此，大学生应尽快改变学习方法，积极主动地学习。

2. 合理、科学地安排学习时间

在大学阶段，大学生有相对较多的自由时间，要提高学习效率，除了充分利用课堂内的学习时间外，还要对课外的时间做合理的安排。具体来说，大学生可以制订一个学习计划，并在计划中列出时间安排，在计划中也要有间歇休息的时间，注意计划的可行性。其中，还可利用一些“边角时间”来进行学习，如背单词或用来对新学知识进行即时回忆。此外，还应认识到，充足的睡眠、适当的休闲——劳逸结合的学习才能提高学习效率。

（三）掌握记忆技巧

任何知识的学习都离不开记忆，一个人如果拥有良好的记忆能力，无异于拥有了一个强大的秘密武器。而大学生增强自己记忆力，提高学习效率的关键就是要运用相关的记忆规律，选择适合自己的记忆方法。

1. 科学地识记

识记是记忆过程中的第一步，是保持、再认和回忆的前提。良好的记忆往往开始于科学的识记。识记的目的是影响识记效果的重要因素。识记目

的越明确、越具体，识记效果就越好。因此，在识记前，对自己要识记什么样的知识，这些知识要识记到什么程度等要做到心中有数。否则只会白白浪费时间和精力，影响识记的效果。

(1)充分利用无意识记

现在的大学教学经常提到趣味学习，即让大学生根据自己的兴趣和爱好，在比较轻松愉快的环境下去获取有关的学科知识。这种新型的教学法就是利用了无意识记。虽然在一般的情况下，有意识记比无意识记得效果要好，但有意识记容易引起学习疲劳。所以，大学生们可以尝试充分利用自己的爱好与兴趣，利用无意记忆，在不知不觉中完成识记任务。

(2)合理安排识记材料，有目的地进行识记

人们掌握系统知识主要是靠有意识记。大家或许都有这方面的体验：记得最牢的总是想要记住的东西，也就是我们认为有益处的、有目的和决心要记住的事物。因此，根据识记材料的性质和数量，结合识记目的，对简短的材料计划一次全部识记，对冗长的材料采取综合识记等办法无疑可以提高识记的效果。

(3)在理解的基础上识记

大学学习的特点之一是既博又精，所以，要想提高大学学习的效率，就必须学会在理解的基础上识记。并且，只有这样才可以全面、准确、迅速地掌握识记的内容，这些都是单纯的"死记硬背"所达不到的。在学习时，不妨学着尝试给要识记的材料编写提纲，将需要记忆的东西分门别类，比如把识记材料按意义分组，给每个部分列出便于相互连接的小标题等。

(4)适当地运用记忆技术

运用记忆技术，可以通过辅助工具或人为的联想将一些本身没有意义联系的识记材料赋予意义，或者将零散的材料系统地组织起来，使其与自己已有的知识结构相联系，从而提高记忆效果。主要的记忆技术有口诀法、推算法、比较法、谐音法、定位法、归类法等。例如，在记忆一家燃气公司的送气服务电话时，将公司的电话"5417517"利用谐音法记为："我是要气我要气"。

2. 有效地组织复习

正所谓"温故而知新"，组织识记后的复习可以有效减少遗忘。同时，复习效果的好坏并不机械地取决于复习的次数，而主要在于复习方法的正确性与有效性。

(1)正确分配复习时间

复习时间的分配对识记效果有很重要的影响。连续进行的复习一般称

为集中复习，而间隔一定时间的复习则称为分散复习。事实证明，相对来说，分散复习比集中复习效果要好。而分散复习时间间隔的长短，也要根据复习内容的性质和数量等来确定，通常来说，刚开始复习时，时间间隔要短些，之后可以加长。

(2)复习要及时

根据艾宾浩斯遗忘曲线表明，刚开始时遗忘速度很快，之后逐渐减慢，因此，对于新知识的复习一定要快速、及时。而不少大学生认为，新知识不会立刻就忘掉，所以平时没有及时复习的习惯，一直到新知识也变成了旧知识，才想起来自己已经忘记了。强调及时复习就是要避免出现这样的被动局面。

(3)排除前后材料的影响

在复习时，对于识记内容的序列位置也要注意。对于类似内容的复习尽量不要排在一起。比如，语文、政治、历史等文科的复习尽量不排在一起，可以和理科交叉复习，这有助于复习效率的提高。

3. 培养追忆的能力

追忆，是指人们采用一些回忆的方法，并要付出一定意志努力的回忆方法。通过科学的识记和有效的复习，并不意味着我们就拥有了良好的记忆。如果在需要的时候不能够及时地从记忆仓库中提取出来，那么所识记的工作也就白费了。很多人有过这样的体验，在回答问题或讲述某一事情的时候，突然一下脑中一片空白，怎么也想不起要说的东西了。这就是心理学上所说的“舌尖效应”。要避免这种情况出现，就有必要培养追忆的能力。

培养追忆能力的目的是可以让大学生及时进入追忆的准备状态，并为追忆指明方向。就好像根据线索搜索罪犯一样，如果没有罪犯的蛛丝马迹，就无从下手。追忆方法一般包括联想追忆、双重提取追忆(即借助表象与语言的双重线索)以及再认追忆等。此外，在追忆的过程中，因为思想高度集中，情绪容易紧张，使原本知道的东西一下子想不起来，遇到这种情况时，就需要利用自己的意志力来克服紧张情绪，排除其对追忆的干扰。这也要求大学生加强对自身意志力的锻炼。

4. 利用外部记忆手段，创造记忆的条件

学会做读书笔记不仅可以更好地保持记忆内容，而且也是提高学习效率的有效手段。除了读书笔记，还有如上课时记课堂笔记，读书时写笔记、记卡片和编提纲，有时还可将需要记忆的内容存入计算机等方式来保持所要识记的内容。

第六章　大学生心理健康管理

研究发现，大学生心理健康受到个体心理、就业、学业等多方面因素的影响。这些问题带来的困扰直接或间接地影响到大学生心理健康状况和水平，对它们的有效干预也将直接或间接地影响到大学生心理健康。因此，在大学生管理中，维护好大学生的心理健康，做好大学生心理健康的管理是十分重要的，本章从大学生心理发展的基本特征入手，分析如何更好地开展大学生心理健康管理。

第一节　大学生心理发展的基本特征

我国多数大学生处于青年中期，在这个阶段，个体的生理发展已接近完成，已具备了成年人的体格及种种生理功能，但其心理尚未成熟，从而使大学生的心理表现出自己独特的发展特征。

一、大学生智力发展的特征

总体上来看，人的智力水平从出生后开始迅速发展，20～35 岁时达到巅峰水平。大学生的智力在量的方面处于黄金时期，达到巅峰状态；在质的方面，观察力、记忆力、想象力、思维力等方面有很强的发展潜力。大学生一般思维敏捷，接受能力强，通过十几年的学习训练，发散思维和抽象逻辑思维能力得到了充分的发展，智力水平大大提高，分析问题、解决问题的能力增强。具体来看，大学生的智力发展主要体现在以下几个方面。

首先，进入大学后，大学生逐渐从中学时期的被动学习转向主动学习。在这个转换结束后，大学生可以以十分明确的目的为导向，从而有意识地、自觉地去探索与自己学习、生活等密切相关的事物，进而促进了其观察目的性和自觉性的显著发展。与此同时，由于大学生在此时开始进行了系统的专业学习和实践活动，所以，其本专业的认知结构逐渐得以形成、完善。这就使得他们喜欢从专业的角度去观察事物，对与所学专业有关的事物相当敏感。另外，由于大学生在大学的学习过程中有了较为明确的目的性，因此其学习的动机和意志力也都相应地达到了较高水平。除此之外，大学生自身的思维能力也不断提高，从而使其在观察力上表现出了坚持性和敏锐性的特征。在观察活动中，大学生能够按照任务的需要而持久地进行观察，并且善于发现一般人所不易发现或容易忽视的重要细节和特征。

其次，学生在高校时期的记忆力主要是通过各种学习活动中不断发展而来的。高校时期，学生需要对许多系统而抽象的专业知识进行学习和掌握，这就要求他们要善于分析和综合所学知识，并从逻辑体系、本质特征、内在联系等方面进行全面的掌握，以实现对其自身意义记忆能力的发展。同时，随着学生知识经验的不断积累，思维能力和理解水平的迅速提高，也使其在学习时有可能在理解的基础上进行意义记忆，这样在高校学习阶段意义记忆就占据了主导地位。此外，在高校大学生的记忆能力中，记忆的持久性和准确性也是非常重要的记忆品质，对学生掌握各种知识和经验有着重大意义。记忆的持久性主要是指学生所记忆的知识能够保持多久，而记忆的准确性则是指学生所记知识的精准程度。由于意义记忆在高校学习阶段占据了主导地位，因此，大学生可以形成良好的认知结构，而良好的认知结构除了可以促使记忆敏捷性和准备性的发展外，对记忆持久性和准确性的发展也同样可以发挥出较好的促进作用。

再次，在高校学习过程中，大学生对表象进行加工改造的想象力增强，他们逐渐具备了创造出新形象的能力，这些集中表现在想象的主动性、丰富性、鲜明性和新颖性上。在社会快速发展的今天，我们可以将想象力比喻为大学生智力发展的翅膀，可以有效提高其智力的活跃程度，加快学生智力成熟的节奏。而随着大学生知识经验的增多，思维能力的发展，他们的想象力也出现了一些新的特点。例如，在高校学习过程中，学生的创造性会随着其抽象逻辑思维能力的迅速发展而不断得到提高。大学生开始克服少年时期想象力的局限性，逐渐使想象中的创造性成分增多。根据相关资料显示，大学生大多都具有较丰富的创造想象力，并且，这种具有创造性的想象还会表现出较强的新颖性和奇特性特点。

最后，个体的思维发展是具有一定阶段性的，不同时期，其思维能力所表现出的特点也会不同。通常情况下，个体思维能力会经历由直觉行动思维到具体形象思维再到抽象逻辑思维的一个由低级到高级、由具体到抽象的发展过程。学生在初中阶段，抽象逻辑思维占主要地位，并且发展非常迅速。但是，这种思维大多还属于“经验型”，他们的抽象思维经常需要具体的、直观的感性经验的直接支持。在高中阶段，学生的抽象思维开始从经验型转向理论型，并开始形成辩证思维，这时，他们已掌握了较多的抽象概念、原理和法则。而当学生进入大学阶段后，随着知识经验急剧增加，抽象概括能力朝前发展，专业学习需要学生掌握更多、更抽象的概念、原理、法则、公式，并利用它们解决实践中所遇到的问题，抽象思维迅速发展。同时，高校大学生作为未来社会的接班人，他们需要根据时代的需要，在校进行积极的学习，并逐渐形成具有较强创造性和开拓性的思维能力，养成自己主动探求知识的习惯。只有这样，才能适应知识不断更新变化，在现代化建设中发挥作用。由于大学具有优越的教学条件，不仅拥有从事科学研究的现代化的实验室、仪器设备和丰富的图书资料，还有学术造诣较深的师资队伍和良好的学习环境，这样优越的条件对培养学生的创造性思维是十分有利的。与此同时，高校大学生的学习实践活动会增加，这就使其积累的知识经验得到很大的发展，都可以有效促进高校大学生创造性思维的快速发展。

二、大学生情绪情感发展的特征

大学阶段是个体情感发展最为迅速的一个时期，情感对学生心理发展和教学活动的进行具有非常重要的意义。情感对学生的认识、意志等心理活动的顺利进行都会产生一定的影响，情感的快速发展对学生个性心理的形成和发展能够起到一定的促进作用。

大学生有着丰富、复杂而又强烈的情感世界，充满青春活力，充满了希望和激情。学生在进入高校后，全新的高校生活环境和结束高中紧张学习状态都会使学生激动和兴奋，加上学习活动量增多，社会接触范围扩大，人际关系也得到了拓宽，大学生的情感体验内容开始变得越来越丰富多彩。他们在学习中感受艰辛与兴奋、成功的喜悦与受挫的焦急；在人际交往中品尝友情的滋味；他们对祖国命运的关心中有期待、责任、参与的体验；还有对个人的前途和人生意义进行思索时的情绪激荡。他们开始领略人生方面的情感体验，兴奋、激动、困惑、迷惘、忧虑、欣慰的情绪时常相互交织在一起，由此，也就形成了丰富、复杂的情感世界。

学生在高校阶段的人生情感体验是最为丰富的，也是内分泌激素中与情绪兴奋有直接关系的肾上腺激素的旺盛分泌阶段。在这一时期，大学生会表现出易兴奋、易激动的特点，情绪体验强烈，常易出现“急风暴雨”式的激情状态。我们经常可以看到，当老师进行了一段较为精彩的教学活动时，学生会立即表现出非常强烈的情绪反应。而这一时期的学生，其激动情绪会表现出较为明显的双重性。其中，积极方面是他们热情奔放，豪情满怀，勇往直前，可能成为做出惊人业绩的巨大动力。例如，可以表现为为真理、正义而斗争、献身的热忱和壮烈的行动。而消极方面则表现为易冲动、不冷静、盲目的狂热，因而可能做出一些蠢事和坏事，例如，他们经常会因为一点小事而被激怒、怄气、对抗，有时甚至还会做出一些不理智的行为。

大学生在对待一些问题时容易产生偏激。同时，由于影响大学生情绪的各种社会因素（如学习成绩、师生关系、同学交往、社会就业等）大量出现，所以，大学生的情绪、情感易起伏波动。他们会因一时的成功而兴高采烈、兴奋不已，但也会因遇到挫折而垂头丧气、懊恼不止，有时还会出现莫名其妙的情绪波动。但与中学生相比较，大学生们在学习、生活、人际交往过程中，知识、经验日益丰富，对情绪、情感的控制调节能力逐渐增强，他们的情绪、情感出现了较稳定的特点，有明显的心境化趋势。他们会因考试受挫或人际关系矛盾而在相当长的一段时间里，处于不良的情绪状态中，也会因获得成功而生活在良好的心境里。与此同时，大学生的情绪还会表现出具有文饰、内隐的性质，也就是说他们在面对一些事物时，其内心的体验和外部表现会出现一定的差异，甚至有可能完全相反。例如，考试不及格，明明心里很难过，却装得若无其事；明明上课未听懂，却装出已听懂的神态。这种情绪文饰、内隐现象，也说明学生在高校阶段对自我情绪的控制能力有所提高。

此外，在高校阶段，学生的身体发育基本成熟，性意识也日趋觉醒，学生期望得到爱情的体验。大学生生活在开放、活跃的环境中，男女学生在一起学习、共同活动，相互交往接触的机会甚多，为大学生们获得异性的爱情提供了有利条件。在这种环境中，大学生的爱情会因不同的动机，蕴含着不同的内容，在不同的层次上发展起来。有的学生出于对未来事业和婚姻问题的严肃考虑，同自己喜欢的异性恋爱，如能把爱情和事业统一起来，很可能成为他们在大学期间学习和生活的推动力量；有的学生，尤其是低年级的学生，由于受其他学生谈恋爱的感染而谈恋爱；也有的学生是出于无聊，希望通过谈恋爱来增加一些生活情趣，安慰自己的心灵。

虽然大学生的学习环境较为宽松，但处在黄金求知时期的他们，为了更好地迎接社会的挑战，同样会面临较为繁重的学习任务，社会压力使他们必须集中精力搞好学习。如果他们对爱情与学业、爱情与事业的关系处理不当，把过多的时间花费在恋爱上，甚至乐此不疲，则会造成消极后果。对待大学生的恋爱问题既不能消极回避，放任自流，亦不应压制、堵塞。学校应该加强对学生正确恋爱观的教育和培养，做到爱情服从于学业，使他们把主要精力用在学习上，并引导他们加强道德情操和性道德的修养，向需要帮助的大学生提供必要的爱情心理咨询。

三、大学生自我意识发展的特征

在大学阶段，个体开始把主要认知对象从客观世界转向自己的主观世界，并在探索自我、关注自我方面逐渐有了进一步的认识与看法。首先，他们对生理自我、心理自我以及社会自我三者之间的关系有了更加深刻与深层次的了解与认识。其次，大学生在正确认识自我价值，努力实现社会价值方面有了更大的自信心。

随着大学生自我意识的觉醒，他们开始更加积极主动地探索自我、关心自我，这就反映了大学生对物质自我、精神自我和社会自我三者之间的关系有了更深的了解，对正确认识自我价值，努力实现社会价值有了更大的信心。大学生自我意识的觉醒，不能简单地理解为“自我奋斗”“自我解放”和“自我实现”，也不能把社会需要与个人需求简单地分割开来，而应该达成多方面的统一。

具体来看，大学生自我意识的觉醒主要表现在其独立感、自尊心、好胜心等有了一定发展上。

在独立感方面，随着生理、心理的发育，社会生存环境的发展变化，以及其知识的逐渐积累和生活经验的不断扩大，大学生在自我评价、自我调整、自我控制、自我设计、自我体验等方面的能力有了普遍提高。在这种情况下，当代大学生们对于自己未来职业生涯和人生理想有了比以往更高的目标和抱负水平，并且对自己有了更大的信心。他们已经不再满足于事事听命于父母和老师，自我意识有了相当的独立性，明显有了摆脱对父母、老师依赖心理的欲望和行动。应该看到，此时的独立感有时仅仅是为了独立而显示独立。一般来说，到了大学高年级，在积累了大量知识和经验的基础上，独立感才会变得基本成熟，显得稳定而实在。此时，很多人能把独立感放到适当的位置，而独立感如果把握不好则会出现强烈的逆反心理，所以引导大学生的独立感健康发展具有重要意义。

在自尊心方面，大学生要求尊重自己的言行和人格，维护一定的荣誉和社会地位，这是一种与自信心、进取心、责任感和荣誉感密切联系的积极心理品质，是一个人需要尊重的反映。大学生的这种强烈的自尊心、好胜心的心理十分突出，尊重满足与否所引起的情感反应也十分强烈，大学生中一部分心理行为来源于自尊的作用，大学生的学习动力之一就是维持一定的自尊。自尊心被认为是最强烈的一种内部驱动力量，对于调节大学生的思想心理行为有着很重要的作用，它直接影响到大学生的心理健康和发展。自尊心过强有可能导致自我中心，唯我独尊；自尊心太弱，则容易自暴自弃，无所作为;自尊心屡屡受挫有可能产生自卑感。当缺乏内在价值感的自尊心成为主导方向时,容易引起一系列的心理问题。

在好胜心上,当今社会竞争激烈,在这种激烈竞争的气氛当中,大学生也产生了强烈的好胜心。应该说,好胜心是一种可贵的品质,它使人不甘心落后,力争上游。在充满竞争的社会里,好胜是成功的驱动力。但是,好胜心过强,而又不能转化为动力的话,则会出现虚荣而不务实的情况,容易滋生自卑和嫉妒心。

四、大学生社会性发展的特征

大学生由于需要储备专业知识,在校园的生活时间比较长,踏入社会较晚,他们渴望进入社会的愿望更加迫切。在学校,他们关注、评判各种社会问题,希望按照自己的想法去改变社会中令人不满的现象,希望用自己的专业知识服务于社会,从而体现自己的力量,实现自己的价值。这一点突出地表现在他们渴望与人交际上。

研究发现,正处于青年时期的大学生,他们往往思想活跃、精力充沛、兴趣广泛,有着十分强烈的人际交往愿望与需要。他们总是努力通过人际交往去了解他人、认识社会、获得友谊等,从而满足自己物质、精神上的诸多需要。因此,大学生十分希望被人认可、接受、尊重、理解,需要得到良好的人际交往机会、平台。大学生的人际交往通常相对较为纯洁、坦诚。在大学生的交往动机中,几乎鲜有功利性趋向,大多数有较多的情感性。例如,有一项关于大学生交友原因的调查研究。其结果显示:有51%的大学生认为交朋友主要是谈得来;42%的大学生认为是有较多的感情因素;而只有7%的大学生则强调是为了达到一些目的。由此可见,大学生的人际交往十分注重情感需求。他们向往真诚、纯洁的友谊,注重情感的沟通、交流,并且是为了自己获得情感上的满足。当然,这种情感需求不仅有消除孤独、寻求友谊的需求,同时也有与异性交往,获得爱情的需求。

此外,大学生的人际交往也呈现出明显的多元化倾向。首先,大学生人际交往的内容多元化。大学生求知欲强,他们对各种自然的、社会的现象都很关注,这直接导致他们交往的内容比较丰富,不仅交流感情、寻求友谊、寻觅爱情,还交流专业以及感兴趣的各方面知识和信息。其次,大学生人际交往的动机多元化。随着社会的发展变化,大学生交往的动机已经复杂多变。在人际交往中,大学生不仅仅注重情感交流,也开始注重与自身社会利益相关的务实性,呈现出情感型交往与功利型交往并重的趋势。最后,大学生人际交往的手段多元化。在当今信息化社会中,电子网络的发展为大学生的交往提供了更加广阔的交往空间，大学生利用网络与人交往，使大学生的人际交往变得更方便、更快捷，交往距离更远，交往范围更广。

第二节　影响大学生心理健康的因素分析

大学生的心理成长是一个有相对独立性的极为复杂的动态过程，会受到多方面因素的影响，这些因素大致可分为客观因素和主观因素两方面。

一、影响大学生心理健康的客观因素

（一）社会环境的巨大变化

改革开放、经济发展等社会变革极大地冲击着人们的心理，并对人的心理素质提出了更高的要求。社会竞争的加剧，加快了人们的生活节奏，从而更增加了人们生活工作的紧张感与压力感。

东、西方文化的碰撞，价值观念的冲突，利益格局的调整，使人们的心理产生了不平衡感、不稳定感。面对变动加剧、纷繁复杂的环境，许多大学生感到紧张、困惑、迷惘、不安。

（二）学校的环境

对于很多刚刚步入大学校门的学生来讲，他们都需要面临一个非常重要的改变，即大学校园环境相较中小学而言，要宽松地多，学习也不再像中学那样以我国常见的“填鸭式”教学为主，而转换成为以自主探索为主的学习模式，这对于大多数学生而言，都是需要适应并予以调整的，若不能及时适应大学的校园环境，很容易就会出现各类心理问题，如孤单、寂寞、忧郁等，严重的还会影响大学生的身心健康。

具体来看，首先，大学学习的一个基本特征就是强调学生的自学能力和自主的知识探索能力，在课堂上，教师的直接指导并不多，而以引导性学习为主，且学习内容相较中学来说也有了很大的差异，在学习方式上，学习的习惯和作息时间大部分由大学生自己掌握，这对于长期处于应试教育环境下的大学新生而言，必然是不适应的，很多大学生在这种情况下，完全不知道自己应该怎样学习或者学习什么，从而对大学生涯产生怀疑的心理，有的甚至因为大学校园管理较为宽松，就放松了学习，最后因成绩不佳陷入各种问题之中。

其次,大部分进入大学的学生在中学阶段都是成绩较好或最好的学生,他们往往也习惯了自己的这种“优秀”的地位和荣誉。待进入大学后,各方面的人才会聚在一起,势必使部分大学生失去优势地位,成为“一般”,甚至“较差”的学生。这种落差会使得大学生的高校生涯适应变得更为困难。部分大学生由于不能适应这种落差,会产生各类心理问题,如陷入自卑的泥淖中无法自拔,或从其他方面弥补自己的“荣誉”,如谈恋爱等。

(三)客观环境适应状况

新入学的大学生明显还不能马上适应大学生活。新的学习生活要求大学生学习、生活、思想都要自主,而这些与中学完全不同。多数大学生第一次远离家庭,独立生活,要亲手处理各种问题,而且还要面临一个重新认识别人,确立人际关系的过程。另外,每个大学生都有一个对大学中自己地位发生变化的适应过程。大学里人才济济,许多学生失去了拔尖的地位,变成了普通的学生,使不少学生产生“平庸感”。环境的巨大变化,再加之许多学生缺乏心理准备,使许多大学生在适应环境的过程中产生了许多心理问题和心理困扰。

(四)早期经历与家庭环境

在早期的生活环境中,大学生如果经历过一些不幸的事件、境遇,并造成过严重的伤害性体验,就很可能对其行为模式、生活态度产生负面影响。例如,家人死亡、失恋、离婚、天灾、疾病等。在对生活事件与心理健康之间的关系进行解释时,一般人都认为是由于生活事件的产生增加了个体适应环境的压力。换句话说,个体每经历一次生活事件,都要付出精力去调整由于这一事件的发生所引起的生活变化,如结婚就意味着单身生活的结束,开始新的家庭生活。而升学、就业、谈恋爱等也会不同程度地促使个体生活的改变,如果生活事件增加,那么个体的生活变化也会相应增加,个体要适应变化了的生活,所付出的努力也需要相应增加。所以,如果在一段时间内发生太多的生活事件,个体的躯体和心理健康状况就极易受到影响。

另外,在个体早期的教育中,父母的爱、支持和鼓励容易使个体建立起对初始接触者的信任感和安全感,有利于子女成年后与他人顺利交往。反之,则会使个体在以后的发展中逐渐产生一种孤独、无助的性格,难以与人相处。但是,如果父母对子女过分保护或过分严厉,也同样会影响他们的独立性及其自信心的发展。这些情况都会对大学生的心理发展产生不良的影响。具体来看,会对大学生的心理发展产生影响的因素主要包括以下几个方面。

1. 父母亲的心理状态

作为个体生命中的重要他人，父母亲各自的心理状态，包括父母亲的认知、情感和行为等方面的表现，以及父母亲的脾气、性格、人生观、价值观等，对个体心理的发育有着极其重要的影响。

2. 家庭的经济情况和社会地位

大学生的家庭的经济状况、生活背景，来自农村或者城市等内容，都会间接影响大学生的心理状态。

3. 父母亲的教养方式

所谓教养方式是指父母在抚养、教育子女的活动中使用的方法和形式，是父母各种教养行为的特征概括，是一种具有相对稳定性的行为风格。

国内对父母教养方式的分类也各不相同，最常见的是，将父母的教养方式分为放纵型、溺爱型、专制型和民主型。相关研究表明，民主型教养方式有助于孩子心理的健康发展，而放纵型、溺爱型、专制型都不利于孩子心理的健康发展。

4. 家庭结构

从社会现实情况来看，独生子女家庭、单亲家庭、祖孙同堂等不同的家庭结构，对个体的心理健康发展会有不同的影响；子女与父母亲之间能否存在有效的、健康的交流模式，对个体心理健康发展也具有十分显著的影响；而来自家庭的情感支撑，是维护大学生心理健康发展的重要保证。

（五）教育指导思想上的失误

长期以来，国家教育指导思想偏重思想政治素质，忽视心理素质；重视身体健康和生理平衡，忽视心理健康，忽视心理稳定和社会成熟。在此影响下，国家的基础教育没有注意培养、优化学生的心理素质，没有帮助学生形成健康的人格发展机制，导致了学生的心理素质脆弱，一旦面对新的环境刺激，就很容易出现心理问题。

二、影响大学生心理健康的主观因素

（一）“理想自我”与“现实自我”的矛盾

大学生通常被视为天之骄子，但进入大学后，一方面难以适应现实生活，不能很好地处理好种种客观障碍，另一方面还要面对更强的学习竞争对手，从而难以实现“理想自我”，“理想自我”与“现实自我”之间的冲突没有得到有效的疏解，进而严重影响大学生的心理状态。大部分学生会重新调整自我以适应现实，但也有部分大学生企图逃避与现实的矛盾冲突，在发展自我中放大“劣势”，忽略优势，以压抑和防御的心态对待现实。

（二）人际关系与日常生活中的摩擦

人际关系问题贯穿大学生活始终，对大学生的心理健康产生重大影响。大学生的人际关系问题主要表现为与周围同学、老师、家庭、亲人、朋友之间的关系问题。

大学生真正的人际交往是进入大学以后开始的，因此人际交往经验、技巧相对缺乏，大学生不能够很好地处理人际关系问题，造成心理压力。另外，大学生在人际关系的认识方面也存在一定的问题，一方面，他们非常期望拥有良好的人际关系。另一方面，这种期望又往往过于理想化，而且缺乏主动性，因此经常产生对人际关系状况的不满，反过来又影响他们的人际关系。除一般的交往问题以外，大学生还面临异性交往的问题，通常是不知道如何与异性交往，不知道如何解决异性交往过程产生的问题。

另外，日常中的一些摩擦、挫折也经常影响人际交往，从而影响大学生的心理健康。这些摩擦、挫折具体可表现为同学之间的口角，争执，各种各样的误解等。这些困扰因素单独出现时可以忽略，但如果连续出现，或与其他人际关系问题同时出现时，其对大学生心理健康的负面作用就会扩大。

（三）气质与性格特征

经过心理工作者的研究分析发现，部分存在一定心理障碍的大学生，其性格多属于内向不稳定型，也就是说，他们的心理有一定的易损伤性，对生活事件的感受特别敏感。而气质是一个人心理活动的稳定的动力特征。气质虽然不决定人的行为，但给人的行为涂上某种独特的色彩。胆汁质气质类型的人面对挫折时可能会表现出冲动、急躁；而抑郁质气质类型的人面对挫折时则可能会更消沉无语，表面看似平静，其实内心痛苦不已。从心理咨询的实践来看，抑郁质、胆汁—抑郁质气质类型的人容易形成心理障碍。

性格与心理的发展的关系也是很紧密的。研究发现，做事稳健、自制力强的人，在面对突发事件的时候其应付能力较低；而富有攻击性、好斗、容易激动的人，却通常能机智灵活地处理突发事件，心理较为平衡。

(四)心理冲突

大学生生理已成熟,但是心理状态仍带有一定的幼稚性、依赖性和冲动性。大部分大学生阅历比较浅,一旦遇到困难与挫折很容易产生各种心理冲突,对个体的直接影响就是增加心理压力。心理冲突类型有多种,一般而言,日常生活中遇到的心理冲突可分为趋避冲突、双趋冲突、双重趋避冲突、双避冲突。

第一,趋避冲突,即人们趋近和逃避某一个目标的动机同时存在,并且相互冲突。这个目标既能满足人们的需要,对人们有吸引力,同时又给人们带来心理上的威胁。例如,许多大学生渴望与异性交往,但又缺乏相关经验,既想主动又怕被拒绝。

第二,双趋冲突,即同时出现两个对人们具有一样吸引力的目标,但又由于各种原因的限制,只能二选一,从而在心理上产生难以作出取舍的内在冲突。比如,大学生既想多利用些时间学习理论知识,又想多参加社会实践活动,但时间与精力总是有限的。

第三,双重趋避冲突,即同时出现两个目标,无论哪一个目标都是利弊共存的,这种冲突便是双重趋避冲突。例如,有些大学生在就业时面临进国企还是三资企业的抉择,权衡利弊时就容易产生双重趋避冲突:国企比较稳定,各方面有一定的保障,但工资比较低;三资企业的收入比较高,但稳定性较弱。

第四,双避冲突,即同时出现了两个目标,但都会给人们带来负面影响或压力,不知该怎样权衡选择,从而在心理上形成压力。例如,一个管理者要严格按制度办事,就容易得罪人;但如果不严格按制度办事,就要面临失职带来的风险。

在日常生活中,大学生经常发生各种心理冲突。例如,自己所学的专业与自己的兴趣产生冲突;恋爱与专业学习产生冲突等。如果处理不好强烈的心理冲突,个体就会陷入无尽的困惑和苦闷之中。尤其是内心世界的各种根本的价值观之间的冲突,严重的甚至可以引起人们的厌世情绪,导致颓废和绝望,这将会使人的心理能量被大量消耗掉,使人的心理功能无法正常发挥,从而对人的心理健康产生负面影响。

(五)重大生活事件

生活中遇到的各种各样的变化(尤其是一些突然变化的事件)常常是导致心理失常或精神疾病的原因,如家人死亡、失恋、离婚、天灾、疾病等。在对生活事件与心理健康之间的关系进行解释时,一般人都认为是由于生活事件的产生增加了个体适应环境的压力。换句话说，个体每经历一次生活事件，都要付出精力去调整由于这一事件的发生所引起的生活变化，如结婚就意味着单身生活的结束，开始新的家庭生活。而升学、就业、谈恋爱等也会不同程度地促使个体生活的改变，如果生活事件增加，那么个体的生活变化也会相应增加，个体要适应变化了的生活，所付出的努力也需要相应增加。所以，如果在一段时间内发生太多的生活事件，个体的躯体和心理健康状况就极易受到影响。

第三节　大学生常见的心理问题及其调适

社会经济的发展必然带来一系列的社会矛盾，特别是生活压力的日渐增大，对于当代大学生来说，他们面临的压力除了学习竞争之外，还有就业、恋爱、升学、留学等诸多压力。再加上多年以来的计划生育政策使得独生子女在当代大学生中占到了大多数，父母亲人的宠溺使得他们在一定程度上出现了心理问题，这些心理问题的出现对大学生的心理健康十分不利，需要采取措施对其进行调适，以促进大学生的健康发展。

一、大学生的自我意识偏差及其调适

（一）大学生自我意识的偏差

在大学生自我意识的形成过程中，他们时常会因为自我认识的不够、自我设定的盲目或者是自我评价的欠缺而给自身带来许多痛苦，出现一些自我意识偏差，这些偏差主要包括以下几个方面的内容。

1. 理想自我形象的设定误区

通常情况下，我们每个人都可能感到“自我”好像总是两个，他们不断地进行着比较，然后一个使另一个做出改变或调整。这两个“自我”就是我们常说的“理想我”与“现实我”，前者是我们设定的最佳形象，是我们追求的“目标自我”，而后者则是现实状态中的实实在在的真我或我的本来面目，这两个我如果处于不一致的状态中，就必然会给我们带来烦恼。而最常见的就是“理想我”高于“现实我”，“现实我”不知怎样达到“理想我”。

在对两者之间的矛盾进行调节的过程中，人们经常使用的方法有两种。一种是改变“现实我”，以实现“理想我”；另一种是改变“理想我”，以适应“现实我”。一般来说，人们更倾向于使用第一种方法，因为这样属于不会降低“期望值”的愿望达成；而第二种方法则是依靠降低“期望值”才达到的统一。如果采用第二种方法，一方面，会使我们其实并不满足；另一方面，还很容易给人造成一种“自我能力否定”的倾向，因为这毕竟是一种认为现在的我“不行”的做法。事实上，这也可能是双向的改变，一进一退，但是不管怎样，矛盾可调节的基础是“理想我”的存在。

2. 主体我对客体我的不接受

自我可以分成主体我与客体我两种，主体我用来表示我会怎么样，是个体主观能动性的积极反映；客体我则用来表示别人会对我怎么样，是一种被动的反映。事实上，二者应该是互相统一的。但是，由于自我意识的多层次性和多结构性，再加上生活环境的差异，主体我与客体我也会出现分歧。

大学生的主体我与客体我的矛盾相对突出。因为在同龄人中，他们接受了相对高水平的教育，希望对自我有一个较高的评价，但由于他们远离社会，缺乏社会经验，长期生活在安逸、和谐的校园，对社会的了解缺乏实际的感受与客观的目光，所以他们对主体我的定位并不准确。另外，由于我们国家教育体制存在的弊端，导致许多大学生“重理论轻实践、重专业轻基础，重科学轻人文”；再加上高等教育大众化进程的推进，适龄青年接受高等教育机会越来越多，社会对大学生的评价更趋客观。大学生回归本位，身上光环的消失使他们产生失落感。

3. 自我失控

自我意识的一个必不可少的结构层次就是自我控制。所谓自我控制，就是指个体对行动的有效支配和情感的合理表达。而自我意识如果不能完成这些功能，我们就称为“自我失控”，自我失控的表现有许多，主要表现为以下几个方面。

(1)生活缺少目标

在当代社会中，有许多高校大学生的生活缺少目标。有的大学生说：“我不知道现在怎么了，好像整天都过得糊里糊涂的。以前上学就一个心愿，考上大学，可现在上大学却真不知为什么要上大学了。”

(2)拒绝成长

也有一部分大学生拒绝成长，正如某个大学生所说：“说真的，我不愿意长大，我宁可回到让妈妈照顾我的婴儿期。长大有什么好，虽然可以选择吃的、喝的，甚至生活方式，可这些却让我常常觉得恐惧而无助，常常会为选择而伤透脑筋，真希望有谁替我拿主意，免得自寻烦恼。”

(3)过度思考“生命意义”

还有些大学生会说，“我从小就对人很感兴趣，想着人为何而生，可最近发现自己简直陷入‘疯狂’了，成天只有这一个问题了，不能安心睡觉，更不可能正常听课、学习，我真的觉得我要疯了。你说，人到底为什么活着?”

(4)怨天尤人

另外，还有一些大学生总是怨天尤人，如某个大学生认为，“我本是个非常有能力的人，都是我的母亲从小对我娇生惯养，使得我丧失了成长的机会。现在有许多事我都觉得很难处理，学习啊，生活啊，如果当初生在一个困难一点的家里，反而好了，我的独立、适应性都可以得到培养了。你们心理学上的弗洛伊德不是说童年期经历对人至关重要，往往决定了人的一生发展吗？我其实挺恨我母亲的。”

(二)大学生自我意识偏差的调适

1. 正确认识自我

有人说，每个人都是一座“金矿”，关键是要真正地认识自我，有自知之明。的确如此，大学生如果能够正确地认识自己，才能很好地处理自己与他人、自己与现实之间的相互关系，促进心理的健康发展。具体来说，大学生可通过他人的看法、有效的社会比较、正确的自我评价与反思认识自我。

2. 积极悦纳自己

悦纳自我即一个人相信自己存在的价值，认同自己的能力，并在行为上表现出一种与环境和他人积极互动的心理定式。换句话说，就是一个人无条件地接受自己现实的一切。大学生要做到这一点，需要注意以下几个方面。

(1)不管在什么样的情况下，都要相信努力就会有回报，这个回报可能是你期待的结果，也可能是努力的过程中获得的经验教训，这不仅会使人保持一种自信的状态，还可能激发人的潜力，到达一种意想不到的效果，从而使个体的自信心进一步加强。

(2)别人固然有你达不到的优点和长处，但是你也有自己的特色，要正视自己，不能轻视自己。

(3)俗话说得好：“失之东隅，收之桑榆。”我们不能只将目光聚焦在自己失去的地方，应多注意自己收获到的东西。换句话说，我们不能只注意自己的优点，还要正视自己的缺点，做到扬长避短。一边发挥自己的长处，一边克服自己的短处，这样成功的可能性才会更大。

(4)不要只看到失败的存在，要坚信失败乃成功之母，所有的失败都有转化成成功的可能，最重要的是在失败中汲取成功的经验。

3. 有效控制自己

有效控制自我的过程，即大学生主动定向对自我进行改造的过程，也就是通过主动改变“现实我”来实现“理想我”的过程。这一过程也是培养积极自我意识的重要途径。大学生要实现自我的有效控制，一方面要立足实际现状，从自身的具体情况出发，制定出通过一定努力便能够实现的恰当的目标，也就是确立合适的“理想我”，以缩小“现实我”与“理想我”之间的差距；另一方面要培养顽强的意志力，对自我有效的控制几乎都离不开坚强的意志。一个的意志力主要表现为：对目标认识的主动性与自觉性，对实现目标的决心，排除干扰的能力，克服困难的能力，对成功的态度，以及对失败与挫折的承受能力。因此，培养大学生的意志力，首先应当使他们与目标相结合，注意分解目标，并经常检查目标的实现情况，及时进行自我反馈；其次应当使他们树立正确的成败观，让他们将自己在某件事情上的成功归功于稳定因素，如能力很强或任务相对比较容易等。

二、大学生的情绪问题及其调适

(一)大学生的情绪问题

大学生产生的不良情绪，会对其学习生活、校园生活或家庭生活造成一定的影响。问题严重时会导致个体向消极方向发展，从而使个体的思维和行为出现严重的障碍。一般来说，大学生常见的情绪问题主要包括以下方面。

1. 焦虑

焦虑是个体主观上预感到似乎即将发生不幸的一种不安情绪，并伴有烦恼、害怕、紧张等情绪体验。大学生产生焦虑时，会对自己的能力表示怀疑，并过于沉浸于自己所受的打击或挫折之中，进而将挫折感和失败感无限放大，从而产生讨厌别人、脾气古怪等表现。一般焦虑的外部表现为面部紧绷，行动刻板，注意力不集中，焦躁不安；两手常常做无意识的小动作；难以入眠，寝食难安等。

适度的、短时的焦虑能够激发人们的动力，从而更加有利于人的学习和工作。但长期处于焦虑状态中或者焦虑情绪较为严重，就会损害主体的身体健康,并对其心理健康状况造成不良的影响。焦虑导致自主神经系统处于高度活跃的状态,焦虑持续或频繁发生导致身体全面衰弱、食欲减退、睡眠质量下降和过度疲劳;恐惧、紧张和无助感加剧;注意力、记忆力下降,思想混乱,易产生极端念头,否认自身的存在价值,畏首畏尾,犹豫不决,灰心丧气;易怒、暴躁、怨天尤人和厌烦等。严重的焦虑能磨灭人的一切希望和情趣,甚至导致心理疾病,从心理上摧毁一个人。例如,某位女生在一次考试中,成绩不太理想,从而对自己的能力产生怀疑,认为自己智力低下,进而想到自己不能顺利毕业,无法考到理想的大学,以至于难以就业等,其心理常处于焦虑状态,失眠加剧,神经衰弱。

2. 自卑

自卑是指大学生由于自身生理或者心理上存在的某种缺陷或某种原因而产生的自我轻视的情感体验,其主要表现为看不起自己,这种不良情绪很容易产生孤独和压抑的情感,严重时会对大学生的生活和学习产生较大影响。此外,大学生的自卑情绪很容易泛化到其他方面上去。如某大学生的自卑来源于认为自己身材矮小,认为同学看不起他,但他会感到自己的言谈举止及社交能力均不如别人就是一种不合理的泛化。

3. 抑郁

根据国际公认标准,抑郁一般指的是心情低落、苦闷、沮丧至少持续两星期,并对学习、生活和社会造成一定阻碍的情绪状态。在大学阶段,学生常常会出现抑郁这一情绪问题,大学生的抑郁情绪主要表现为:兴趣丧失,缺乏进行活动的动力;反应迟钝,情绪低沉,紧张、不安;产生不良的生理变化,如失眠、食欲减退、心跳减缓、血压降低等。

一般来说,大学生产生抑郁情绪的原因主要有以下两点。一是反应性抑郁,此类型抑郁是由一定的社会或心理事件造成的。例如,某省的高考状元考入了某重点大学,入学后成绩明显不如他人。虽然她一心都放在学习上,但仍然不能改变这一现实。这严重打击了这位同学的好胜心,从此情绪低落,心情抑郁,甚至产生轻生念头。二是体因性抑郁,一些身体疾病或外来有害物质等,会产生一定的副作用,从而引发了人的抑郁情绪。

(二)大学生情绪问题的调适

1. 提高自身的适应能力

不健康的情绪往往是由一定的事件或现象引起的。但是,在同样的客观条件下，有的人不管生活怎样起伏变化，始终能够保持乐观向上的生活态度；有的则在生活的变动前后，时喜时怒，时悲时愁。这不仅与个体的生活态度、胸怀度量有关，还与自身的适应能力有很大的关系。在生活中，有眼泪，有欢笑，有冷嘲热讽，也有热情与友谊，如果不能适应这些变化，自然会感觉诸事不顺，感到受伤。如果具备了良好的适应能力，就能够坦然、理智地对待和处理外界环境、条件、人际关系的变化。

2. 掌握一些情绪调适的基本方法

一般来说，情绪问题不同，其调适方法也不相同。就焦虑问题来说，大学生在出现焦虑情绪问题时，除了积极地向心理咨询师咨询外，还有一些心理自助的方法，也可以非常好地缓解焦虑状况。常用的方法有运动调整、调整呼吸学会放松等。

在自卑问题上，大学生应建立乐观、积极、自信的心态，要时刻提醒自己要保持一颗平常心，迅速忘掉不愉快，不和别人比高低，并经常回顾自己的成功，以便从中获得鼓励。此外，大学生也要努力建立自信心。自信心来源于现实生活中切实可行的人生目标，所以，大学生应该制定出符合自己学习和生活实际的目标，并且采取切实可行的具体的实施计划，通过对目标的实现，使自己拥有自信心。需要指出的是，即使是非常优秀的大学生也会经历形形色色的失败和考验。当遇到失败或者各种考验时，大学生应该清楚，自己可以失败，但不应当由于失败而影响已经树立起来的自信心。应当从失败中悟出成功的道理，从而充满信心地走向成功。

在抑郁问题上，通常需要接受专业心理咨询师的治疗，在其帮助与指导下共同面对抑郁是第一选择。同时，个体还可以通过一些自助手段，也能非常好地预防与缓解抑郁。例如，患有抑郁症的大学生缺乏获得快乐的能力，脑海中总是出现自动的负性思维，而在运动中，大脑内会分泌出一种叫"内啡肽"的物质，这种物质会激发人体获得快感，同时使个体变得更加敏感，可以从食物、爱人、朋友的友谊那里体会到更多的快乐。因此经常运动的人会有更多的幸福。而且，经常运动的人还会发现，自己在运动的过程中往往会忘记当时正在烦心的事，慢慢进入一种专心运动的状态。在运动的这段时间内，个体似乎进入了另一种状态，在这种状态中，个体能更积极、更有创造性地看待事物。

3. 培养自身良好的性格

情绪的健康与否与人的性格特征有着密切的关系。性格坚强者，能够扛得住失意、伤心的事情，性格软弱者，则常常被不如意的事情所击垮；性格豪爽者，不会因芝麻大小的事引起情绪上的波动，而心胸狭窄者，则斤斤计较，并易导致情绪上的波动。而且，许多具有不良情绪的人，往往在性格方面存在一定的问题。例如，多愁善感的人，往往比较固执、不善于与人交往；情绪上经常处于犹豫、疑虑的人，往往比较被动、拘谨，缺乏独立性与创造性；具有较强的依赖性；容易产生烦躁情绪的人，往往比较敏感，且习惯将愤懑的情绪埋入心底，不愿意吐露自己的心声。

由此可以看出，要保持健康的情绪状态，首先就要培养自己良好的性格特征，克服性格方面的缺陷。如性格外向的人，需要控制自己心境的剧烈变化，多运用思维的力量来要求自己沉静、平稳、冷静，克制冲动，防止情绪骤然爆发；性格内向的人，要学会不要将自己不愉快的经历或情感体验郁积于心；如果因脾气暴躁引起情绪多变，就应该首先克服暴躁的情绪；如果是心胸狭窄引起的情绪不快，就应该学会放宽度量；如果是因多愁善感引起情绪上的波动，就应该培养自身豁达的胸襟。

三、大学生的人格障碍及其调适

（一）大学生的人格障碍

在大学生的人格形成与发展的过程中，会有一些不良因素影响到人格的健康发展，使大学生出现人格发展不良现象或是人格障碍。大学生人格发展不良现象主要表现为不良意志品质、无聊、懒散、懦弱、退缩、偏执、虚荣、自我中心、环境适应不良等。人格障碍又称为人格异常，是指有一种或几种人格特征偏离常态。在大学生群体中，真正有人格障碍的人并不多，但却有不少人存在一些不良人格倾向，这些人格障碍主要包括以下几种。

1. 自恋型人格障碍

自恋型人格障碍的最大特点就是以自我为中心，不顾别人，只顾自己，常常以自己的行为准则去要求别人。具有自恋型人格障碍的大学生常表现为：自我评价过高，主观自我高于客观自我，对他人的评价过分敏感，在生活中听到表扬就沾沾自喜，听到批评就暴跳如雷；具有高度幻想性，特别是过高的自我评价带来成功的虚幻体验，过度自信，希望引起他人的重视；有较强的自信心与自尊心，缺乏失败的生活经历与亲身体验，当面临挫折甚至失败时，无法面对现实世界，容易心理崩溃；缺乏同情心，很少设身处地替别人着想，因而人际关系较为紧张。

2. 回避型人格障碍

具有回避型人格障碍的大学生总是容易感到紧张、提心吊胆、不安全及自卑。他们希望被人喜欢和接纳，害怕负面的评价，习惯性地夸大日常处境中的潜在危险，容易回避某些活动。

回避型人格障碍的主要表现为：听到他人的批评或不赞同就会感到受到伤害；没有好友或知心朋友；总是夸大普通事情的危险、困难度；心理自卑，敏感羞涩，总是缄默无语，害怕惹人讥笑，害怕回答不出问题；除非确信受欢迎，一般不愿意参与重大的社交活动。

3. 依赖型人格障碍

依赖型人格障碍的典型表现就是过分的心理依赖和顺从。具有依赖型人格障碍的大学生常表现为：缺乏独立性，极度依赖他人；常常具有无助感，总是需要他人来帮助自己选择或做决定；即使有较强的工作能力也缺乏自信；独处时常常会有不适感，总是逃避孤独。在我国，作为独生子女的大学生就特别容易出现这种人格障碍，因为他们大多从小就受到很多人的宠爱，生活优裕，习惯了被人照顾，习惯了他人帮自己做决定。

4. 偏执型人格障碍

偏执型人格障碍的主要特点就是明显的猜疑和偏执。具有偏执型人格障碍的大学生主要表现为：思想行为主观、固执；不能客观地分析形势，有问题容易从个人情感出发；经常主动寻衅争吵或背后风言冷语，或公开抱怨和指责别人，或是过高地估计自己的能力，习惯把责任和失败归咎于他人；极度敏感多疑，对他人的侮辱和伤害耿耿于怀；人际关系紧张，总是过高地要求别人，但从不信任别人的动机和愿望，认为别人存心不良。

（二）大学生人格障碍的调适

1. 树立正确的人生观

人生观是支配人的行为、态度、理想和信念的内在动力。没有正确的人生观，大学生的心理将难以正常发展，其人格也将偏离正常的轨道。因此，大学生要十分注重正确的人生观的树立。一般来说，大学生可以通过系统地接受知识和参加实践活动，积极了解自然界和社会发展变化的规律，充分体验健康的情感情操，来逐步确立起自己正确的人生观。

2. 设立可行性高的目标并努力实现

大学生要有自己奋斗的目标并努力实现,从而追求自我价值的实现。在设立目标时,大学生既要设立近期目标,同时也要设立长远目标,并且保证所设立的目标不脱离自己的实际情况。而在实现目标的过程中,大学生可能要面对挫折的压抑与胜利的喜悦。但不论如何,他们都要为实现目标而不断努力,并针对自己人格上的一些弱点予以及时的纠正,如自卑、胆小、懒散、粗心、急躁等。

3. 注意优化知识结构

一个无知的人常常是自卑的、粗鲁的,而一个具有丰富知识的人常常是自信的、坚强的、和善的。可见,大学生学习文化、增长知识的过程也是人格优化的过程。在这一过程中,大学生要注意优化自己的知识结构。这就需要大学生不仅要涉猎精深的专业知识,还要涉猎各种各样的文化知识,使自己拥有广博的知识面,形成合理的知识体系。

第四节　大学生心理健康教育课程的构建

目前,我国正在进行高等教育课程改革,设立大学生心理健康教育课程符合我国课程改革提出的促进大学生全面发展的要求,对于提高大学生的全面素质、促进大学生的健康发展有着深远的影响,并且还体现了对大学生主体地位的尊重。我国在课程改革中强调优化课程结构,注重实践活动课程的设置,增设综合课程,避免教育的单一化,加强学生的人文教育、思想道德教育以及心理健康教育等。大学生心理健康教育课程在很大程度上尊重学生在教育中的主体地位,并且鼓励其个性的培养。因此开设专门的大学生心理健康教育课程是现代课程改革发展的需要,同时也是我国发展优质教育的必然选择。

一、大学生心理健康教育课程开设的意义

开设大学生心理健康教育课程符合现代教育课程改革的要求,同时也是学生心理健康教育的必然选择。大学生心理健康教育课程对于学生的健康成长、社会的和谐发展起着至关重要的作用,有着深远的意义,主要表现在以下几个方面。

(一)有利于心理健康教育工作的顺利开展

课程作为开展教育的形式,是实现教育目标的主要途径。一直以来,课程始终在教育中处于核心位置,教育中的一切工作(包括师资、设备、管理、评价等)都围绕着课程进行展开。学生心理健康教育课程的开设主要针对全体学生的共性问题,在思想观念上对其进行正确的引导,起到一种预防的作用,通过课程的展开提高大学生的心理素质,形成一种正确的道德认知观念。而与之相应的心理健康老师都是经过专业心理训练,拥有丰厚的心理专业知识的人员,他们通过有效地组织课堂,使得学生心理健康教育工作得以顺利开展。

(二)有利于优化课程结构、完善课程功能

在应试教育影响下,我国学校在课程设置上,往往出现要素不全、内部关系不协调等一系列的弊端,没有心理健康教育课程,更没有心理健康教育教材。学生心理健康教育始终没有引起重视,以至于学生心理素质发展出现畸形的现象。因此,心理健康教育课程的开设有利于改变这种状况,能够有效地提高学生的心理素质。随着教育体制改革的进行,我国提出了学校教育要注重学生全面发展的口号。而到目前为止,针对学生的德、智、体、美、劳都设置了相应的课程,而心理健康教育与德、智、体、美、劳诸方面的教育有着密切联系,因此开设心理健康教育课程有利于优化课程结构。真正实现学生身心的全面发展。

在传统课程结构中,课程的设置主要是为了将科学文化知识传递给学生,主要目的是让学生顺利通过考试,完成升学就业的任务,它带有非常明显的功利性的特点。传统的课程要求带给学生更多的是心理上的压力,而学生的主动性、创造性受到了很大的限制。心理健康教育课程主要是为了促进个体心理健康,通过各种活动缓解学生的心理压力,促使其身心健康发展。

(三)有利于充分发挥学生的主体性

以人为本是现代教育坚持的理念。心理健康教育课程的设置有利于学生主体性的发挥。主体性主要表现在心理层面的自主性、能动性与创造性,主要是通过对学生进行心理健康教育来实现。心理健康教育课程主要是专业化的教师设定课题,借助各种活动,让学生参与其中,调动其积极性,并通过各种观念对学生进行潜移默化的影响,内化为学生自身的一种行动力、激发学生的心理潜能,进而提高其心理素质。通过心理健康教育,促进学生适

应能力的提高。人的心理和行为是密不可分的,良好的行为习惯受良好心理素质的支配,同时良好的行为习惯又可内化、积淀为一定的心理素质。学生根据这种心理素质进行自我管理,并形成一种很好的适应能力。

二、构建大学生心理健康教育课程的措施

(一)开设专门的心理健康教育课程

在开展大学生心理健康教育时,开设专门的心理健康教育课程是一个十分有效的途径。我国目前的大学生心理健康教育课程,主要有两种形式。一种是以讲授为主的相关课程,主要开设心理学、心理卫生、心理健康教育或举办有关的知识讲座,向学生传授有关的心理健康知识;另一种是开设心理健康教育活动课,这是专门为心理健康教育而开设的一种活动课程,它一般都被列入教学计划之中。

大学生心理健康教育课程是一门有着很强的应用性的课程,因此在开设这门课程时,要确保其具有较强的可操作性,而不仅仅是只有理论说教。也就是说,高校开设的心理健康教育课程,在为大学生提供与心理方面有关的卫生与保健知识的同时,还要结合大学生的实际,对其进行系统性的心理素质训练,以便对他们实际存在的心理问题进行有效解决。

(二)在各科课程教学中渗透心理健康教育

任何一门学科的课程教学过程都包含着心理健康教育的因素,因为教学过程是以社会历史积淀的文化知识、道德规范、思想价值观念为内容和主导的。因此,在开展大学生心理健康教育时,在各科教学中渗透心理健康教育也是一个重要途径。

心理健康教育是一项极为复杂的工作,因此在高校中开展心理健康教育,仅仅依靠心理学教师是远远不够的。要有效解决这一状况,一个重要的举措便是将心理健康教育渗透于各科教学之中。这不仅有利于在整个教学体系中形成心理健康教育网络,而且能引导所有的任课教师都积极参与到心理健康教育工作之中。这样一来,高校就能够形成高度重视大学生心理健康教育的环境氛围。而在这样的环境氛围中,大学生也能积极、主动地参与到心理健康教育活动之中。

(三)建立专门的心理咨询机构

自20世纪80年代以来,我国部分高校建立了专门的心理咨询机构,并

借助专门的心理咨询人员对大学生开展个别咨询和团体咨询，经过引导、劝慰、分析、疏通、宣泄和适当的治疗，帮助他们改善心理状况，调节他们的情绪情感，达到重新认识自我，提高心理健康水平的目的。在当前，已有越来越多的高校建立了专门的心理咨询机构。

由于大学生大都没有勇气主动去寻求心理咨询和心理援助，即使在十分需要时也难以鼓足勇气去咨询。因此，高校心理咨询机构在今后开展工作时，应注意引导大学生认识到，并非只有心理有疾病者才能进行心理咨询，所有的学生都可以进行心理咨询；要尽可能将心理咨询工作覆盖全体大学生，并注重对大学生进行发展性心理咨询，以促使大学生的个性品质能够不断得到完善、心理素质水平能够不断得到提高；要定期对大学生进行心理健康状况普查，一旦发现存在心理问题的大学生，就要及时对其进行治疗，并要注意跟踪治疗的效果；要做好保密措施，以免给接受心理咨询的大学生造成困扰等。

（四）构建大学生心理健康教育的师资队伍

大学生心理健康教育能否得到有效实施，以及大学生心理健康教育的实施效果，都与大学生心理健康教育的师资队伍具有密切的关系。因此，在构建大学生心理健康教育体系时，要重视对师资队伍的建设。

第一，高校要确保心理健康教育工作的开展有足够的师资。也就是说，高校必须建立一种数量充足的心理健康教育师资队伍。一般来说，高校可通过专职心理健康教育教师为主、兼职心理健康教育教师为辅的方式，来构建心理健康教育师资队伍。与此同时，高校必须确保心理健康教育教师的数量，能够覆盖全体大学生。

第二，高校要经常性地对心理健康教育的工作者进行培训，在丰富他们相关专业知识与技能的同时，促使其形成良好的职业责任感。

第三，高校要重视改善心理健康教育工作者的各方面待遇，以便其能更为专心地投入到对大学生的心理健康教育工作之中。

第五节　大学生的心理危机与管理

大学生正处于青春期向成人世界过渡的阶段，在这种过渡阶段，他们必须放弃之前的某些方面，同时又内化另一些方面，因此，很容易遭遇心理危机。除此之外，由于学校生活具有群集性和群体构成的同质性等特点，以及大学阶段的学生普遍都具备了很强的行动力，因而心理危机的事件在学校发生会更具传染性，一旦处理不得当，将会带来整个校园混乱，也严重阻碍大学生的成长。因此，加强大学生的心理危机管理十分必要。

一、心理危机的主要发生阶段

心理危机的产生不是一蹴而就的，它需要经历一个过程。不同的个体产生心理危机的时间也是不相同的，短时间的需要 24～36 个小时，长时间的也在 4～6 周之内。具体来讲，大学生心理危机主要经历以下四个阶段。

(1)当大学生对未来的生活充满恐慌或者是不安时，他们的内心就处于一种失衡的状态，警觉性会提高，开始产生紧张感觉。在这个阶段，大学生通常是一种封闭的状态，不愿意向他人透露自己的焦虑，而是采用自己习惯的方式对之进行处理，想要重新找回心理平衡。

(2)当大学生采用自己习惯的方式解决问题时，常常是达不到理想的效果的，所以他们在原来问题的基础上又增加了新的焦虑，并且想尽各种办法试图解决问题。然而，效果并不明显，高度紧张以及焦虑的情绪会影响他们的冷静思考，使其使用的各种办法对解决问题没有太大的帮助。

(3)当大学生努力地使用各种办法解决问题而没有成功时，他们的焦虑感又会进一步增加，渴望寻找到新的方法来解决问题。在这个阶段，他们不再是自我封闭的个体，而是积极地寻求他人的帮助，希望通过他人的指点找到新的途径。此时，个体非常容易受到他人的暗示或影响。

(4)如果大学生的所有办法都行不通，那么他们就会产生一种失意的、无助的挫败感。他们对自己没有任何的信心，对问题更多的是充满了恐惧，对自己的能力产生怀疑甚至认为整个人生都了无生趣，从而走上了一条不归之路。在这个阶段，大学生承受着最大的压力，完全有可能触发内心深层的矛盾冲突，然后整个人都走向了崩溃的边缘。因此，这个阶段的大学生必须获得来自外界的帮助，这样才可以顺利地度过心理危机。

二、大学生心理危机的特点

危机是始料未及的，我们每一个人都无法控制它。心理危机也是个体内心的某种无法控制的心理状态，其特点主要表现在以下几个方面。

(一)易发性与潜在性

大学生心理危机的一个重要特点就是易发性与潜在性。之所以具有这一特点，是因为大学生的年龄普遍处在18～25岁之间，在这一年龄段，他们的心智尚且不够成熟，仍然处于一个向成熟阶段过渡的时期。然而他们的社交活动与他们的心理年龄并不相符。因此，大学生在心理上具有消极心理与积极心理并存的特点，一个很小的问题都可能引发极大的冲突。所以，如果对小问题处理得不够及时，随时可能引发大学生严重的心理危机。可见，大学生的心理危机具有非常强的易发性。

此外，大学生的心理危机还有一个特性就是潜藏性。他们内心的问题并不会直接表露出来，而是深深地埋藏在心底。当遭遇到某些危机性的事件时，才会形成心理危机。因而，大学生在心理危机上还具有潜在性，随时都有爆发的可能。

（二）复杂性与系统性

心理危机的问题是多种原因造成的，因而心理危机的形成也具有一定的复杂性。同时，它反映的复杂决定了其存在的系统性。心理危机的出现带有很大的随意性，它没有很强的规律可言。心理危机一旦产生，就会随之产生很多复杂的问题。例如，在大学阶段，大学生能获得多方面的满足，包括学业、爱情、专业技能、事业进步等，但同时，他们也承受着巨大的压力，很多事情需要他们自己进行抉择。因此，他们就面对着各种矛盾和冲突，选择和机遇，个人情感与职业发展等任务，一旦处理不好就引发各种心理危机，并且这些危机背后都有极其复杂的原因。

（三）危险与机遇并存

心理危机中既有危险又有机遇。因此，我们可以说心理危机是一把双刃剑，它具有积极与消极两个方面的性质。大学生在产生心理危险的同时，也会伴随着某些机遇。从危险的角度来讲，心理危机可能会使大学生产生严重的病态心理与过激行为，包括自杀倾向以及杀人冲动。从机遇的角度来讲，大学生在遭遇心理危机的同时，也会有相应的机遇产生。比如说大学生在产生心理危机后，积极寻求来自他人的帮助，在他人的帮助下，危机化解，促进了自身的健康成长，这就是心理危机为其提供的成长契机。又例如，心理危机会导致心理失衡，常常会使大学生产生焦躁不安的情绪，这种情绪伴随着大学生的成长，甚至成为可以利用的一种工具。如果利用得好，他们就能够抓住这一机会，及时调整自己的心理和行为，适应变化，促进心理健康。

三、大学生心理危机的识别与预防

(一)大学生心理异常的表现

在事态处于萌芽阶段或还没有严重化时,对其进行遏制,是解决任何消极事物的最好办法。因此,大学生心理危机的早期识别对于解决心理危机具有重要作用。存在心理危机或有心理危机偏向的大学生,往往在情绪上有剧烈波动,或在认知、行为等方面有较大改变,有关人员应尽快从学生的认识或行为上发现异常,及时将其纳入到心理危机预警或干预范畴之列。这些异常条件包括以下几种。

第一,遭遇突发事件如地震、亲人离世等而导致心理或行为异常。

第二,患有严重心理疾病。

第三,有自杀未遂史或家族中有自杀者。

第四,患有严重疾病。

第五,因学习问题而产生心理异常。

第六,遭受挫折后出现了心理或行为方面的异常。

第七,人际关系失调后存在心理或行为异常。

第八,性格过于内向、孤僻。

第九,因难以适应环境而导致心理或行为异常。

第十,家庭经济负担重而产生了严重的自卑心理。

第十一,身边同学出现危机并受此困扰。

第十二,因其他情绪困扰而存在行为异常。

如果某位学生符合上述条件中的多种,就可以判定其具有严重的心理危机,应对其进行重点干预和看护。除此之外,下列几种情况也是识别心理危机的重要依据。

第一,情绪低落,孤僻,人际关系恶化。

第二,过去有过自杀企图或行为者,表现出痛苦、抑郁、无望感,甚至常有自杀念头。

第三,重大丧失,如亲人死亡、失恋、成绩不理想、疾病,人际冲突等而出现的心理或行为异常。

第四,家族中有自杀史或自杀倾向者。

第五,存在明显的人格缺陷。

第六,长期存在睡眠障碍。

第七,有强烈的罪恶感或不安全感,缺乏对自身的认同感。

第八，感到社会支持系统长期缺乏或丧失，或对前途失去信心。

第九，存在明显的精神障碍。

第十，存在明显的自毁性或攻击性行为，或可能对自身、他人、社会构成危害的各种行为等。

（二）大学生心理危机的评定

在实施心理危机干预措施之前，应首先对危机的各方面的情况进行评估。只有做出正确的评估，才能对症下药，采取有效的干预措施，不至于对其造成终生的破坏性影响。因此，以下三个方面的评定很重要。

1. 紧急程度的评定

紧急程度的评定主要包括以下几个方面。

第一，危机的严重程度的评估。

第二，求助者或他人是否存在生命危险，即是否有自杀、攻击或杀人等其他危险。

第三，危机根源的认定，即影响个体出现心理危机的到底是危机事件本身，还是在处理危机事件过程中出现的过渡状态，还是社会文化等因素。

2. 危机状况的评定

在实施危机干预措施之前，应当对处于危机中的个体进行综合状态的评定。如危机面临者的认知状态、情感反应、行为改变的程度以及躯体反应方面的表现等。当一个人出现心理危机时，当事人可能及时察觉，也有可能“未知未觉”。无论何种情形，当个体面对危机时都会产生一系列身心反应。

（1）认知方面：出现心理危机的人常表现为注意力不集中、缺乏自信、无法做决定、健忘、效能降低、不能把思想从危机事件上转移等。

（2）情绪方面：出现心理危机的人常表现为害怕、焦虑、恐惧、怀疑、不信任、沮丧、忧郁、悲伤、易怒、绝望、无助、麻木、否认、孤独、紧张、不安、愤怒、烦躁、自责、过分敏感或警觉、无法放松、持续担忧、担心家人安全、害怕死去等。

（3）行为方面：出现心理危机的人常表现为社交退缩、逃避与疏离、不敢出门、容易自责或怪罪他人、不易信任他人等。

（4）生理方面：出现心理危机的人常表现为肠胃不适、腹泻、食欲下降、头痛、疲乏、失眠、做噩梦、容易受到惊吓、感觉呼吸困难或窒息、有梗塞感、肌肉紧张等。

3. 自杀危险性的评估

即使处于危机中的人不一定都会出现自杀的意念或行动，但心理危机干预者必须在整个干预过程中经常对当事人自杀的可能性做出一定的了解，因为自杀行为有多种形式，并且可能以多种形式进行掩饰。危机干预者应该认识到，每一个处于危机中的人都存在自杀的可能性。

心理危机干预者要想正确地评估自杀危险性，就应当了解自杀意图。心理学家海威顿认为，青少年自杀表示有13种：(1)向他人寻求帮助。(2)希望从挫折环境中逃离。(3)将可怕的想法表达出来。(4)试图影响他人或使他人改变主意。(5)忽然表达对别人的爱。(6)对于过去做过的事向某人道歉。(7)为他人做些好事。(8)害怕重复他人走过的路。(9)希望别人理解自己内心的感受。(10)发现对方是否真爱自己。(11)情况不能容忍以致他必须做些事情改变却不知如何改变。(12)生活失去控制却不知道如何使其回到轨道。(13)想死。

(三)大学生心理危机的预防

大学生心理危机的预防，是指大学生自身如何从根本上预防心理危机、应对心理危机的能力。具体来说，大学生可以通过以下几个措施来预防心理危机的产生。

1. 学会理性认知

现实中，许多人往往存在一些不良认知，即歪曲的、不合理的、消极的观念、信念、想法，它们不同程度地影响着人的正确判断、合理选择和行为表现，导致消极情绪的产生，成为心理挫折、心理危机出现的重要原因。

大学生要学会改善自己的认知，提高理性认知水平。首先，要善于学习，用丰富的知识充实自己的头脑；其次，要善于思考，善于思考的人才是真正的智者；再次，要善于调适，发现自身认知中的问题并加以改进，还可以从具体情境和问题所产生的不良情绪入手，如采用情绪管理中的"理性情绪疗法"。

2. 不断完善个性品质

个性是心理危机是否发生的重要内在决定因素。事实证明，心胸宽阔、乐观开朗、意志坚强、独立性强的人，往往比心胸狭窄、消极悲观、意志脆弱、依赖性强的人更能承受和面对挫折，不易陷入心理危机。有的人已经形成了某种不良的个性品质，要下决心进行"改型"。个性虽有一定的稳定性，但它又是可变的，只要自己下决心去改，是能产生明显效果的。完善个性品质的方法，一是提高文化水平，二是加强道德修养。因为人的个性的形成是受人的文化水平和道德水平影响的。有文化、有道德的人，就会有理性，就能以正确的态度去对待现实生活，这就有助于形成良好的个性品质。

3. 理性地面对挫折

挫折是引起心理危机的重要外因。理性地面对挫折，可以有效防止心理危机的发生。理性地面对挫折要做到：一是挫折准备；二是挫折判断。

挫折准备是指事先对可能产生的困难、挫折做好充分的心理准备，即“做最坏的打算”。挫折判断是指对挫折的实际状况和后果的严重程度有客观的认识和评价。只有对可能产生的挫折有充分的心理准备并客观地对挫折做出判断的人，才能使挫折带来的心理影响最小化。

4. 不断提高应对能力

提高应对困难和挫折的能力的一个重要方面，是能合理运用心理防御机制和恰当的调控方法，如倾诉、宣泄、转移、自我暗示、放松训练、心理咨询等。

5. 切实加强生活磨炼

经历生活磨炼的人具有更强的抗挫折能力。大学生过去的人生经历相对来说比较顺利，因此更需要主动加强生活的磨炼。除了向成功人士学习，大学生更要通过亲身实践，给自己更多的磨炼机会，在实践中去感受困难、锻炼意志、提高自己。

四、大学生心理危机的干预

（一）大学生心理危机干预的重点对象

在进行大学生心理危机干预时，需要对大学生中心理危机的高发群体进行有针对性的教育引导。一般而言，大学生心理危机事件的高发群体主要有以下两个。

1. 新生群体

很多大学生在刚刚步入大学校园时，获得的父母心理支持逐渐减少，而且要第一次独自处于一个陌生的环境。这使得他们受到了强烈的冲击与挑战，且很容易因此产生心理危机问题。因此，在对大学生进行心理干预时，必须注重对新生群体的心理危机进行干预。

2. 家庭经济困难学生群体

家庭经济的困难，使一些大学生承受着沉重的经济负担与心理压力。这些来自贫困家庭的大学生，大多会因自己的经济地位而产生强烈的自卑心理。但同时，他们又有着强烈的自尊心。当两者产生强烈的冲突与碰撞时，便会导致大学生的内心产生严重的不平衡心理。若大学生的这种心理无法得到有效疏解，则很容易引发心理危机。在对大学生进行心理干预时，必须注重对家庭经济困难学生群体的心理危机进行干预。

（二）大学生心理危机干预的过程

1. 明确问题

面对处于困境或遭受挫折和将要发生危险的学生，干预者应首先从学生的立场出发，确定和理解学生所面临的问题。在此过程中，可通过开放式问题和积极的倾听来收集信息。有时候，危机干预对象会透漏出与语言信息不一致的非语言信息，因此，干预者一定要做到准确地判断问题。另外，干预者要帮助危机学生改变不合理认知，指出其自身问题与事件和环境的关系，并围绕其核心问题将各方面的问题澄清，明确迫切需要解决的首要问题。对有严重问题，同时又高度情绪化或防御的学生，危机干预者应避开回答离题太远的问题。

2. 信息报告

学校各院系要建立起通畅的学生心理危机信息反馈机制，做到在第一时间内掌握学生心理危机动态。发现危机情况者（包括学院领导、老师）应立即向班级班主任或辅导员报告，班主任或辅导员迅速向所在系心理危机应急处理工作小组组长报告，该组长需立即向大学生心理危机评估与干预工作办公室主任报告，办公室主任视危机严重程度酌情向大学生心理危机干预工作领导小组及时汇报。

3. 保证安全

在即将实施干预措施前，首先应当保证干预对象的安全，要将对自我和对他人的致死性、危险程度、失去能动性等降低到最小的限度。不论是检查评估，还是倾听和制定行动策略，都要时刻注意安全问题。特别在与学生家长做安全责任移交之前，院系“心理危机应急处理工作小组”应对该生作24小时特别监护，对心理危机特别严重者，院系“心理危机应急处理工作小组”组长安排院系相关人员协助保卫人员进行24小时特别监护，或在有监护的情况下送医院治疗。

4. 通知家长

在进行即时监护的同时，学校相关院系的“心理危机应急处理工作小组”应以最快的速度通知家长或监护人来校，与他们商议进一步的处理措施，此时，院系要做好相应记录。

5. 进行阻控

院系对于有可能造成危机扩大或激化的人、物、情境等，进行必要的消除或隔绝。对于学校可调控的可能引发其他学生心理危机的刺激物，院系应协助有关部门及时阻断。当然，有时候为了提高学生的安全感，也可给学生提供相关的信息，让学生得知危机事件的始末以及目前的情况。

6. 提供支持

在此阶段，干预人员要与心理危机学生进行充分的沟通和交流，在此过程中，要使用关心的、积极的、接受的态度，一定要让学生认识到干预人员是能够提供支持和帮助的。在学生充分信任干预人员的基础上，干预人员要帮助干预对象探索替代的解决方法，并转化为积极和有建设性的思维模式，让其明白还有很多可变通、可供选择的应对方式，促使其采取行动努力，获得社会支持。

7. 制订计划

当心理危机学生做出行动努力，并获得社会支持后，干预人员就应与学生共同制定行动步骤，来缓解学生情绪的失衡状态。计划的确定一定要考虑学生的应付能力，计划的内容主要包括具体的行动步骤和能提供及时帮助的其他个人、组织团体和机构。

8. 实施治疗

对于一般的心理危机，干预者与心理危机学生应共同努力，通过所制定的具体行动步骤来逐步解除学生的危机；对于需住院治疗的，必须在家长的陪同下将学生送至专业精神卫生机构治疗；对于可以在校坚持学习但需辅以药物治疗的学生，院系应与其家长商定监护措施；对于一些严重抑郁症、有消极观念或行为的学生，要尽早转介到专科医院治疗，使危机学生的病情迅速得到控制，防止自伤或自杀等校园内恶性事件的发生。

9. 获得承诺

心理危机干预的最后一个步骤就是获得承诺与保证，具体任务是帮助干预对象向干预人员承诺采取确定的、积极的行动步骤。这些行动步骤必须是当事人自己愿意采取的，也是可行的。在结束危机干预前，干预人员应该从求助者那里得到诚实、直接和适当的承诺。

第七章　大学生就业与创业管理

社会经济的高速发展要求高校向社会输入更多的高素质、多样化人才，这使得高等教育日益大众化，高校的招生规模不断扩大，毕业生人数逐年递增。这一现状固然为社会经济发展的需求提供了保证，但也导致大学生就业越发艰难。高校要加强大学生就业指导工作，做好大学生就业管理，以帮助大学毕业生顺利地走上工作岗位。同时，作为社会瞩目、国家期盼的未来精英，大学生具有较高的素质、优秀的专业素养、扎实的技术技能，如果能善加引导，鼓励、帮助他们走上创业的道路，不仅可以解决其自身的就业问题，也能创造就业岗位，解决他人的就业问题，还能加速我国经济的发展，可谓一举数得。因此，大学生就业与创业管理在大学生教育管理中有着重要的地位。本章即对这两方面进行具体分析。

第一节　大学生的就业环境与就业现状

自 20 世纪 90 年代初我国实行市场经济以来，大学毕业生的就业体制、就业模式和就业观念等便不断受到各种外部因素的影响和冲击：先是社会经济转型对大学毕业生就业制度和就业观念的影响，接着是劳动人事制度改革对大学毕业生就业模式与就业流动的影响，之后则是高等教育规模扩张对毕业生就业观念和供求形势的影响。所有这些影响，都使得近年来我国大学生的就业形势日益严峻。本节主要对大学生的就业环境和就业现状进行分析。

一、大学生的就业环境

（一）经济环境

1. 我国总体的经济环境

改革开放以来，我国经济保持了持续的高速增长，国民生产总值的年均增长率接近 10%。但是我国的经济增长主要依赖“劳动力＋资本驱动”，一方面以成本较低的廉价劳动力作为竞争优势，使企业可以低成本扩张以获取盈利；另一方面市场需求巨大，内需强劲，外需旺盛，过去尚未饱和的市场足以吸收和消化投资所形成的产能，但这导致企业迅速扩张、投资高速增长。随着这些驱动因素的潜力逐步耗尽，旧的增长模式无法持续。2008 年以后，我国经济增速开始逐步放缓，2016 年 GDP 增长率从 2007 年的 14.2%下降至 6.9%。在这一普遍的经济形势下，从消费、投资和出口三大需求对经济增长的拉动作用来看，如图 7-1 所示，2010 年之前，投资（资本形成）对国内生产总值增长的贡献率大于消费与货物和服务净出口的贡献率，这说明投资是我国经济增长的主要动力。2008 年以后对基础设施的大规模投资维持了我国高速的经济增长，但投资导向的经济增长不可持续，因为对基础设施的投资扭曲了产业结构，造成钢铁、水泥等行业巨大的产能过剩。与此同时，产业结构的扭曲引起就业结构性矛盾，一方面对以农民工为代表的低端劳动力需求巨大，另一方面对以大学毕业生为代表的城镇劳动力则需求疲软。2011 年以后，消费对经济增长的贡献率超越投资，是 2000 年以来的第二次，也是最明显的一次，说明我国需求结构及其对经济增长的贡献更趋合理。与此同时，货物和服务净出口对经济增长的贡献和拉动作用也逐步好转。

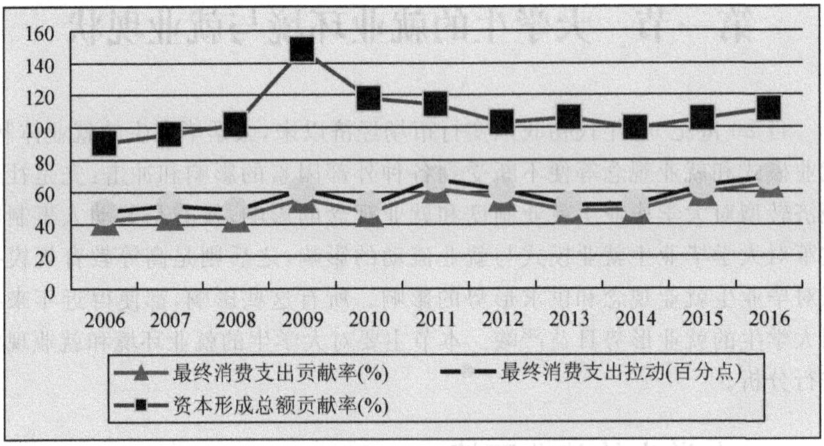

图 7-1[①] 消费对经济增长的拉动作用

2. 经济增长对就业的拉动作用

在产业结构的差异上，第一产业的就业弹性总体水平较低，而且波动较

① 数据来源于新浪财经中国宏观经济数据。

大。我国是典型的二元经济国家，长期以来城乡就业体制性分割。2002年国家提出走新型工业化道路后，第二产业的就业弹性再次回升，吸引了大量的劳动力。随着经济的发展，人们对第三产业的需求越来越大，就业增长率不断攀升。但是，近年来，第三产业的劳动率逐步提高、边际收益率却逐步降低。

3. 经济新常态对就业的影响

在经济新常态的大背景下，青年就业的调整与机遇并存。一方面，我国经济由高速增长进入中高速增长阶段，未来随着经济下行压力进一步加大，消费需求与经济高速增长阶段相比，也会在一定程度上受到抑制，因此经济增长对就业的拉动作用会有所弱化。另一方面，尽管经济增速有所放缓，但经济长期向好的基本面并没有改变，国民收入分配格局向有利于劳动要素方向倾斜，因此经济增长对就业增长仍具有较强的拉动作用。另外，经济结构调整和产业转型升级会带来一些新的就业机会，随着信息技术的发展和专业化分工的深化，以及"互联网+"、平台经济、机器人技术的发展，电子商务、物流、业务外包等新兴行业和新兴业态快速发展，企业用工方式和分配方式发生新变化，对就业同样是机遇与挑战并存，劳动者素质技能与岗位要求不匹配的问题将会更加凸显，"招工难"和"就业难"的两难性就业结构性矛盾将进一步突出。

(二)就业市场环境

1. 我国的总体就业市场环境

根据我国近年来人口、劳动力、就业与失业等方面的变化情况，可以对我国当前的就业形势进行判断，具体表现为以下几个主要特点。

第一，就业形势总体稳定，就业结构不断优化。2010—2016年，我国就业人员从76 105万人增加到77 603万人(图7-2)，年均增长约250万人。就业人口数量的递增说明了我国近年来的就业形势总体上保持着上升的势头，就业形势也较为稳定。近年来，大学毕业生离校时的就业率稳定在70%左右，年底总体就业率达到了90%以上。与此同时，我国城镇登记失业率有效控制在5%以下。

在就业形势基本保持稳定的同时，我国的就业结构也在逐渐优化。一方面，城镇就业比重逐步提高，从2010年的45.6%上升到了2016年的53.4%，乡村就业比重降到46.6%，城乡就业格局发生历史性转变。另一方面，三次产业中非农就业比重也不断提升，2016年，我国第一产业就业人员占27.7%；第二产业就业人员占28.8%；第三产业就业人员占43.5%。

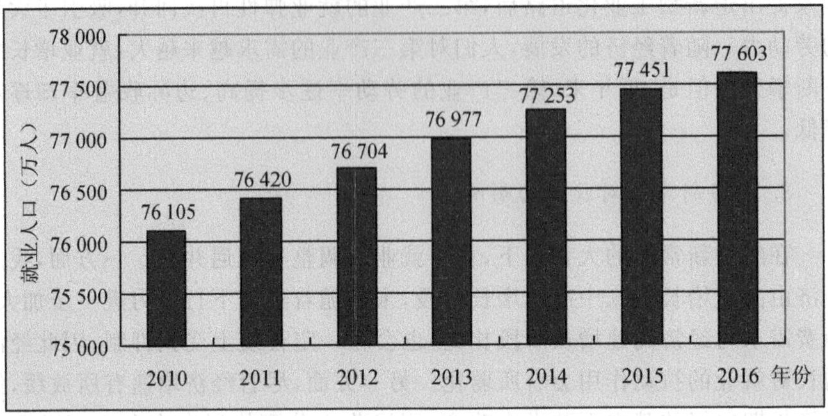

图7-2 我国就业人口变化图

第二，劳动年龄人口呈下降趋势，总体压力仍然较大。我国是世界上人口数量最多的国家，2017年中国人口数量为14.05亿，占全世界人口的18.82%。而自进入2010年以后，由于计划生育政策的长期影响，生育持续保持较低水平和老龄化速度加快，2017年16～59周岁的劳动年龄人口为90 199万人，占总人口的比重为64.9%；60周岁及以上人口24 090万人，占总人口的17.3%。

尽管我国劳动年龄人口绝对数量开始下降，但是降低的幅度并不大，劳动力供给数量仍然不可小觑。另外，我国劳动参与率虽然有所下降，但是与世界同等收入水平国家相比，仍处于高位，经济活动人口的数量同样不会大幅减少。由此可以判断，我国劳动力供给的总量压力仍然很大。

第三，就业结构性矛盾日益突出。就业结构性矛盾是由于劳动者的特征与岗位要求不匹配而产生的，这种不匹配包括技能、工作经验和地理位置等。据数据显示，目前技能劳动者数量占全国就业人员总量的19%左右，高技能人才仅占5%。在转型期，随着社会经济各方面转型升级的推进，劳动者技能水平和岗位需求不匹配的矛盾将越来越突出。

2. 就业市场环境

第一，毕业生数量急剧增加，"买方市场"行情看涨。据统计数据显示，2017年全国高校毕业生人数达795万人，较去年增加16万人；自2011年以来，全国毕业生人数按照2%～5%的同比增长率逐年增长，近7年间累计毕业生人数达到5 075万。在大学毕业生数量不断攀升的同时，毕业生"买方市场"行情逐年看涨，对就业市场造成巨大压力。

第二，毕业生市场需求总量未明显增加，供需比存在差异。全国各主要劳动力市场也称为“人才市场”，一般提供较为复杂的劳动或创造性更强的脑力劳动，它的最大特征是“异质性”。而次要劳动力市场也称为“劳务市场”，其最大的特征是“同质性”。在劳动力市场上，“异质性”越强，社会需求也越多，其劳动力的回报也越高。

第三，在历经多年的劳动人事制度改革之后，大学毕业生的择业效率每况愈下，用人单位的搜寻成本也日益增加，双向互相选择的时间延长，造成毕业生初次就业率明显下降，其结果是毕业生的结构性就业矛盾与选择性就业矛盾进一步凸显。

第四，毕业人数增多，就业岗位有限，尤其是热门岗位让大学生趋之若鹜，就业竞争日益激烈。

二、大学生的就业现状

（一）竞争激烈，就业难

大学生就业难问题的一个重要体现就是毕业生人才市场供求失衡，岗位竞争十分激烈。几乎是所有的人才市场都存在供大于求的现象，我国各市场的人才成交量少，成交率偏低，结构性矛盾和选择性就业矛盾凸显，大量的工作岗位存在空缺现象。而在同时，多数人才市场的求人倍率（需求人数/求职人数）偏小，使得大学毕业生的求职难度较大。这部分内容之前已经进行了详细分析，因此这里就不再赘述。

（二）大学毕业生与农民工工资趋同

近年来，我们经常可以看到各类大学毕业生的工资和农民工相同，甚至低于农民工的报道，从而使得很多人直观地认为，知识已然过剩、读书已经无用、上大学是浪费。这在很大程度上影响了高等教育的入学率。“知识无用论”一度引起了社会广泛热评。但仅简单地以大学生过剩来解释大学毕业生与农民工工资趋同的问题是不合理的。从国家产业升级转型的要求看，需要大量的科技人才从事科技含量较高的行业，同时还需要大量的高级技工填充到一些技术含量较高的岗位上去，而这方面仍然存在巨大的缺口。随着高校扩招后，在硕士和博士的招生数量随之增加的基础上，科技人员的数量也增速更快，而且年轻化的趋势越来越突出。

（三）“啃老”

“啃老”就是指一些不升学、不就业、不进修或不参加就业辅导，终日无所事事，依靠父母的供养生活的年轻人。随着独生子女人群的庞大而为数不少，尤其是这些年的大学毕业生，因眼高手低而不想从事一般性的工作和收入低的工作，悠闲在家，“吃老”“啃老”的现象越来越突出。

“啃老”的危害主要表现在两个方面，第一，“啃老”会增加家庭的负担，“啃老族”不仅不能赡养老人，还得依靠老人，甚至完全让老人养着自己。他们对父母的辛劳熟视无睹，有的虽然怀着发自内心的愧疚，但又总有着不切实际的执着和幻想，无法脚踏实地地做事、做人，让越来越年迈的父母忧心忡忡，痛苦不堪。第二，“啃老”也会造成人才闲置浪费。将一个孩子养育到成年，尤其要培养成一名大学生，无论是家庭还是社会，都要投入大量的人力、物力和财力，如果社会因职业岗位缺乏而将之闲置或者将他们所学的知识放置错位，这是对国家人力资源的巨大浪费。

第二节　大学生职业发展的自我认知探析

自我认知就是通过全面分析自我，准确认识自己的形象和心理状态。它对职业定位具有重要作用，只有正确认识、剖析和了解了自我，才能选定适合自己的职业，从而更好地进行职业发展。因此，对于大学生来说，要想获得较好的职业发展，首先要进行自我认知。在本节内容中，将对大学生职业发展的自我认知进行详细探究。

一、个性倾向性与大学生职业发展

个性倾向性具体包括需要、动机、兴趣、价值观等，它是大学生活动的内在动力，对大学生的职业发展有重要影响。

（一）需要与大学生职业发展

对于大学生来说，在进行职业规划、选择职业前，首先要对自己的需要有清晰的认知。所谓需要，就是人在一定的社会、教育及自身要求的影响下，产生的对于客观现实的反映。到目前为止，已经有很多心理学家对需要进行了深入研究，并形成了一些经典理论，其中以美国心理学家亚伯拉罕·马斯洛的需要层次理论最为突出。马斯洛认为，人自出生起便产生了多种多样的需要，而且这些需要是有一定的层次的。概括来说，人的需要从低到高依次主要包括生理、安全、社交、尊重和自我实现的需要五个层次。

对于大学生而言，需要的层次不同，关注的职业条件也会有所区别，具体如下。

第一，处于生存需要层次的大学生，通常关注的职业条件有工资和奖金得到提高、工作条件得到改善、有定期的医疗检查、有一定的休闲娱乐。

第二，处于安全需要层次的大学生，通常关注的职业条件有职业安全和劳动安全的保证、能保障生活稳定、有一定的保险、优先股权以及有一定的承诺（包括口头承诺和书面承诺）。

第三，处于社交需要层次的大学生，通常关注的职业条件有能获得团体的理解、能获得朋友的关爱、能被邀请到特殊的场合、能有机会加入特殊任务小组。

第四，处于尊重需要层次的大学生，通常关注的职业条件有能获得表扬和奖励、能被授予一定的称号、能在公开的场合露面、能为管理委员会服务。

第五，处于自我实现需要层次的大学生，通常关注的职业条件有能带薪休假、能对项目任务小组进行领导、能获得受教育的机会、能承担一定的指导或教学任务。

（二）动机与大学生职业发展

对于个体而言，动机是以需要为基础产生的，而且是需要的重要表现形式。

动机的产生有两个必要的条件，一是以需要的满足为前提和基础的，因而需要是动机产生的一个必要条件；二是外界刺激，需要在达到了一定强度并指引行为朝向一定方向时，只有受到一定的外界刺激，才能引发活动。动机特别是职业动机，对大学生的职业选择和职业定向有着重要的指导作用，并且对大学生在职业活动中的积极性、创造性等有着重要的强化作用。

（三）兴趣与大学生职业发展

经实践证明，在大学生的职业发展中，起作用最大的主观因素便是兴趣。兴趣的产生与发展会经过有趣—乐趣—志趣这样一个过程。

兴趣特别是职业兴趣，对大学生的职业选择和职业定向有着重要的指导作用，而且是保证大学生在工作中充分发挥才能、提高工作效率、获得职业成功的重要因素。因此，大学生在选择长期而稳定的职业时，首先要了解自己感兴趣的工作类型。而一个人的职业兴趣，可以借助于美国著名心理学家约翰·霍兰德的职业兴趣理论来进行认知，可将职业兴趣类型分为现实型(R)、社会型(S)、研究型(I)、企业型(E)、常规型(C)、艺术型(A)。通过对霍兰德的职业兴趣类型进行分析,可以得知每种兴趣类型的职业倾向,具体如表7-1所示。

表7-1 不同兴趣类型的职业倾向

职业兴趣类型	职业倾向
现实型(R)	计算机硬件人员、摄影师、园艺师、木匠、厨师、兽医、修理工、维修工等
社会型(S)	教师、心理咨询师、牧师、社会工作者、护士等
研究型(I)	心理学家、工程师、学者、科学研究人员等
企业型(E)	项目经理、销售人员,营销管理人员、政府官员、企业领导、法官、律师等
常规型(C)	秘书、办公室人员、记事员、会计、行政助理、图书馆管理员、出纳员、打字员、投资分析员等
艺术型(A)	艺人、导演、艺术设计师、歌唱家、作曲家、诗人、小说家、剧作家、书法家、画家、节目主持人等

(四)价值观与大学生职业发展

对于大学生来说,其所具有的价值观不同,选择的职业类型也会有所差异。价值观代表了人们最为基本的信念,而且使得人们在认可、接受某些事情时较为容易。

在大学生的职业选择与职业发展中,起重要作用的价值观是职业价值观。所谓职业价值观,就是一个人对职业的认识和态度以及对职业目标的追求和向往。在当前,职业价值观主要有以下几种类型,而且每一种类型都有自己独特的特点以及所适合的职业。

1. 经济型职业价值观

经济型职业价值观的特点,具体来说有以下几个。

第一,只有以金钱为前提,才能建立起各种各样的关系。

第二,认为幸福需要靠金钱来获得。

经济型职业价值观适合的职业,在各种职业中都有,其中最典型的是商人。

2. 自由型职业价值观

自由型职业价值观的特点，具体来说有以下几个。

第一，讨厌被别人指使。

第二，讨厌别人干涉自己。

第三，渴望自己的本领得到充分施展。

第四，渴望凭借自己的本领和能力使自己的生活更加美好。

自由型职业价值观适合的职业，有作家、演员、漫画家、摄影师、记者、编剧等。

3. 自我实现型职业价值观

自我实现型职业价值观的特点，具体来说有以下几个。

第一，渴望自己的个性、本领得到充分发挥。

第二，希望自己的潜力得到充分挖掘。

第三，对收入、社会地位以及他人对自己的看法等都不会过多考虑。

第四，积极追求真理。

自我实现型职业价值观适合的职业，有天文学家、地质学家、药剂师、化学家等。

4. 小康型职业价值观

小康型职业价值观的特点，具体来说有以下几个。

第一，爱慕虚荣。

第二，有着很强的优越感。

第三，对名誉和社会地位十分渴望。

第四，希望被他人尊敬。

第五，在欲望得不到满足时，会因自我意识过强而产生自卑的心理。

小康型职业价值观适合的职业，有办公室职员、会计、银行出纳、税务员等。

5. 技术型职业价值观

技术型职业价值观的特点，具体来说有以下几个。

第一，喜欢井井有条、有组织地做事情。

第二，用平常的心态看待未来。

技术型职业价值观适合的职业，有木匠、工程师、机械工、电工、司机等。

6. 支配型职业价值观

支配型职业价值观的特点,具体来说有以下几个。

第一,喜欢对别人进行支配。

第二,常常为所欲为,对他人的想法几乎或完全忽视。

支配型职业价值观适合的职业,有经理、政治家、总裁等。

7. 合作型职业价值观

合作型职业价值观的特点,具体来说有以下几个。

第一,认为最大的财富是朋友。

第二,渴望获得良好的人际关系。

合作型职业价值观适合的职业,有公关人员、推销人员、秘书等。

二、个性心理特征与大学生职业发展

个性心理特征对大学生的职业发展会产生重要的影响,其中个性心理特征的内容主要包括能力、气质和性格等几个方面的内容。

(一)能力与大学生职业发展

任何一种职业都要求从业者具备相应的能力。对于个人来说,如果没有相应的职业能力,就没有办法适应相对应的工作。因此,无论是用人单位在招聘人员时,还是在个人择业时,都要考虑到能力和职业的吻合。所以,能力对大学生职业发展有着重要的影响。

不同的职业对能力有不同的要求,不同的人有不同的能力,所以,个人应该根据自己的能力选择与之相匹配的职业,做到能力类型与职业类型的吻合。个人在选择职业的过程中,应该首先了解自己的能力层次水平。只有这样,才能使能力与职业的吻合具体化。此外,要注意的是,每个人都有多种类型的能力,但是不同的能力之间存在着一定的强弱关系,对于大多数人来说,突出的能力常常表现某一方面,而其他的能力优势则不太明显。对职业选择和职业指导而言,应主要考虑比较占优势的能力。

(二)气质与大学生职业发展

气质是人的心理活动的动力特征,气质的类型丰富多样,且每种气质类型都有适合自己的职业。

常见的气质类型主要包括胆汁质、多血质、黏液质和抑郁质。

胆汁质的人对自己热衷的事业具有极大的热情,愿意克服前进道路上的种种困难,但是,一旦精力消耗殆尽,就会自己失去信心。适合导游、推销员、节目主持人、公共关系人员等。

多血质的人对待自己感兴趣的工作,热情还会持续得比较久一点,但是如果工作受挫或需要付出艰苦努力时,热情就会锐减。适合管理、记者、外交、律师、运动员等。

黏液质的人是最佳的合作者,也是最容易得到上司认同的下属。通常,他们会勤勤恳恳地做事,但是基本不会有什么惊天动地的大功绩,适合从事一些固定性强,但需付出细心谨慎的工作。适合会计、出纳、播音员、保育员等。

抑郁质的人能够与别人很好地相处,办好别人嘱托的事情,但是面对问题需要作出决断的时候,也会变得优柔寡断。适合校对、检查员、保管员等,抑郁质的人成为艺术家的比率比较大。

要注意的是,以上气质分类和行为描述都是相对的,与职业的关系也是相对的。并不是所有的人都是完全与气质类型相符合的,事实上,大多数人是介于不同气质类型之间的,只能说某一个人更偏向于某种气质。气质没有好坏之分,每一种气质类型中都有优秀的人才,也都有碌碌无为的人存在。

(三)性格与大学生职业发展

每个人都有这样或那样的性格,有些性格会带给人积极的影响,有些性格会带给人消极的影响。一个人的性格特征对一个人的职业选择有重大影响,性格是制定职业规划时要考虑到的重要的因素。心理学专家认为,根据性格选择职业,可以使自己的才能在工作当中得到最大限度的发挥,有益于顺利地开展自己的本职工作。例如:理智型性格善于思考,喜欢衡量得失,故适合于选择管理性、研究性和教育性的职业;情绪型性格的人比较感性,故适宜于艺术性、服务性的职业;意志型性格的人能够确定明确的目标,具有较强的意志力,坚决果断,故多适应于经营性或决策性的职业。

瑞士一位心理学家把人在生活中、交往中的性格特点分为以下四类,其性格类型、特征及其相应的职业表述如下。

1. 敏感型

喜动不喜静,精力充沛,办事利落,但是行为常常有盲目性。他们喜欢在待人接物的过程中饱含热情,但受挫折又容易消沉失望。这类人最多约占40%。相应职业运动员、政府人员和各种职业的人员均有。

2. 感情型

感情丰富，喜欢将自己内心的情绪表达出来。他们在生活中热情洋溢，喜欢丰富多样的事物，好奇心强。在与人交往中，容易冲动，傲慢无礼，所以不易与他人相处。这类人占25%。职业在演员、活动家和护理人员中较多。

3. 思考型

善于思考，逻辑思维发达。善于依据事实进行严密的分析，可以坚持做好一件事情。不论是工作还是生活都非常有规律，爱整洁，时间观念强。但这些人有时思想僵化，喜欢钻牛角尖，比较死板教条，缺乏灵活性。这类人占25%。职业在学者、科研人员中较多。

4. 想象型

想象力丰富，善于思考和憧憬。在生活中不太注重小节，他们不喜欢纠缠细节，对一些事情没有耐心。有时行为刻板，不太合群。这类人不多只占10%。职业在艺术家、设计师中较多。

三、大学生职业发展中自我认知的途径

大学生在职业发展中要努力和采取有效方法去认知自我、评价自我、完善自我，方能选择我们最擅长的职业，走向自己最佳的职业生涯。下面是几种常见的正确进行自我认知的途径。

(一)自我总结法

自我总结法就是通过对自己的过去进行总结与分析，找出自己的优势与劣势的方法。自我优势分析就是分析自己曾经做过什么、学习了什么、最成功的是什么。自我劣势分析就是分析自己的性格弱点以及经验或经历中所欠缺的方面。需要注意的是，人通过自己所取得的成果、成就，如获得过的奖励、在学校期间担当的职务、曾参与或组织的实践活动等，对自己进行检查与分析。此外，大学生也要细加分析和甄别从成功和失败的经验中所获得的自我意识。对于对自己未形成正确认识的人而言，失败的经验会更加使其走向失败，这也是最常见的现象。因为他们不能从失败中吸取教训，从而改变原来错误的策略，朝着正确的目标迈进。而且，挫败后会非常容易形成怕败心理，不敢直接面对现实，也不敢去应付困境、迎接挑战，甚至失去许多良机。对有些狂妄自大的人而言，成功反而可能成为失败之源。他们

可能因为偶尔侥幸获得成功而骄傲自大，以后做事便自不量力，不考虑实际情况，不具体问题具体分析，因此往往会遭遇失败。还有的人成长过于顺利，并且具有良好的家世背景，而一旦失去“保护源”，便不能支撑起独立的自我。

(二)通过他人认识自己

他人就像一面镜子，大学生可以从与别人接触的过程中看出自身的优劣。从他人的态度与评价中认识自己是自我评价的重要方法。大学生要善于通过他人如老师、同学、家长的评价来对自己形成正确的认识，自己也要主动地接受他人对自己的言谈、举止等方方面面所进行的评价，以虚心和诚恳的态度征求他人对自己的批评意见，从而有针对性地改变自己。

(三)360度评估法

对于大学生，360度评估法就是来自于自己、家人、朋友、老师、同学、实习同事等各角度全方位的评价。360度评估一般包括评估项目的设计、内容的确定、参与评估人员的选择。评估人员的选择要坚持充分了解被评估者的原则。结果分析不是简单的数据的罗列，而是一个相对专业化的过程，要找出被评估者的特点，并通过文字予以说明。反馈过程中要注意沟通的技巧，懂得尊重人，使得被评估者能够真诚地接受。

(四)反思法

古人曰“吾日三省吾身”，指的就是通过自我反思和自我评价对自己进行认识。大学生只有对自我进行深刻的反思，打破自我封闭，拓宽现有的生活范围与交往空间，增加生活阅历，积极参加活动，扩大社会实践，才能找到多种参考系，才能凭借参考系对自我进行多方面、多角度的认识，做到不卑不亢、不骄不纵，才能充分发挥自己的聪明才智，实现自己的人生价值。

第三节　大学生职业规划的设计与管理

一、大学生职业规划的设计

职业规划简称生涯规划，又叫职业生涯设计，是指个人结合自己的实际情况，通过对客观条件的分析与主观条件的权衡，按人生发展各阶段的不同，对自己的职业生涯制定的中长期的发展计划。职业规划不仅可以使自己的职业发展有一个清晰的目标，而且还有助于个体真正了解自己，明确自己的职业方向，从而制定出合理、可行的职业规划。在经济快速发展的今天，个人的职业生涯发展规划更是必不可少的，只有清楚自己的能力所在，才能把握稍纵即逝的机会，发挥个人的潜能，实现预定的目标。职业规划是一个人走向成功的基础和前提，它对每个人的发展来说都是至关重要的。因此，必须要认真做好职业规划设计。

（一）大学生职业规划设计的原则

在设计职业规划的过程中，需要遵循以下几个方面的原则。

1. 前瞻性原则

职业规划是对人一生的职业生活进行的安排，是对未来职业的发展计划。一个好的职业规划，一定是一个长远的规划，它能够兼顾到自己今后在5～10年之内的发展，甚至是兼顾到整个家庭的发展。因此，在对职业生涯进行规划的时候，一定要放眼未来，也就是说，职业规划要在现实条件的基础上对未来进行筹划。无论对自己还是对社会，都要把眼光放得远一点儿，少一点眼前利益，多一点长远希望，挖掘自己的潜力，以从容的心态顺应社会的发展趋势。立足于此，人才能始终充满活力和动力，制定出切实可行的职业规划。

2. 客观性原则

职业规划中的“规划”已经使其带上了浓厚的主观色彩。但是，个人必须明白，这份规划最终是用来实现自己的目标和理想的，它不是制定出来让别人羡慕和欣赏的。因此必须为自己的未来负责，不可以敷衍了事，而应该力求客观。一个好的职业规划，应该是建立在客观条件基础之上的，它应该与个人的实际情况和社会的现实条件相符合。因此，它要求个人在制订计划的过程中必须要遵循客观性原则，即对自己的实际情况和周围的环境有一个正确的评估，还要客观地评估所处的职业环境因素，使评价结果建立在事实的基础上，而不是根据自己的好恶下结论。只有这样，职业规划才符合实际，在以后的职业选择以及职业生活中发挥应有的作用。

3. 持续性原则

职业规划包括对人一生职业生活的规划，它涵盖不同的时空和领域，因此，从一定程度上来说，职业规划也必须遵循持续性的原则，也就是要对整个的职业生涯进行全程的考虑,而不是对某一阶段的安排。因此,设计职业规划,必须要在了解自身的基础上给不同时期的自己制定符合实际的职业规划,设定不同阶段的发展目标、任务要求和实施方法。

4. 独立性原则

独立性原则是指在不受外界因素的干扰下,个人能够根据自己的实际情况和发展目标独立地进行职业规划。他们做命运的主人,把一切选择的权利都掌握在自己手中。

5. 实用性原则

制定职业规划最终是为了实现自己的目标。因此,大学生在制定职业规划的过程中一定要注意其可行性。为此,制定规划时要力求简便、简单,采用抓住要点、不计其余的办法,最好用条文表述和图表示意的形式,便于自己一目了然。

6. 发挥个人优势原则

发挥个人优势的原则可以使人力资源得到充分的发挥。运用这一原则需要满足两点基本要求:第一,培养自己具备良好的素质;第二,弄明白所从事岗位的特殊素质要求。

7. 发展性原则

在进行职业规划时,要学会用发展的眼光来看待问题,要考虑自己所选择的职业方向是否有利于自己今后的发展。在当今社会,职业不仅是人们谋生的手段,更多是为了实现个人的价值,获得个人的发展。大学生在择业时,要充分考虑到发展性的原则,排除社会时尚、从众心理、利益因素等干扰。事实上,大学生在确定职业目标的时候,如果能真正认识到职业对个人发展的意义,去从事适合于自己特长的职业,很可能充分发挥自己的潜能,取得不俗的成绩。

8. 终生学习原则

随着科技和社会的发展,大学生在今后的工作岗位中会面临越来越多的挑战。新的岗位和职业会如雨后春笋般发展起来,它要求人们掌握更多的知识和技能,因此设计职业规划要遵循终生学习的原则,活到老,学到老。

(二)大学生职业规划设计的方法

职业规划的良好策略主要表现在正确的规划方法上。对于职业规划的方法来说,是没有对错的,但是,结合个人的实际情况,这些方法可能就有优劣之分。因此,在进行职业规划的时候,应该尽可能多地掌握一些解决问题的方法,这样才能做好充分的准备,随机应变解决各种问题。目前,行之有效的具体的规划方法有很多,这里主要介绍常见的两种方法:SWOT分析评估法和大学生涯愿景模型法。

1. SWOT分析评估法

SWOT是由四个英文字母缩略而成,分别代表:Strength(优势)、Weakness(劣势)、Opportunity(机会)、Threat(威胁)。其中,S、W是内因,O、T是外因。这种分析方法常常被用来分析竞争对手的发展状况。SWOT分析法的内容主要包括分析环境因素、构造SWOT矩阵、制订行动计划。在职业规划设计中,SWOT分析法主要运用于以下几个方面。

(1)环境因素分析

在职业规划的过程中,SWOT分析法的运用可以使个人对自身的优缺点和所处的环境、机遇等有很好的把握,能够将目前存在的问题进行准确的分析,并将自身条件和外部环境结合起来,制定出科学合理的职业规划。

第一,自身优势分析。自身优势分析就是对自身具有的优势因素进行分析,这主要包括有良好的家庭环境和教育背景,有良好的道德品质和高尚情操,过硬的技术能力,曾经有过值得借鉴的经验和教训,广泛的个人社会关系网络。

第二,自身劣势分析。自身劣势分析也就是对自身具有的劣势因素进行分析,这主要包括技术能力较差,性格存在一定的缺陷,如缺乏自律、性格暴躁、不善交际等,以往失败的经验或能力的缺陷,没有给自己制定一个准确的目标,且对自我的认识不足。

第三,机会分析。机会分析就是对自己职业发展的有利条件进行分析,这主要包括国家政府出台的相关政策支持,市场上对人才有较大的需求,职业道路选择带来的独特机会,社会舆论的宣传和肯定,亲朋好友的支持。

第四,威胁分析。威胁分析就是对环境中存在的危险因素进行分析,这主要包括对相关职业的培训机制不完善,市场上对相关人才的需求减少,同专业竞争人数的增加,相关专业的发展前景堪忧,单位的管理机制不健全,不利于自身的发展。

(2)构建并分析 SWOT 矩阵

每个人在成长的过程中，身上都会带有一些鲜明的特点，它可以是一个人的优势、也可以是一个人的弱势；每个人所处的环境都存在对自身发展有利的因素和不利的因素。根据这些优势因素、劣势因素、威胁因素构建个人 SWOT 矩阵，并在此基础上对矩阵因素进行分析，以此来决定人们如何充分发挥自己的优势，避免自己的不足；如何将环境中的不利因素转化成有利因素。

(3)制定职业生涯行动策略

构造个人 SWOT 矩阵之后，接下来就是运用系统分析法将优势、劣势、机会和威胁四项因素相互匹配起来加以排列组合，制定出适合自己的策略。这些策略包括以下几种。

第一，WT(Weakness Threat)策略。WT 策略是指把对个人职业发展的不利因素——劣势和威胁组合在一起的策略。将二者组合起来综合考虑，目的是使这些因素的不利影响降到最小。

第二，WO(Weakness Opportunity)策略。WO 策略是指把对个人职业发展的劣势和机会组合在一起的策略。将这两种因素组合起来考虑，其目的也是降低劣势因素带来的不利影响，将机会的作用发挥到最大水平。

第三，ST(Strength Threat)策略。ST 策略是指把对个人职业发展的优势和威胁因素组合在一起的策略。将这两者组合起来考虑的目的主要是减少环境因素的威胁，而将个人的优势发挥到最大。

第四，SO(Strength Opportunity)策略。SO 策略是指把对个人职业发展的优势和机会因素组合在一起的策略。这两种因素都是对个人有利的因素，因此，将这两者组合起来可以使二者的有利影响最大化。

2. 大学生涯愿景模型法

个人愿景是指自己内心最渴望达成的事情，它是个人对未来的一种期望。面对这种期望，个人会产生强大的实现动力。大学生涯愿景模型法是对大学生的职业生涯愿景给予分析并构建愿景模型，使大学生能够清晰地了解自己的职业生涯意向，最终制定出一份科学合理的职业规划。个人愿景主要包括自我形象、家庭生活、有形财产、个人健康、人际关系、职业状况、个人休闲等。

建立个人愿景，是指把落脚点放在最终的追求目标上，这样才能有源源不断的动力。人在做真正想做的事情时，就会精力十足而不知疲惫。即便在实现愿景的过程中遭遇到困难和挫折，也不愿意放弃，认为自己有必要坚持下去。人的意愿如果很强烈，做事情的效率自然会提高。

对于大学生来说，最重要的是如何建立清晰的愿景。具体来说，主要包括以下三个层次的内容。

第一，对愿景进行想象。想象愿景实现后是一个什么样的情况？如何形容这种情况？这种情况让你感觉如何？它是否是你真正想要实现的情况？

第二，形容个人愿景。描述个人愿景，看它到底是一个什么样子？比如，可以将自己不同年龄阶段的愿景描述出来，描述它们实现之后是什么样子？哪些还未实现？未实现的原因是什么？

第三，检验并弄清楚愿景。对实现个人愿景的每个阶段进行审视，找到与自己内心深处最接近的部分，你是否能够接受愿景即刻实现？愿景实现之后，你会有怎样的感受？

二、大学生职业规划的管理

对于当代大学生而言，职业生涯贯穿其一生，并与职业规划息息相关。由于每个人职业价值观的不同，以及对职业生涯管理投入的不同，每个人的职业生涯结果也会有所不同。明确职业生涯管理的重要作用，做好职业生涯管理，对于大学生具有非常重要的意义。

（一）大学生早期职业生涯的管理

这里所说的大学生早期职业生涯，主要是指从进入组织之前的职业选择、职业培训到进入组织的一段时期。在这一段时期，大学生的年龄普遍在20～30岁之间。在大学生职业生涯早期，大学生要实现由学生向员工的角色转变，同时，在生活环境、生活方式等方面也会发生巨大的改变，这是当代大学生走向社会的关键时期，也是一个人最重要的时期。在早期职业生涯阶段，如果大学生能够选择一个易于发挥自己才能、有成长空间的职业，通常可以在未来获得良好的经济地位和社会基础，是实现自身人生目标的重要保证。

对于刚毕业的大学生来说，职业生涯早期自我管理的主要任务和目标是尽快转变角色和身份，融入新的组织工作和生活中去。为此，应该做到以下几点。

第一，掌握职业技能，提高职业适应性。掌握职业技能，提高职业适应性是新员工进行早期职业生涯管理的最基本策略，一方面，作为一名组织内的员工要保证完成工作任务的数量和质量，要弄清自己的岗位职责，明确工作任务。另一方面，新员工还要通过职业实践活动来验证和发展自身的职业适应性，使职业工作的性质、类型和工作条件与个人需要、组织目标最大程度吻合。

第二，熟悉工作环境，形成良好印象。要想尽快融入组织，被组织所接纳，就要熟悉工作环境，并形成良好印象。其中，建立良好的形象会直接影响自己的职业生涯前程。

第三，适应组织环境，处理好人际关系。新员工要想尽快融入组织，就要在融入组织的过程中适应组织环境，处理好各方面的人际关系。一般来说，新员工适应组织环境，处理好人际关系要做到三点：首先，要接受企业现实的人际关系。其次，要尊重上司，学会与上司融洽相处。对于刚结束学校生活进入工作岗位的大学生来说，上司与老师是完全不同的，要尽快完成由学生到员工的角色转换，同时，还必须肯于接受任何性格类型的上司，处理好与上司的关系，为自己工作创造一个适宜的环境。再次，要寻找个人在企业中的位置，建立心理认同。

第四，正确面对困难，提升自身能力。对于刚工作的新员工来说，在工作中遇到困难和障碍是在所难免的，这时候不要惊慌，也不要退却，要摆正自己的心态，用积极乐观的态度来解决问题，要学会在困境中崛起，不断地提高自我。一是在进入职业生活之前就要做好思想准备工作，要有取得成功所必需的态度和价值观，要有积极的工作态度。二是要认清形势，在必要的情况下抛弃已经过时的、陈旧的思想观念，用开放的心态正视将要面对的困难，勇于迎接困难。三是要克服依赖心理，学会自主开展工作。只有积极主动地进行学习和工作，才有可能真正提升自己的能力，找到解决困难的方法，才能有所收获，使自己尽快成长。

（二）大学生中期职业生涯的管理

职业生涯中期是青年和中年之间的过渡，根据年龄来划分，即30～50岁。职业生涯中期阶段富于变化，个人在生理和心理上都出现了很多改变，会遇到大量与工作相关的特殊问题。这一时期作为人生最漫长、最重要的时期，个人既有可能获得职业生涯的进一步成功，也有可能出现危机，对其进行管理是非常重要的。

面对职业规划中期阶段的各种挫折和问题，个人需要通过各种途径和方法，运用各种有针对性的策略，以促进自身的全面发展。具体来说，应从以下几方面入手。

第一，了解职业规律，树立积极心态。个人在职业生涯中期产生的忧虑、不安与个人对职业发展状况的了解程度密切相关。如果一个人能够了解职业发展的规律，清楚个人在职业中期的各种思想变化的原因，对职业发展轨迹、职业高原现象、落伍现象有一个清晰的认知，意识到问题的产生和存在有其普遍性，而不仅仅是个人原因。那么，个人才能通过正视问题的存在，端正自己的心态，更坚强、更健康地进入职业中期。另外，要想顺利度过职业规划的中期阶段，还要树立积极的心态。积极的心态是指个人保持乐观、积极进取、永不气馁，学会看到事物积极的一面，既能看到职业生涯中期各种问题带来的痛苦，但也意识到这会给个人发展和成熟带来积极影响。

第二，重新评估自我，确立新的职业生涯目标。相对于职业规划早期阶段，大多数人已经走过了十几年，甚至几十年的历程，不再适用早期阶段的标准了，这时，个人需要根据环境的变化和现实情况重新评估自我，确定新的职业生涯目标。自我评估在职业规划中期阶段是非常重要的，除了考察个人的价值、兴趣和才能之外，主要还应了解自己对中年期的真实感受，对工作、家庭以及自我发展之间优先次序改变的真实感受，特别是应该作出定期的自我评估和再评价，来确定自己的兴趣、价值标准、技能是否与建立的目标、计划相符合。在重新评估自我之后，还应该了解并确立自己的职业目标，没有目标将失去努力奋斗的方向，同时要为这些目标付出必要的努力，坚定自己的信念。

第三，树立终身学习理念。对于个人的职业生涯来说，知识、技能和经验都是个体完成某项特定工作的个人能力的必不可少的组成部分，而在很多情况下，知识和技能都需要学习才能获得，才能保持更新。大量事实表明，终身学习能力的维持是个人适应快速变化的环境、应对组织变革的最佳方法。现代社会的竞争很激烈，只有不断地通过学习来提升自己，才能在竞争中立于不败之地。

第四，挖掘自身潜力，寻求更多发展机会。社会和科技的发展给经济和人们的生活带来了巨大的影响，出现了一系列新工种和新行业，同时也为劳动者提供了更多的工作机会以及更多的塑造职业生涯的机会。对于处在职业规划中期阶段的人来说，面对着职业和工作上的困境，他们可以挖掘自身潜力，寻求更多的发展机会。

（三）大学生后期职业生涯的管理

通常情况下，职业生涯后期在年龄上是指50岁至退休年龄段。在这个时期，大多数人的学习能力和体力开始下降，适应能力也开始减弱，他们的事业已经达到顶点，开始呈现下降的趋势。这一阶段，个人的职业、心理和生活都将发生与以前不同的变化，所以也呈现出与前期和中期不同的特征和问题，也有不同的管理措施。

第一，面对现实，接受变化。处于变革期就总是存在利益的受益者和受损者。年纪大的人这时候要从思想上认识和接受这个事实,俗话说:“长江后浪推前浪,一代新人换旧人。”自己的能力和竞争力下降是事实,所以要心悦诚服地接受能力和竞争力下降的事实,勇敢地面对和接受这一点。在此阶段,员工可以另辟蹊径,寻求适合于自己的新的职业角色,来发挥自己的特长和优势,或者充当参谋、职业顾问、教练、师傅等角色,这些都是职业生涯后期的好选择。此外,员工也可以适当地将重心转移到个人活动和家庭生活方面,以此来缓解自己的心理压力,也可以寻找一些新职业来满足自己的需求,充实自己的生活。

第二,学会应付“空巢”问题。老年员工应从三个方面入手应付“空巢”问题。一是要多给配偶时间,密切自己与配偶等的关系;二是要注意发展自己的爱好和兴趣;三是要注重人际关系;四是积极参加社会活动,寻找适宜的新职业。

第三,培养年轻人。有的组织考虑到老员工的利益和对公司的贡献,就把培养年轻人的任务交给了老员工,希望他们能够发挥自己的经验优势。其实,培养年轻人也是一门科学。老员工要像老师一样,将自己的感受和理解以科学的方法和方式传递给年轻人。培养年轻人的时候,既要了解年轻人的心理,使自己与年轻人和谐相处,又要讲究技术,使他们能够很好地理解并接受。

第四,提前制订退休计划。在退休前提前制订好退休计划能够帮助员工更好地进行后期规划的管理。退休计划要解决的问题包括健康和安全、时间管理、财务问题,以及与此相关的个人兴趣爱好培养。应该注意的是,在讨论退休计划时,需要参考已退休人员的信息,和自己的家人进行交流和商议。在保证这些基本原则的前提下,个人要获得退休计划,需要积极地进行兴趣培养,善于在业余爱好、家庭、社交和社区活动中寻找新的价值体现渠道,如定期参加社区服务活动、老年群体的集体活动等。通过这些方式来逐渐改变自己的社交范围,扩大朋友的数量,尤其是同龄朋友的数量。

第五,管理好自己的财务,为退休生活打好基础。在现实生活中,许多人为个人退休在财务方面准备不足,从而使得个人在退休后因收入下降影响到生活质量。如果在职业生涯早期就开始进行退休投资计划,就可以在事业结束后仍然保持一定的生活水平。

总之,职业生涯的发展不是一个间断的、前后无关的过程,而是一个相互影响、相互联系、不可截然划分的过程。对这个过程前一阶段的管理都会影响到后一阶段的问题和策略。这也就是通常所说的“昨天决定今天,今天影响明天”,越早着手进行职业生涯周期的管理就越能为自己赢得时间和机会。

第四节　大学生创业准备与创业能力的培养

一、大学生创业准备

在任何一项创业活动中，人都是发挥着核心作用的第一要素。大学生初次加入创业大军，能否成功，关键还在于大学生自己是否做好了充分的准备。这里的准备主要指创业的心理准备和知识准备。

(一)创业的心理准备

创业不仅是一个创新的实践过程，又是一个考验心理的过程。如果大学生没有一个强大的内心是很难走向创业的成功之路的。一般而言，大学生在创业前要做好以下几个方面的心理准备。

1. 要有创业的自信心

大学生在创业之前，首先就应当抱有“人定胜天”“天生我材必有用”这样的信条，要坚信自己的选择是正确的，坚信自己所追求的事业定能获得成功。这种毫无疑问的自信心不仅会给自己无限的力量，也会感染和说服他人，取得他人的信任和支持。当然，大学生创业的自信心往往与其强烈的创业意识紧密相关。当大学生具备自我实现、追求成功的强烈创业意识时，不管遭遇多少艰难险阻，都不会退缩。

2. 要敢于承担风险

创业者若没有敢于冒险和敢于承担风险的魄力，就很难称得上是一个真正的创业者。因此，大学生创业者必须做好敢于承担风险的心理准备。这就需要大学生在创业之前，努力提高自己的心理承受能力和风险意识。例如，积极参加一些比赛活动，或者是多观看一些竞赛项目，学习制定战略、战术的方法，积极锻炼自己的心理素质和思考能力等。

3. 要有主见，敢于担当

在自主创业时，一切都要靠你自己，你必须自己做决定，没有人可以帮你拿主意，你必须对自己负责，必须自己给自己制订工作计划，必须学会自己管理时间和事务，自己决定企业的经营和发展方向，自己决定如何调配资源。因此,在创业准备阶段,大学生必须要培养自己的独立决断能力,做一个有主见的人,敢于担当,敢于当机立断。需要注意的是,自己有主见不代表要独断专行,完全排斥他人意见。作为一名创业者,学会接纳别人的不同意见,与他人形成良好的合作,才是正确的选择。

4. 要有百折不挠、坚持不懈的恒心和毅力

与普通的上班不同,自主创业意味着你必须舍弃那种在固定时间休息、固定时间上班的状态,意味着你时刻要惦记自己正在进行的事业,意味着你没有太多的时间陪伴家人,还意味着你必须身兼数职,不管什么能拿得起、顶得上、做得好。此外,创业的过程一般都不是一帆风顺的。面对问题,如果创业者没有足够的激情,缺乏百折不挠、坚持不懈的恒心和毅力,是很难坚持下去的。因此,大学生要培养自己创业的恒心和毅力,为自己确立一系列的创业目标,不断提升自己抗压的能力,并且学会反省。

5. 要敢于竞争,善于竞争

当今时代是一个充满激烈竞争的时代。大学生要创业,就不得不具备较强的竞争意识,要做好敢于和善于竞争的积极心理准备。这需要其首先要对自己有一个充分的认识,确定恰当的期望值。其次要注意克服自己在情绪上的焦虑和波动。最后要经常给自己设置一些难度适宜的目标,或从事一些有一定难度和挑战性的活动,努力地去完成每一个目标。每达到一个目标,你的自信便增强一分。

6. 要有创新精神

创新是一个成功的企业家的灵魂。如果创业者失去创新精神,那么将很难走创业这条道路。因此,具有创新精神应当是大学生创业者必备的一个素质。大学生创业者要善于在不断变化的环境中寻找新的商机,开拓新的事业,要时刻将思考问题的逻辑首先确定为机会,其次才是实现机会所需的资源。首先,大学生要保持个性发展和好奇心、求知欲,勇于突破,突破书本、突破前人、突破老师等;其次,大学生要注意多学习创新创造类的课程,多参加校内外的一些创新发明竞赛,强化自己的创新意识,提高自己的创新能力。

7. 要有责任感

从某种角度而言,创业就是一种责任心的体现,是对责任更多的担当。作为一个创业者,要正直诚信,要对自己、对家庭、对员工、对投资人、对顾

客、对供应商以及对社会拥有高度的使命感和负责精神，只有敢于承担责任，勇于自我否定，才能凝聚人心，鼓舞士气，赢得人们的信任、尊重和支持，才能取得事业上的成功。因此，大学生创业者在创业之前，要注意培养自己的责任感，对于失败或发生的问题，先从自己身上找原因，不推卸责任，不把责任转嫁他人。

8. 要有团结合作的精神

创业实践活动离不开社会。虽然创业活动是个体的实践活动，但更是一种社会性的活动。成功的创业者大多是出色的社会活动家，他们善于与各种人打交道，积极主动地与人交往、交流、合作、互助。与人合作，大学生创业者还应当注重扩大自己的人脉，拥有广泛的人脉资源。因为人脉就像是一个秘密武器，会在大学生的创业之路上发挥重要的作用。

大学生要想积累多种类型的人脉资源，应当积极参加学校组织的各种活动，参加丰富多彩的社团，参加各种形式的培训，并充分利用网络，通过QQ、BBS、微信、微博等广交好友，拓展自己的人脉资源。

（二）创业的知识准备

大学生创业者除了在心理上做好充分的准备外，也要具备一定的创业知识，以便为接下来的创业打下一个坚实的自身基础。一般来说，大学生创业者在创业之前首先应当了解与掌握以下一些方面的知识。

1. 企业管理知识

作为创业者，首先应当掌握的就是管理方面的知识。只有掌握了丰富的管理知识，创业者才能聚合企业的各类资源，以最优的投入获得最佳的回报，以实现企业既定目标。尤其是在市场经济条件下，企业成败的关键在于经营管理。创业者只有运用有效的经营管理知识来武装自己，指导经营活动，才更容易成功。企业管理涉及的知识非常多，如企业战略管理、计划管理、组织管理、成本管理、财务管理、营销管理、商务谈判、团队管理等。

2. 政策与法律知识

在不同的创业阶段，大学生会涉及不同的法律问题。因此，大学生需要掌握不同的政策与法律知识。

第一，在创业初始阶段，大学生一般会遇到资金、设备场地以及办公场所等问题，因此需要了解与此相关的政策与法律知识。

第二，在创业拓展阶段，大学生一般会遇到经营实体的设立、行政审批等问题,因此需要了解与此相关的政策与法律知识。

第三,在创业经营阶段,大学生一般会遇到市场主体间的各种交易问题。无论是合同的订立、合同的履行,还是违约责任的承担都与《合同法》紧密相关。因此,大学生创业者一定要了解《合同法》,同时也要了解其他相关法律中与自身创业有关的法律规定。此外,在创业过程中,难免遇到一些企业纠纷,因此大学生创业者还应当了解一些解决企业纠纷的法律法规,如《民事诉讼法》《行政诉讼法》《仲裁法》中规定的具体诉讼程序。

3. 工商税务知识

大学生创业者需要掌握的工商税务知识主要指工商登记和税务登记。大学生要创业,关于工商登记的程序及相关知识一定要懂。只有在法律上明确其地位,在法律的保护下从事正常的生产经营活动,创业者才能更好地保护自己的合法权益。同时,大学生创业者也要通过对税收知识的学习,了解税收的具体规定、纳税的种类、纳税义务等,形成良好的纳税意识及纳税行为。

4. 金融知识

大学生创业者所从事的生产经营活动一旦开始运营,就会和资金时时刻刻打交道。购买原料、卖出产品、发放工资、交纳税款、支付利息等,哪一项离开资金都不行。一般情况下,企业出现资金问题时,大多都涉及如何融资的问题。创业者只有充分了解和掌握了融资的渠道、方法、步骤和相关的法律手续等知识,才能更从容地进行融资活动,从而保证所创事业的顺利开展。

5. 专业知识

创业者本身虽然不需要事事精通,面面俱到,但是具备熟练的专业知识、精湛的专业技能却是保证自己更好地创业的必备条件。专业知识是所有知识的原材料,是创业之本。大学生只要有心,就能够以各种途径来获得必要的创业知识,从而做好创业的知识准备。

二、大学生创业能力的培养

(一)培养大学生的创新能力

对于大学生而言,要想成功创业,就必须具有创新能力。而创新能力来源于创新思维，它是人们应用发明创造成果开展变革活动的能力。培养大学生的创新能力可从以下几方面入手。

第一，创新能力的提高是一个循序渐进、日积月累的过程，而在这个过程中，大学生只有掌握了扎实的专业理论知识，才能更好地创新，因此，大学生必须建立健全合理的知识体系。

第二，创新以综合能力和综合素质为基础，而这些素质的获得需要大学生不断思考与学习，因此，大学生要加强学习，从师长、同学身上汲取宝贵经验，提高学习的能力、接纳吸收新事物的能力。

第三，在日常的学习、生活中，突破大学生原有传统固化的思维模式，培养其敢于尝试新事物的能力。

第四，随着高等教育的发展，高校逐渐根据创新人才的培养要求开设了一系列培养学生创新思维与创新能力的课程。这些课程向人们揭示了创造性思维的奥秘，有助于大学生磨炼自己的创新能力，因此大学生应积极参加这些创新课程。

第五，充分利用校园内的第二课堂，通过各类讲座、学术沙龙等，加强对不同学科的了解，从而为创新奠定良好的基础。

（二）培养大学生的领导能力

对于大学生创业而言，领导能力同样非常重要，不管是前期的个体经营，还是后期的规模化经营，都需要创业者有很强的领导能力。此外，创业者只有具备高超的领导能力，才能带领自己的团队稳步发展，也才能为日后自己事业的发展做好准备。培养大学生的领导能力可从以下几方面入手。

第一，培养大学生的先知先觉能力。要想在创业的道路上走得长远，就必须具备先知先觉的能力，只有这样，才能在市场上领先一步。要想获得先知先觉能力，就必须不断学习，敢于超越经验与惯性，有担负责任的意识，敢于面对各种不确定的因素与可能的失败。

第二，培养大学生的组织能力。这就要求善待员工，并且要建立激励员工不断发展自我的机制。

第三，培养大学生的人格魅力。这就要求大学生要注重将激情化为勇气；注重意志品质的磨炼；能够不唯利是图，有高度的社会责任感、有正义感；勇于承担，能与员工同甘共苦；有完善的计划，并按计划工作；愿意承担下属的缺点所导致的失误；能理解员工和体谅员工的难处；富有协作精神；有迷人的个性，能见微知著；具有坚定的信心，任何情况下都能果断地做出决定；有创新的意识，并激发员工挖掘新的方案。

(三)培养大学生的社交能力

社交能力主要指的是与周围环境建立联系并对外界信息进行吸收与转化的能力,同时它还包括处理周围人的关系的能力。社交能力的强弱会在很大程度上影响一个人与外界的交往能力,对于大学生创业者而言,良好的社交能力对于其创业活动也意义深远。而培养大学生的社交能力可从以下几方面入手。

1. 提高对自我的认识

要想加强自己的社交能力,大学生必须先了解自己,在充分了解自我的基础上有针对性地提高社交技巧,才能有助于大学生掌握更好的设计能力。

2. 掌握一定的社交技巧

在充分认识自我的基础上,大学生还需要掌握一定的社交技巧,给对方留下良好的第一印象,说话要注意气氛和场合,灵活地运用语言艺术,学会微笑,多谈论对方感兴趣的事情,控制自己的情绪,保持适当的交往距离,克服羞怯等不良心理,表现出对对方的信任,等等,这样有助于大学生在社交活动中更好地表现自己,从而提高社交能力。

(四)培养大学生的分析能力

分析能力是做事情的基础,一个人只有将事情分析清楚才能正确地下结论,定行动。因此,对于大学生创业者而言,分析能力也是其必备的能力之一。对于大学生而言,培养其分析能力可从以下几方面入手。

1. 预见分析创业过程中的各种问题

经商创业与战场作战一样,也需要创业者对市场有一定的预见性,这样才能在市场大潮中先人一步。也因为如此,在创业初期,创业者不能只顾眼前利益,而应有长远的发展眼光,放眼未来,从长期发展的角度规划企业的发展。

2. 学会分析问题

对于大学生而言,只有学会了分析问题,才能将事物分析到位、分析彻底、分析明白。具体而言,大学生在分析问题时,需要注意分析时不要过于倾向一针见血、过于追求一语道破;分析时要克服功利倾向;分析时要驱除成见和偏见,而要客观面对所有情况和因素;分析时要摆脱浮躁情绪;分析时要过程和细节;分析时要避免先入为主,而要根据数据来得出分析结果。

3. 在分析之后还要善于制定决策

在对事情进行了详细、客观的分析之后,切不可拖延,以免丧失机会,而应尽快果断地制定决策。在决策制定完成后,就应尽快投入运行。而在制定决策的过程中,创业者不仅需要根据分析结果与市场资讯和环境的情况,制定出合乎市场的决策,而且也需要保持清醒的头脑,制定正确的决策。

(五)培养大学生的应变能力

在商场中,应变能力是非常重要的,面对瞬息万变的商场环境,假如创业者不具有足够的应变能力,是很容易吃亏的。这实际上也属于达尔文的"适者生存"学说的范围。应变能力的重要性不仅关乎创业者会不会在商业活动中吃亏,也与企业的适应力与竞争力的强弱休戚相关。一般情况下,一个企业如果缺乏洞察判断市场发展趋向的能力,缺乏决断应变的能力,那么很容易被卷入各种风险之中,也断送了企业持续发展的动力,自然是难适、难大、难优、难强的。

第五节　大学生新创企业的管理

大学生在创办新企业的过程中,资金投入大、周期长,也就不得不面临财务问题、营销问题、人力资源问题、风险问题。如果不解决好这些问题,将会导致企业产品研发速度不稳定,质量波动大,缺乏自己的识别体系。本节就大学生新创企业过程中的财务管理、市场营销管理、人力资源管理、创业风险管理展开分析。

一、大学生新创企业的财务管理

财务关系着企业的命运,企业的所有情况从财务中可以反映出来。新创企业管理,其首要的就是要做好财务管理,这是涉及获取资金和有效使用资金的管理问题。

(一)新创企业财务管理的目标

新创企业的首要目标就是生存,其次才有发展和获利的可能。为此,新创企业的财务管理必须要完成这样的任务:筹措资金并有效地投放和使用资金。据此，财务管理的目标就是实现企业创办人或者股东财富最大化或企业价值最大化。很显然，企业创办人、股东创办企业的目的就是要增加自己的财富，如果企业无法达成这个目标，那么其资金来源就成为问题。因此，企业必须要为企业创办人、股东创造价值。

（二）新创企业财务管理的原则

企业财务管理的基本原则就是要遵循价值最大化、“成本—效益”、风险与收益均衡、资源合理配置、利益关系协调这几项主要内容。

1. 价值最大化原则

企业的经营目标就是要实现价值的最大化，这同样也是财务管理的目标，同时成为其基本原则。在财务管理中，企业的各项投入与产出、耗费与收入、盈利与亏损，都要做到严格的控制，努力使企业资金得到高效运行。

2. 资源合理配置原则

财务管理中的财务计划就是要调节资源的配置问题。对此，财务人员要做到使财力资源得到最合理的优化，最大限度地发挥资源的整合效益，既不要使资源出现不足的现象，又要避免资源出现过剩和浪费的现象。

3.“成本—效益”原则

在财务管理活动中，为实现企业价值最大化，要始终坚持“成本—效益”原则，必须处处讲求效益和节约成本，争取以最少的成本支出来获取最大的收益。

4. 利益关系协调原则

企业财务管理涉及企业各方面的利益关系，即财务关系。财务管理人员要对企业的财产资源有一个明确的认知，同时必须理清并协调好企业不同利益者之间的利益关系。

5. 风险与收益均衡原则

实现企业价值最大化是财务管理的目标，然而，这种价值最大化与风险价值紧密相连，因此要遵循风险与收益均衡原则。高收益也就意味着高风险，这本身就是市场经济的基本规律。因此，财务管理要尽量在收益与风险之间取得均衡，应该要做到既不盲目冒险也不过于保守，提高风险意识，做出正确的财务决策。

(三)新创企业财务管理策略

新创企业财务管理的策略主要包括筹资管理、投资管理、营运资金管理、利润分配、财务控制。

1. 筹资管理

筹资管理主要解决的是这些问题:以何种形式、何种渠道、什么时机筹集经营所需资金,把握各种资金的结构、资金成本等。新创企业主要资金来源是创业投资,其主要筹资渠道是吸引风险投资,创业者应注意寻找适合自己的风险投资商。

2. 营运资金管理

按月编制营运资金分析表可以有效地控制营运资金,一旦发现营运资金不足时,应立即采取相应的措施来弥补。企业要实施营运资金的动态管理,可通过下面的公式来实现。

资金获得量－资金占用量＝营运资金不足量

3. 财务控制

完善内部的财务控制,是新创企业财务管理的基础工作,有利于发挥财务管理的应有职能,实现财务管理目标。对此,创业者应该要学习必要的财务知识,聘请专业的财务人员,保持会计记录的准确性、稳定性;建立健全的职务分离制度、资产管理制度。

4. 利润分配

企业战略资金能否得到有效的保障,股利分配起着很大的作用。企业进行股利分配应既能满足企业发展的需要,又能满足投资者的需要。这就需要从企业战略的角度出发,根据企业自身的情况选择适宜的股利分配政策。针对初创期企业收益水平低且现金流量不稳定的状况,最好选择低股利政策或零股利政策。

5. 投资管理

投资管理主要解决的是这些问题:做什么,即投资方向;做多少,即投资金额;何时做,即投资时机;怎么做,即资金来源与运用等。在企业的初创阶段,本身就需要大量的资金,而市场本身又具有很大的不确定性,因此这个阶段投资要注意确保风险和收益的均衡。此时,一般采用的是集中化投资战略，将有限的资金投资到某个特定市场，最大限度地提高资金的使用效率。

二、大学生新创企业的市场营销管理

（一）市场定位

市场定位就是在市场上给本企业产品确定适当的位置，是设计公司产品和形象的行为。市场定位的关键是企业要设法使自己的产品上比竞争者更具有价格优势或者偏好优势。市场定位的方式主要有迎头定位、避强定位、创新定位、重新定位。

迎头定位是指企业直接与实力最强或较强的竞争对手采用相同的营销策略，争夺相同的市场位置。

避强定位与迎头定位刚好相反，是避开强有力的竞争对手，将自己的产品定位在另一个没有竞争的区域内。

创新定位就是寻找新的、尚未被占领但又有潜力的市场领域，用本企业的特色产品填补市场空白。

重新定位即二次定位，通常针对的是那些销量小、市场反映差的产品。这种定位模式实质就是为摆脱经营困境，采取以退为进的策略，目的是实施更有效的定位。

总之，新创企业在进行市场定位时，一定要慎重，必须要经过反复的比较和调查研究，找出最合理的突破口。

（二）产品定位

产品定位更多的是描述产品所要打造的特征目标。产品定位是基于产品质量和产品个性而形成的，其基本的物质载体是产品，它在消费者心目中的形象会随着产品生命周期的发展而发生变化。这种变化可能是由浅入深的产品认可，也可能是由深入浅的产品疏离。

产品定位的基本内容包括：产品功能定位、产品档次定位、产品外形及包装决策、产品组合定位、产品价格决策，以及产品的独特卖点、核心价值、优势或主广告语。

产品定位要有一定的差异化，即要设计一系列有意义的差别优势，如在性能质量、产品特征、可靠性、耐用性、样式和格调等方面区别于、优于竞争商品，从而使本产品占有一定的市场份额。

（三）市场细分

市场细分，就是把本产品的总体市场划分为若干具有共同特征的子市场。相对于大众市场而言，这些子市场的目标消费群就是分众。根据细分的粗略程度不同，市场细分的层次有大众市场、微市场、细分市场、补缺市场。

1. 大众市场

大众市场营销，即企业对所有顾客采用的是同一种方法进行大批量生产、分销和促销。这种营销可以使生产成本和经营费用降低，而且还有可能创造最大的潜在市场。但是分销渠道越来越多，企业也就越来越难以接触到所有的潜在消费者。随着市场环境的变化，微观营销已经是大势所趋。

2. 微市场

微市场主要包括本地化市场和个人市场。本地化市场营销能更好地满足本地消费者的需求，但同时也可能因规模经济的减小而拉升成本。个人市场，也就是针对个人的定制营销或者一对一营销。与以往的手工定做不同，现在生产技术的发展使企业可以根据顾客的特殊要求大规模定制产品，满足他们的多样化、个性化需求。然而，定制营销要求企业具有过硬的软硬件条件，这将导致市场营销工作的复杂化，增加经营成本、经营风险。

3. 细分市场

细分市场是企业将整个市场划分为几个不同的细分市场，而每个细分市场的消费者具有相似需求，据此为每一个细分市场提供相应的产品和营销方案。细分市场的消费者需求相似但也有细微的差别，对此，企业应提供灵活的市场供应品，而不是单一的标准化供应品。

4. 补缺市场

补缺市场即亚细分市场，它比细分市场更更细。因此，在补缺市场，竞争者也更少，企业也就能更了解消费者的独特需求，而为了满足自己的特定利益，消费者也愿意支付更高的价格。

（四）营销渠道的管理

新创企业在建立自己的营销渠道过程中，要注意选择合适的营销渠道模式，选择合适的经销商，设计可控的营销渠道结构。管理营销渠道应从以下几方面入手。

第一,采取有效的经销商激励。新创企业的营销渠道管理,很重要的就是对经销渠道成员采取有效激励措施。奖励目标不能太大也不能太小,否则就起不到激励的作用。

第二,严格管理渠道经销商,掌握经销商的库存情况、资金信用情况等。

第三,有计划地收缩,有步骤地扁平。当新创企业发展到了一定规模,可以适当地收缩营销渠道,有步骤地实现扁平化,使销售网点分布更加科学。同时,进一步扩大市场渗透指标,控制总经销商的势力范围,但又不影响经销商的收益。

三、大学生新创企业的人力资源管理

人才是自主创新的主体,是自主创新的第一资源。新创企业要获得生存发展的机会,归根结底在于能否引进优秀人才,留住有用人才,稳定创新创业团队。新创企业人力资源管理的内容包括创业团队的组建、岗位职责的明确、员工的招聘与选拔、培训,激励机制的设计等。

(一)创业团队的组建

要组建团队,了解团队的过程和任务是非常必要的,这有助于使群体成长为一个有效的团队。根据塔克曼的理论,团队发展必须要经过建立、动荡、规范、行动这几个阶段,否则任何未完事项、对立和个人隐藏的目的都会妨碍团队效益。

第一,建立阶段。这一阶段成员之间的信任一般处于低谷阶段,团队进行的主要活动是交流思想和收集信息,还在探索发展方式和操作方式。在此阶段,个人需要处于首要地位,团队需要则被摆在中间位置,任务需要还很低。

第二,动荡阶段。动荡阶段的特征是意见分歧,成员表现活跃,出现各种冲突,但如能处理得当,本阶段将富有创造性。

第三,规范阶段。在规范阶段,成员们了解彼此的优点和弱点,找到了一道工作的真正基础,其关键是共识、信任、计划和合理分工。

第四,行动阶段。到了行动阶段,标志着群体已经成长为一个成熟的团队,团队领导的精力主要放在任务需要上。

(二)岗位职责的明确

人力资源管理的常规工作就是把岗位的工作职责制成岗位说明书。岗位说明书使员工明确了解自己所需要做的工作，企业也可以用岗位说明书来评价员工的工作绩效。岗位说明书的基本内容为岗位名称、岗位具体工作、岗位的上下级关系，以及岗位员工所应具备的素质和技能等。

（三）人员的招聘与选拔

1. 招聘渠道

招聘通常是两种渠道，一种是从企业内部招募人才，另一种是通过从组织外部引进人才。对于新创企业而言，一开始就不大可能从内部选拔人才，因此外部招聘就成为其获得人才的重要途径。外部招聘的渠道主要有校园招聘、求职中心、广告、职业介绍所、猎头公司、朋友或亲属推荐。

2. 选拔应聘者

在获得一定数量应聘者信息之后，就可以进入选拔阶段。应借助多种手段，如面试、心理测试、评价中心等，公平、客观地进行选拔。新创企业由于自身条件有很多不足，选拔时通常先审核求职申请表，然后面试、测试，最终录用。其中，要特别重视关键部门（技术部、生产部、市场部）优秀管理者的甄选工作。只有选择优秀的管理者，才能把企业管理好。

3. 招聘效果评估

受资金状况所限，新创企业不可能花太多的资金在招聘上，因此，招聘效果评估对象主要是招聘成本和录用人员。这可以用以下公式表示。

单位招聘和选拔费用比＝（总经费/录用人数）×100％

至于对录用人员的评估，可以通过以下公式中的人员录用比、招聘完成比、应聘比获得相关信息。

人员录用比＝（录用人员/应聘人数）×100％

一次成功的招聘，大致包括的步骤如图 7-3 所示。

（四）人员的培训

选定人才后，就需要对其进行培训。培训即由企业安排向本企业新老员工有计划有步骤地传授其完成本职工作所必需的相关知识、技能、价值观念、行为规范的过程。有效的员工培训，可以提高员工的素质，满足其自我实现的需要，从而增强新创企业的凝聚力。

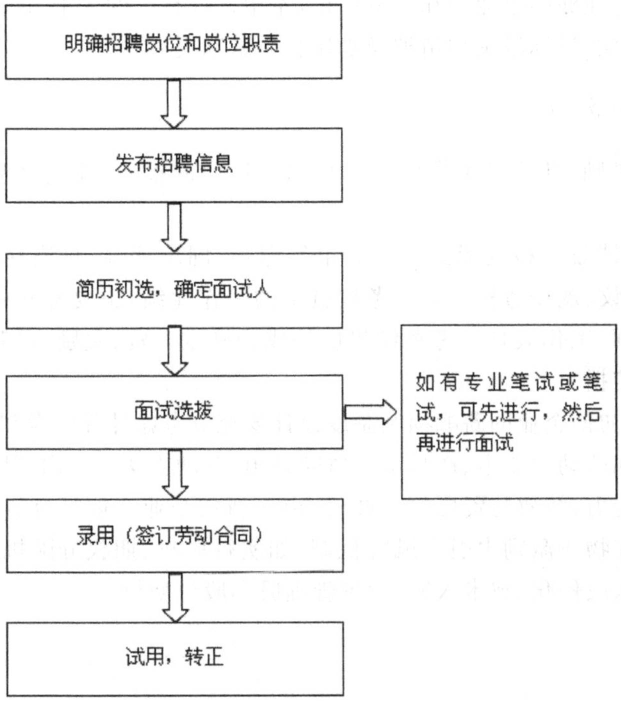

图 7-3 招聘流程图

新创企业人员培训的方式主要有职前培训、在职培训、业余自学。职前培训的方式主要是发放员工手册，开展专业讲解、座谈会、实地参观等。在职培训具体方式如工作轮换和学徒方法。业余自学是指员工利用业余时间参加的各种培训，既可以是学历教育培训，也可以是职业资格或技术等级培训。

（五）设计激励机制

为了提高员工的工作效率，充分发挥其能力和潜力，建立、设计有效的激励机制是最好的管理方式。新创企业激励机制的设计是一个系统的工程，它不仅要有战略考虑，还要有可操作性。通常的激励措施应包含三个方面的内容：目标激励、精神激励、物质激励。

1. 目标激励和精神激励

目标激励，旨在激发员工的事业心和创新精神，使其有所追求。

精神激励，旨在培养员工的荣誉感，为其工作提供精神动力。

新创企业的团队成员多是因为共同的理想追求和价值观而走到一起，

他们往往有强烈的事业心和成就动机，希望发挥自己的才干，在相应领域有所成就，因此，目标激励和精神激励比物质激励更有效。

2. 物质激励

物质激励，即为员工提供与其付出相适应的报酬，即绩效考评和薪酬激励。

第一，绩效考核的形式主要有上级考核、同事评议、自我鉴定、下级评议、外部评议、现场考核。既要考核员工的工作业绩，也要考核员工的能力和能力发挥、工作表现。考核结果应该成为确定工资、奖励、晋升、解聘、调整岗位的依据。

第二，初创企业的薪酬福利制度设计要充分考虑外部因素和内部因素。外部因素如劳动力成本、产品市场风险共担、劳动立法等。内部因素如员工的工作与能力、绩效与资历等。此外，由于新创企业一般具有较大的风险，因此可以在物质激励中引入风险机制，如实行股权、期权分配机制，其具体做法如收入股份化、技术入股、设置管理股和股份期权。

第八章　高校学生事务管理

在高校管理中，事务管理是一个重要组成部分。进入21世纪以来，随着高校扩招、高等教育普及化的发展，高校在校生人数急剧增长，学生事务管理工作也面临一些新情况、新问题和新发展。只有做好高校学生事务管理工作，才能保障高校教学活动的顺利开展和大学生的正常生活，并推进我国高等教育事业的快速发展。在本章中，将对高校学生事务管理的相关内容进行详细论述。

第一节　高校学生事务管理的基本内涵

一、高校学生事务管理的含义

根据美国高等教育领域里的学生事务概念，高校学生事务管理指的是“对学生非学术事务和所有课外活动的管理，即与学生日常学习和生活息息相关的事务管理”①，另外也通常被理解为该职业领域的总称。不过，这个概念在国外学界也并未得到统一的认可。在我国，关于高校学生事务管理的概念也未形成一致意见，以下列举几个比较有代表性的定义。

蔡国春认为，“高等学校通过非学术性事务和课外活动对学生施加教育影响，以规范、指导和服务学生，丰富学生校园生活，促进学生成长成才的组织活动”②，便是高校学生事务管理。

漆小萍、唐燕认为，高校学生事务管理是指“学生非学术性活动和课外活动的组织指导和管理”，它不但涉及学生社团、各种各样的课外文体活动，还涉及学生的经费资助、身心问题、就业指导等多个领域。

马健生、滕珺等认为，高校学生事务应该包括学生、专业人员、具体事务

① 褚祖旺．高校学生事务管理教程[M]．北京：科学出版社，2008：3.

② 蔡国春．高校学生事务管理概念的界定[J]．扬州大学学报(高教研究版)，2000(2).

和学生事务专业这几个要素，它们之间是紧密相连的，不可分割，而且相互作用，由此形成了一个具有较强内在运行逻辑的系统。从这个意义上讲，高校学生事务管理则是管理者运用相关专业知识和技能，配置合理的资源，促进学生发展的组织活动过程。

以上关于高校学生事务管理的定义，有的没有充分考虑我国的实际情况，没有就思想政治教育、学生工作、高校学生事务管理的差异性进行深入的梳理和分析；有的则偏重强调具体事务，而没有对其专业性特点进行太多的描述。王秀彦、高春娣的《高校学生事务管理概论》一书定义“学生事务管理”比较全面且概括性较高，即“在高校中通过指导、规范和服务学生的成长过程，促进其全面、协调、可持续发展的非学术性组织活动”①。

通常来说，高校学生事务管理由专门的机构或职能部门执行、统筹负责，这些机构或职能部门或者是学校的学生事务办公室，或者是学生服务中心，或者是学生处。不过，德国与法国的情况较为特殊，其高校学生事务服务和管理机构是相对独立的，由社会化机构（在德国称为“大学生事务局”，在法国则叫“学生服务中心”）来承担。对此，高校还需要成立专门的联络办公室，以协调本校学生与社会性服务机构之间的关系，促进二者的沟通和合作。

二、高校学生事务管理的特点

高校学生事务管理的特点，具体来说有以下几个。

（一）普遍性

世界各国在高校学生事务管理方面，形成了一些普遍性的认识。比如，强调学生的主体地位，以学生为本，尊重个性；工作职责多样化，不但包括教育、管理，还包括服务；更加强调服务意识，注重为学生的发展提供一系列的服务，满足学生需要等。

（二）独特性

不同的国家有着不同的历史文化、社会环境和管理理念等，在其影响下，不同国家的高校学生事务管理也呈现出自身的一些特殊性。就我国来说，高校学生事务管理的重点在于为学生创设良好的精神氛围，实现对其精神世界的再塑和引领，从而丰富学生的精神生活，促进学生精神境界的提

① 王秀彦，高春娣．高校学生事务管理概论[M]．北京：高等教育出版社，2009：5.

升;偏向于为学生提供多维度、综合性的能力拓展平台,为学生的综合平衡发展和实现社会对接提供条件;侧重通过多层面、具体化、个性化的“柔性管理”,通过国民教育、公民教育和发展教育,使学生获得全面发展,并促进高校人才培养目标和学校发展目标的实现。

此外,即使在同一个国家,由于高校层次和发展历史有所不同,在学生事务管理方面也会呈现出一定的差异。

(三)教育性

高校学生事务管理规范大学生行为,帮助大学生探索和澄清价值理念,根据大学生需要和不同的成长阶段要求而提供相应的服务。即使是惩罚违纪的大学生,也是以教育大学生为出发点。因此在高校学生事务管理的过程中,不但传承、发展了大学文化,而且无形中教育了大学生。此外,高校学生事务管理者还扮演着教育者、领导者角色,按照大学的人才培养目标,合理分配、协调人力、设施、经费等,合理地运用人力资源、物质资源和管理方法,促进大学生的全面发展。

(四)科学性

在进行高校学生事务管理时,要合乎高等教育目标,遵循学生事务管理的规律,根据大学生特点,以科学思想为指导,在具体的组织活动过程中,要科学地制定管理制度和工作计划,对大学生实施正确的、有效的教育、管理,提供适当的服务,以促进大学生全面发展。这便是高校学生事务管理科学性的表现。

(五)艺术性

高校学生事务管理的客体是具体事务,而大学生是具体事务中最活跃的因素。面对大学生个性的差异、管理结构的不可预知或难以量化时,宏观的科学管理显然不能解决所有问题,必须要讲究管理的艺术性,考虑人的情感、友谊、自尊等非理性需要。此外,高校学生事务管理的艺术性特点,要求在开展大学生事务管理时必须要注重灵活应变、逆向思维、情感认知、审美感悟等。

(六)综合性

高校学生事务管理的综合性特点,是针对高校学生事务管理的职责来说的。高校学生事务管理主要包括教育、管理、服务三大方面的职责,“教育方面包括对学生日常思想状况的把握、道德品质的培养以及行为的规范;管理方面主要体现对学生管理有关政策、制度的执行及执行程序的公正、公开；服务方面主要体现对学生的主动干预和对需要帮助的学生提供支持”。高校在开展学生事务管理时，只有有效完成这三方面的职责，才能确保获得良好的管理效果。

三、高校学生事务管理的内容

高校学生事务管理的内容是非常广泛的，而且不同国家对于高校事务管理内容的划分有一定的差异。就我国来说，高校学生事务管理的理论与实践以促进学生全面发展为总体目标，按照培养学生养成良好的道德行为习惯、心理品质和综合素质的原则，可将学生事务管理工作内容分为思想政治教育、学生发展支持、日常事务管理、学工自身建设 4 大类、13 项（表 8-1）。

表 8-1 高校学生事务管理内容分类表①

类型	项目	具体内容
思想政治教育	政治引领	政治认同教育；形势政策教育；党团建设
	人格塑造	人生观教育；品性教育；审美教育；劳动教育；自我认知与发展教育；心理健康教育
学生发展支持	成长辅导	新生辅导；生涯辅导；升学辅导；留学辅导；就业辅导
	学习支持	学业规划辅导；学习方法辅导；学习兴趣培养；学习困难帮扶
	素质拓展	通识教育；创新创业教育；课外实践；社团活动；情商培养；领导力培养；交往能力培养；国防生军政素质培养
日常事务管理	招生注册	招生管理；迎新工作；学籍注册管理；学历学位信息服务
	毕业就业	毕业教育；毕业典礼；就业市场建设；就业管理服务
	行为规范	法律法规与纪律教育；行为规范与礼仪；学术规范；安全教育管理；突发事件处置；违纪处理与权益保护
	奖励资助	评优评先；奖学金管理；家庭经济困难资助；勤工助学
	生活服务	住宿服务与园区管理；健康服务；文体服务；民族生服务

① 王林清，等．高校学生事务管理规范与服务标准[M]．北京：中国文史出版社，2014：5－6.

续表

类型	项目	具体内容
学工自身建设	内务管理	制度与规范建设；运行机制；工作规划管理；经费与资源管理
	队伍建设	辅导员选拔与管理；岗前培训；专项培训；挂职与交流访学；教学与研究；学位进修
	考核评估	单位年度工作绩效考核；人员年度与聘期履职考核；人员职务与职称晋升考核；评优评先与典型选树；专项工作督导评估

第二节　我国高校学生事务管理的实践

我国高校学生事务管理的实践涉及的内容很多，这里着重分析一下高校学生宿舍管理、高校学生资助事务管理和高校学生维权事务管理。

一、高校学生宿舍管理

（一）高校学生宿舍管理的含义

所谓高校学生宿舍管理，就是高校以学生为主体，以宿舍为依托，通过进行科学有效的管理，为学生创造一个整洁有序、优美舒适的居住环境，并在这样的环境中帮助学生形成良好生活习惯，促进学生全面发展的管理实践活动。

高校学生宿舍管理作为一种教育管理活动，理应具有教育功能。但在我国，高校学生宿舍管理长期以来被认为是为学生提供住宿服务，对生活琐事进行管理，而忽视了其教育功能。高校宿舍的建设，只是为学生提供了安全的住所，并没有发挥促进学生发展的教育功能。今天，高等教育环境发生了新的转变，学生事务管理逐渐专业化，因此，高校学生宿舍管理应注重其教育功能的发挥。

（二）高校学生宿舍管理的体制

我国高校学生宿舍管理的体制，就当前来说主要有以下几种。

第一，将学生宿舍部门纳入后勤系统，设立学校宿舍管理中心，按照独立后勤实体模式进行管理。

第二，将学生宿舍纳入学工系统，按照传统的机关模式进行管理。

第三，采取由社会物业企业托管的方式对高校学生宿舍进行管理。

（三）高校学生宿舍管理的途径

高校学生宿舍管理是一项综合性的工作，它不仅要求学校各部门之间相互配合，还需要充分调动学生自我管理的积极性。高校在开展学生宿舍管理活动时，要想取得良好的成果，可以借助于以下几个有效的途径。

1. 要不断加强高校学生宿舍文化建设

大学生的学生与生活，都离不开宿舍这一重要的场所。因此，要注重大学生宿舍文化建设，积极营造和谐的文化氛围，以培养大学生良好的思想品质和生活习惯，并为大学生建立良好的宿舍生活秩序。通常而言，可从以下两方面着手进行高校学生宿舍文化建设。

第一，积极开展宿舍文化活动。在对高校学生宿舍进行管理时，应充分利用学生宿舍的资源，组织学生开展宿舍文化活动，如举办学生宿舍文化节，开展征文、演讲比赛，在节假日举办文艺演出等。

第二，积极建设学生宿舍制度文化。高校学生宿舍的各项规章制度体现了一定的价值取向，是宿舍文化的重要组成部分。制度文化的确立有利于规范学生的行为，在大学生宿舍建立良好的生活秩序。需要注意的是，高校学生宿舍管理制度的制定应积极听取大学生的意见，这样有利于大学生对制度的认同，并自觉遵守，也有利于制度文化的形成。

2. 要不断健全高校学生宿舍管理的组织机构

为实现对大学生宿舍管理工作的统一指导，高校应成立大学生宿舍管理委员会，并根据大学生宿舍管理的具体任务成立相应的工作部门。高校学生宿舍管理委员会主要负责安排具体的工作任务、对重大事项进行讨论，并对各有关部门的工作进行指导、协调，各部门则主要根据既定的任务和要求展开具体的工作，进而使大学生宿舍管理形成相对独立和完整的工作体系。

3. 要积极完善高校学生宿舍的自我管理体系

在高校学生宿舍管理中，大学生作为一个重要的参与者，必须积极参与到宿舍管理工作中来。这既有利于促进大学生的成长，也有利于实现高校学生宿舍的高效管理。也就是说,高校应注重大学生宿舍自我管理体系的完善。一方面是建立以宿舍长等为基础的大学生自我管理组织,通过他们开展日常宿舍检查评比、文化活动等工作;另一方面是通过大学生社团组织各项活动,丰富大学生的校园生活,提升大学生团体的凝聚力,进而实现教育管理的目的。

4. 要不断提高高校学生宿舍服务的质量

大学生入住宿舍需要缴纳一定的费用,这就与大学生宿舍物业管理部门建立了一种契约关系,因此,物业管理部门应为入住的大学生提供生活上的服务。例如,认真做好保洁工作,为大学生创造良好的生活环境,定期检查维护宿舍水电等设施,积极听取大学生的意见和建议,进而为大学生提供优质、全面的服务。

此外,高校应在大学生宿舍设立医疗救助服务点,并安排专人值班,做好安全保卫工作,能够及时处理大学生宿舍的突发事件,为大学生的生命财产安全提供保障;建立大学生宿舍咨询服务机构,根据大学生的身心发展特点开展心理咨询等服务工作,保障大学生的身心健康发展。

二、高校学生资助事务管理

(一)高校学生资助事务管理的含义

所谓高校学生资助事务管理,就是高校相关管理部门在国家政策的指导下构建高校学生资助体系,充分发挥多种资助方式的作用,真正解决家庭经济困难学生实际困难的过程。

就我国来说,高校学生资助体系根据资助方式的不同,可以分为奖学金、学生贷款、勤工助学、特困学生补助和学费减免(即奖、贷、助、补、减)五种模式。在当前,基本上所有的高校都能为大学生提供这五种资助方式。

高校学生资助事务管理工作已经成为学生事务管理的重要内容,它既关系到经济贫困大学生的健康成长,还直接关系到党的全面育人方针的实现。具体来说,高校学生资助事务管理有利于保障贫困大学生受教育的权力,帮助贫困大学生顺利完成学业;也有利于实现教育公平,推动全民族整体文化素质的有效提升。

(二)高校学生资助事务管理的途径

高校在对大学生资助事务进行管理时,可采取以下两个有效的途径。

1. 高校要建立健全大学生资助管理制度

高校学生事务管理者在大学新生入校后，应及时收集他们的相关资料，建立档案。这些资料主要包括学生本人基本情况、家庭成员情况及其收入状况等。资料收集完后，还要注意将其输入电脑，每学年根据具体情况进行变更。

此外，高校要保证学生自主工作得到公平、公正、公开，就要在资助工作开始前将资助条件、程序、时间安排、标准等进行公示。在评选过程中，要根据大学生的实际情况进行筛选，然后把初步核实符合条件的大学生名单进行公示，接受大学生监督，保证资助工作的公信度。

2. 高校要加大勤工助学工作的力度

对于贫困大学生来说，勤工助学是鼓励其自强不息，用自己的勤劳和智慧为成才创造条件的有效方式。高校学生事务管理部门既要成立专门机构实施贫困生勤工助学工作，锻炼学生能力，还应不断增加勤工助学岗位，为广大贫困生提供更多勤工助学的机会。在解决学生实际困难的同时，培养他们自立、自强的能力。

三、高校学生维权事务管理

（一）高校学生维权事务管理的含义

目前，我国对高校学生享有的权利进行了法律保护。这些权利既包括实体性权利，也包括程序性权利；有些是以法律条文明确规定的权利；有些则是通过设定高校的法律义务来体现的学生权利。具体来说，高校学生享有的权利主要包括受教育权、学习保障权、获得物质帮助权、民主管理权、课社团组织活动权、救济权以及其他权利。高校要想保证学生的这些正当权利得到有效维护，就必须开展好大学生维权事务管理工作。

（二）高校学生维权事务管理的内容

高校学生维权事务管理涉及的内容非常广泛，其中较为重要的有以下两个。

1. 设立学生维权机构与制度

高校可以通过设立负责学生维权的专门机构和专职人员，或者设立兼职的维权委员，推进高校学生的维权工作，并要建立科学的考核机制，对相关工作人员进行必要的考评。此外，高校要实现大学生维权工作的规范化，就必须根据本校的实际情况，完善大学生权益的法律法规和学校管理的规章制度，并要以文字的形式呈现，以便大学生在维权时有章可循。

2. 构建全方位的维权体系

全方位的维权体系的构建，对于高校营造充分体现法治精神的育人环境有着重要的作用。具体来说，高校在构建全方位的维权体系时应着重从以下两个方面着手。

第一，要建立主动告知制度。高校在开展学生维权管理工作时所考虑的事实因素、法律依据等，要如实地告知大学生，以便切实保障大学生的合法权益。

第二，要建立信息公开制度。高校对于与大学生权利义务相关的信息，只要不属于法律法规要求保密的范围，都要主动向大学生公开。

（三）高校学生维权事务管理的途径

高校在开展学生维权事务管理时，可以借助于以下两个有效的途径。

1. 高校要切实维护大学生的权利

高校的日常教学和管理工作中，广泛涉及大学生的权利。高校应对权利与义务进行分解，准确分析校内各部门之间的关系，对他们的工作进行统一，防止出现侵犯大学生利益的行为。同时，高校自身要建立考核机制、奖惩机制，对各部门工作进行检查，督促教职工做好自身工作，维护大学生的权利。

2. 高校要有效提升大学生的维权意识和能力

高校应加强法制教育，培养广大师生的法律意识，使法治精神深入广大师生内心。学生事务管理者要引导大学生明确自身的权利和义务，知道如何维护自身的权益，进而提升学生权利的保护意识和能力。

第三节　高校学生事务管理的评价

一、高校学生事务管理评价的含义

所谓高校学生事务管理评价，指的是高校相关组织根据一定的标准，选用合适的方法，依照学生事务管理的使命、任务，科学评判学生事务管理的主体、绩效及相关辅助系统的过程。高校学生事务管理评价不仅是一项重要的管理内容,也是开展工作的方法之一。

二、高校学生事务管理评价的作用

高校学生事务管理评价的作用,具体来说有以下三个。

(一)导向作用

高校学生事务管理评价可以帮助高校学生事务管理机构及人员对自身的职责和发展目标进行明确,使管理机构、管理人员形成逐渐逼近目标实现的要求和有步骤有意识地进行行动的习惯,并朝着正确的方向不断发展。此外,高校学生事务管理评价可以对评价管理机构、管理人员、管理政策在今后发展中应注意的方面加以引导。例如,注重引导高校学生事务管理政策向有利于学生成长的方向发展等。

(二)鉴别作用

在开始高校学生事务管理评价时,需要评价标准对被评对象达成目标的程度进行判断,认定、判断被评对象是否合格、管理水平高低程度等实际价值的功效和能力。换句话说,就是区分、辨别对被评对象的功能,通过鉴定区分优劣、辨别真伪、分等定级,为认可、选拔、评优、管理决策提供服务和支持。这就是高校学生事务管理评价的鉴别作用。

(三)激励作用

高校学生事务管理评价是达成激励的一种不可或缺的基本手段,同时激励也是高校学生事务管理所取得的阶段性结果。具体来说,高校学生事务管理评价的指标体系及其标准为高校学生事务管理部门、管理人员今后工作的努力方向和奋斗的具体目标进行了指明。良好的高校学生事务管理评价能够明确给管理部门、管理人员传递出“何谓有效管理、何谓无效管理”的信息。这样,可以通过高校学生事务管理评价对高校学生事务管理工作各岗位人员的表现与工作结果做出评定,以此为依据对岗位人员进行客观、公正的评价,奖惩优劣,鼓励先进,从而充分调动高校学生事务管理人员公正的积极性、主动性、创造性。

三、高校学生事务管理评价的类型

高校学生事务管理评价依据不同的标准,可以分为不同的类型,具体如下。

（一）以评价的分析方法为标准进行划分

以评价的分析方法为标准，可以将高校学生事务管理评价分为以下两类。

1. 高校学生事务管理定量评价

高校学生事务管理定量评价就是指在评价的过程中运用数学方法，将评价的内容分解为若干项目，并对每一个项目的最高分数进行明确规定，由评价主体给各个项目评分，接着根据一定的权重，将各项所得的分数相加，得出被评价者的总分，用这个总分再对被评对象作出某种判断。

高校学生事务管理定量评价适合在宏观上大规模地分析事物或现象，但同时易于忽视事物或现象所具有的特殊性，通常通过单一的模式略去事物或现象所具有的复杂特征，从而导致特殊现象或现象的单一化、简单化模式。

2. 高校学生事务管理定性评价

高校学生事务管理定性评价就是用非数量化的方法进行评定。由于定性评价反对统计检验，提供丰富的描述，故又称为描述性评价。定性评价的过程一般包括：对被评价对象进行确定、对评价目的进行陈述、对评价背景进行了解、搜集与分析材料、得出结论、检验效度、撰写评价报告等。这些步骤在实际操作时会出现相互渗透、循环反复的情况。定性评价的主要方法有：评定评价法、等级评价法、评语评价法等。

高校学生事务管理定性评价有利于细致深入地研究被评价对象的微观层面，也有利于了解当事人的心理状态和意义建构。

高校学生事务管理的定量评价和定性评价，各有利弊，不能对之进行简单的否定和肯定。定量评价可以使一些概念精确化，增大评价的区分度，降低评价的主观性、模糊性，但其适用范围有限，如难以对管理人员的态度、思想素质、协调能力等进行定量评价。定性评价具有简便易行的优势和特点，但其区分度有限，不能直接、鲜明地评价高校学生事务管理的某些内容，如难以对学生宿舍管理的绩效进行定性评价。因此，在高校学生事务管理评价的实践中，往往将定量评价与定性评价结合起来使用。

（二）以评价的对象为标准进行划分

以评价的对象为标准，可以将高校学生事务管理评价分为以下几类。

1. 以管理机构为对象的评价

高校学生事务管理机构的设置，并不是完全相同的。但是，在对高校学生事务管理机构进行评价时，都可以按照其管理活动过程（计划、组织、人事、激励和控制五个领域）来进行评价，这方面的评价主要包括是否设置有健全的高校学生事务管理机构，是否有固定的办公场地、办公经费、专职管理人员，管理人员是否对自己的职能进行了明确，管理学生事务的着眼点和使命是否是为了促进“学生发展”，开展本机构的职能工作时是否做到了热情、主动、真诚、积极、负责等内容。

2. 以管理人员为对象的评价

通常来说，高校学生事务的管理人员是由两部分构成的，即专职管理人员和兼职管理人员。其中，具有相应学历、层次分明的专职管理人员是高校学生事务管理人员的主要构成部分。根据其岗位职责，又可以把高校学生事务管理人员分为初级、中级和高级三个层次。

对高校学生事务管理人员进行评价，需要包括管理人员的思想修养、道德品质是否端正、优良，工作态度是否认真、踏实、责任心强，工作是否积极、主动，是否注重工作效率，并有很强的团队合作精神与合作能力，服务是否热情、周到，业务能力是否到位并且处于稳步提高的态势等内容。

3. 以管理活动为对象的评价

高校学生事务有管理性事务与指导、服务性事务之分，而且高校学生事务管理活动从宏观上来说就是高校学生事务管理机构开展的“类”活动。因此，高校学生事务管理人员在评价这“类”高校学生事务管理活动时，也要从“类”的角度来进行，这样做的根本原因在于：高校一些活动经常采取“联姻”的形式举行，难分“彼”“此”。例如，就学生服务类活动评价来说，需要评价的内容包括：高校是否开展了辅导类活动，如行为辅导活动、心理辅导活动、就业辅导活动等，高校开展辅导活动的频率是否很高，高校辅导类活动是否对学生产生了深远的影响等。

高校学生事务管理活动从微观上来说，就是高校学生事务管理机构开展的“个”活动，对这种活动的管理包含在“类”的管理活动之中。高校学生事务管理人员在评价这“个”高校学生事务管理活动时，也要从“个”的角度来进行，这样做的根本原因在于：高校一些学生事务管理活动存在十分明显的差异，“彼”“此”界限清楚。例如，就大学生服务“类”活动来说，是否为每一个学生建立心理辅导档案就属于高校学生事务管理“个”活动的评价。

这里还需要特别指出的一点是，无论是从宏观的“类”的角度还是从微观的“个”的角度来评价高校学生事务管理活动，都需要包含两个方面，一方面是对高校学生事务管理活动的过程进行评价，如评价活动方案等，另一方面是对高校学生事务管理活动的结果进行评价。

（三）以评价的主体为标准进行划分

以评价的主体为标准，可以将高校学生事务管理评价分为以下两类。

1. 自我评价

在高校学生事务管理评价中，由被评对象自身主持的评价便是自我评价。在这一评价类型中，被评对象同时是评价的主体和客体。此外，这一评价类型较为典型的表现形式有高校学生事务管理人员个人自我鉴定、高校学生事务管理机构工作总结，等等。作为自我评价的主体，高校学生事务管理机构和人员对自己的动机和价值观念最为了解，如果自评合理、准确，就能最大限度地改善高校学生事务管理行为。不过，高校学生事务管理机构和人员自我评价容易出现一些问题，如产生仁慈错误，即主观上认为自己的表现比同行好；出现自评的光环效应，即对于自己的表现，给予过高或过好的评价。为此，高校学生事务管理机构和人员在认识与分析自我时，应尽量做到客观公正、实事求是。

2. 他人评价

高校学生事务管理的他人评价，又可以细分为以下几种情况。

(1)学生评价

在高校学生事务管理中，学生既是最直接的服务对象，也是直接的体现者和受益者。因此，高校学生具有对相关管理机构和人员评价的发言权。不过，由于学生自身发展不理性、不成熟，停留在感性认识阶段，或者对短期目标的实现过于注重，以及学生成分、所学专业、班级背景的复杂性等，他们对高校学生事务管理评价很可能存在不客观、不准确的现象。

(2)同行评价

高校学生事务管理的同行评价，就是由本校及他校相关领域人员或同一层级的高校学生事务管理人员对高校学生事务管理的过程、结果等进行评价。由于同行比较深入地了解高校学生事务管理的目标、任务、方法、特点，在评价过程中能保持相对客观、科学的态度，因而得出的结果可信度比较高。不过，同行评价容易掺杂主观臆测成分，必须注意克服“同行相轻”的心态，只有这样同行评价才能最终达到“以评促改、以评促建”的目的。

(3)社会公众评价

这里所说的社会公众,包括广大家长、校友等。他们是为了追求质量信任和绩效问责,而参与高校学生事务管理评价的。不过,社会公众一般被认为是高校学生事务管理实践的局外人,他们对高校学生事务管理的复杂性不是十分了解,难以充当高校学生事务管理评价的主体,但他们同样拥有参与高校学生事务管理评价的权力。

四、高校学生事务管理评价的原则

在对高校学生事务管理进行评价时,只有切实遵循一定的原则,才有可能确保评价结果的科学性。具体而言,高校学生事务管理评价的原则有以下几个。

(一)方向性原则

高校学生事务管理评价的方向性原则指的是在进行高校学生事务管理评价时,必须坚守学生事务管理“为学生发展服务”和“为国家、社会服务”的基本立场。如果在高校学生事务管理评价中偏离了方向性原则,就难以确立科学、合理的评价指标体系,影响评价工作的正常开展。

高校学生事务管理评价要切实贯彻方向性原则,必须做好以下两方面的工作。

第一,坚持社会主义办学方向。在进行高校学生事务管理评价时,评价主体应对党和国家的各项教育方针、政策、法规以及高校学生事务管理理论进行深入学习,树立起正确的高校学生事务管理价值观、评价观,评价的指标和标准必须体现社会主义政治方向和教育方向。还应注意调动被评者的积极性,促使社会各界更加理解和支持高校学生事务管理,强化正确的办学方向。

第二,坚持促进学生发展的使命,对各项高校学生事务管理的内容进行检查,判断组织活动过程是否与大学生的成长规律相违背,是否有利于发挥学生自我管理的作用。

(二)客观性原则

高校学生事务管理评价的客观性原则指的是在进行高校学生事务管理评价时,必须防止和克服评价过程中的主观臆断,排除一切干扰,采取客观的实事求是的态度,对高校学生事务管理进行客观、全面、真实的评价。如果在评价过程中不遵循或者违背了客观性原则,就有可能导致高校学生事务管理评价标准趋于模糊，对高校学生事务管理工作的有效性及可信度造成不利影响。

高校学生事务管理评价要切实贯彻客观性原则，必须特别注意以下几个方面。

第一，高校学生事务管理评价的主体在评价过程中要始终坚持客观的态度，一切从实际出发，以事实为根据，以评价标准为准绳。

第二，高校学生事务管理评价要有科学的指标和标准，即评价的指标和标准，要有科学的依据、结构和内涵界定，为高校学生事务管理评价客观性奠定基础。

第三，高校学生事务管理评价要有科学的技术和方法。对评价方案的设计，评价信息的搜集、整理，评价组织机构的建立，评价结果的合成与处理，所使用的评价技术和方法进行综合处理，从而增添高校学生事务管理评价的可靠性和有效性，为评价的客观性提供有力保障。

（三）系统性原则

高校学生事务管理评价的系统性原则指的是在进行高校学生事务管理评价时，必须运用系统的观点、联系的方法，全面评价对高校学生事务管理造成影响的内、外因素，以及高校学生事务管理过程中管理机构、管理人员的行为等。高校学生事务管理与内外环境具有十分紧密的联系，这就有可能会导致较为良好、周全的管理过程并不一定能够取得较为满意、可观的管理绩效。基于此，高校学生事务管理评价应将管理过程评价和管理效果评价巧妙地结合成一个完整的评价系统。但是，在现实的高校学生事务管理评价中，评价主体往往对学生事务管理的结果给予过多的关注，从而忽视对学生事务管理的过程进行评价，如忽视评价管理人员在管理过程中的态度等要素。这种忽视整体性评价的做法，使得高校学生事务管理评价在评价过程中带有主观臆断的成分，有失科学、客观、公允，不利于调动和激发管理人员的积极性。

高校学生事务管理评价要切实贯彻系统性原则，必须做好以下两方面的工作。

第一，高校学生事务管理者必须将过程评价与绩效评价视为一个整体，注重二者的结合，不能忽视其中任何一部分。

第二，高校学生事务管理者要设计科学、合理的过程评价方法与指标体系。在高校学生事务管理评价过程中，与管理过程相比，管理结果具有更直接、明了的特点，对人们的说服力更强。但是，高校学生事务管理过程具有更多的诸如组织文化、组织制度、人员素质等软元素，且在很大程度上影响着管理结果。这就需要科学、合理的高校学生事务管理评价方法与指标体系的设置。

(四)发展性原则

高校学生事务管理评价的发展性原则指的是在进行高校学生事务管理评价时,必须以促进被评对象积极上进、不断进步为基本出发点进行评价。只有坚守发展性原则,高校学生事务管理评价作为一种外在刺激,才能真正转化成被评对象赢得好评的内在需要,并进而转化成被评对象达标行动的内在动力。

高校学生事务管理评价要切实贯彻发展性原则,必须特别注意以下几个方面。

第一,高校学生事务管理评价要有明确的目的,并要在评价的过程中牢牢坚守此目的。高校学生事务管理评价的出发点和归宿都在于调动管理机构和人员的积极性、主动性,促进其更好地发展。

第二,高校学生事务管理评价要以激励为主,惩处为辅。也就是说,在评价中要充分鼓励产出效率效益高、进步明显的管理人员;通过定性定量分析评价结果,激励被评者发扬优点、克服缺点;对评价的优胜者,要予以表彰和奖励,激发被评价者的竞争意识,共同发展。

五、高校学生事务管理评价的程序

在开展高校学生事务管理评价时,除了要遵循一定的原则外,还要遵守以下的评价程序。

(一)高校学生事务管理评价的准备

高校学生事务管理评价的准备是开展高校学生事务管理评价首先要进行的一项工作,应涉及以下几个方面的内容。

1. 成立高校学生事务管理评价的机构

高校学生事务管理评价机构是评价的权力机构,行使聘请有关专家组成专家组、确定评价方案、选用评价方法、收集与整合评价资料、撰写评价报告等职权。

2. 设计高校学生事务管理评价的方案

高校学生事务管理评价的开展,要以设计高校学生事务管理评价方案为前提和基础。高校学生事务管理涉及学生学习、生活的多个方面，直接关系到大学生自身素质、学生事务管理人员、高校管理体制等。因此，要认真推敲、反复斟酌评价的管理对象、目的、评价指标体系、方法等，使评价方案周密、科学。

3. 明确高校学生事务管理评价的指标体系

高校学生事务管理评价的核心，便是明确高校学生事务管理评价的指标体系。一般来说，高校学生事务管理评价指标体系包括三大内容，即确立各项评价指标及相对应的权重、评价标准。确立指标权重的方法有专家意见平均法、层次分析法等。从目前来看，一般采用专家意见平均法对高校学生事务管理评价指标权重进行确立。此外，所制定的高校学生事务管理评价的指标体系必须是科学的、客观的、可行的。

4. 选择高校学生事务管理评价的方法

高校学生事务管理评价的方法，主要有以下两个。

(1)等级赋值平均法

在运用这一方法进行高校学生事务管理评价时，要先给出被评定指标(A1，A2，A3，A4，…)的各个等级，并对各等级进行合理赋值，即将定性描述词(如合格、不合格、良好、优秀)转换成相应的分值(如 1，2，3，4)，然后加权(b1，b2，b3，b4，…)与综合被评价的各个指标的得分值，通过计算公式 $D=b1\times A1+b2\times A2+b3\times A3+b4\times A4+\cdots$ 得出综合分数，依据 $0<D\leqslant 1$ 为不合格，$1<D\leqslant 2$ 为合格，$2<D\leqslant 3$ 为良好，$3<D\leqslant 4$ 为优秀(依上假定不合格、合格、良好、优秀赋值分别为 1，2，3，4)，得出综合评价的结论。

(2)模糊综合评价法

在运用这一方法进行高校学生事务管理评价时，需要遵循一定的步骤。第一，确立评价指标集 U，同时对指标权重进行确立。一级指标的权重分别确立为 A1，A2，A3，A4，第一个一级指标的二级指标权重分别为 a1，a2，a3，…即 $A1=(a1,a2,a3,\cdots)$，其中 $A1+A2+A3+A4+\cdots=1$，以此类推，对其他指标及权重进行确立。第二，确立评价集并赋值。评价者可以将评价等级 G 分为优秀(G1)，良好(G2)，合格(G3)，不合格(G4)，即 $G=(G1,G2,G3,G4)$ 四个等级，也有一些研究者习惯将其分为不合格、合格、优秀三个等级。第三，建立指标集的模糊矩阵。第四，采用加权平均型综合评判模型。第五，计算。第六，结论。如果评价结果最接近 G4，则此评价为不合格，结果接近 G2，则此评价为合格，以此类推。

（二）高校学生事务管理评价的实施

在实施高校学生事务管理评价时，需做好以下几方面的工作。

第一，高校学生事务管理评价组织人员要认真地对开展某项评价活动的具体方案进行宣传动员，特别在涉及大学生时，更要取得他们广泛的认同和积极的配合，以使被评价对象和参与人员严肃对待评价，确保评价结果的客观性。

第二，高校学生事务管理评价组织人员要收集、整理与评价相关的信息。在这一过程中，高校学生事务管理评价组织人员必须要注意收集信息的渠道具有广泛性、延展性，搜集的对象具有典型性、代表性，搜集的信息具有客观性、准确性、完整性，整理信息的方法具有科学性、合理性。

第三，高校学生事务管理评价组织人员在具体进行评价时，对评价过程必须保持公正、客观的态度。在正式评价之前，为了有效改进和完善评价的细节，高校学生事务管理评价组织人员可以进行小范围的试评。在正式评价时，高校学生事务管理评价组织人员要向被评价人提供准确明了的评价信息，同时，要运用良好的评价方法，注意加强监督，确保评价结果的真实性。

（三）高校学生事务管理评价的结果分析

分析高校学生事务管理评价的结果，有助于被评对象快速找出高校学生事务管理中存在的问题与不足，从而为发扬优点、巩固优势，克服缺点、改进不足奠定重要的基础。高校学生事务管理评价结果分析通常采用评价过程与评价结果统一分析法，即在分析高校学生事务管理评价的结果时，不仅要看被评对象的工作成绩，而且要看这些成绩取得的过程。例如，在对高校学生事务管理人员进行评价时，既要看管理人员是否在重大事情的处理上取得了显著效果，同时也要看其素质是否全面、对待学生的态度是否端正；既要看到被评价对象自身存在的不足，也要考虑是否有其他外在因素的干扰等。

（四）高校学生事务管理评价的结果反馈

在分析了高校学生事务管理评价的结果后，应及时对其进行反馈。在这一过程中，以下两方面要特别予以注意。

第一，一切高校学生事务管理评价活动，都是在一定的时空范围内进行的。其评价结果有必要及时地反馈给被评对象，以便被评价对象对自身的工作做出改进。

第二，高校学生事务管理评价组织人员在反馈评价结果时，要选择合适的反馈方式，注意被评对象的心理反应和行为态度。必要时，评价组织人员还应向被评对象做出一定的说明、解释，使其理解和支持评价活动。评价组织人员应根据不同的评价内容、评价结论和被评对象的特点，选择合适的方式反馈给被评对象。同时，还要做好被评对象的心理调控工作，使被评对象尽可能地接受或认同评价结果。

（五）高校学生事务管理评价的结果总结

总结高校学生事务管理评价的结果，主要有两方面的作用。一是根据评价结果奖优惩劣，奖励评价效果优秀的机构和个人，惩罚不合格的机构和个人，此外，还要对不合格者提出合理的建设性意见，以促进其发展。二是建立高校学生事务管理评价档案。将评价过程中的各项方案、数据、总结等，立卷建档。评价组织委员会备份后，另交多份由高校档案中心管理，以备日后查阅和研究。

第四节　高校学生事务管理的运行机制与体系

一、高校学生事务管理的运行机制

（一）基于促进学生成长发展为核心的高校学生事务管理的运行机制

高校一切管理工作都必须以能否建立起满足大学生成长发展需要的服务体系为标准。就高校与大学生而言，在大学生事务管理中，要从大学生最迫切、最现实的需求出发，认真实施管理育人和服务育人，强化责任担当，把促进大学生健康成长成才作为一切工作的出发点和落脚点，为大学生的成长成才提供最实际、最真诚、最朴素的服务。也就是说，要积极构建基于促进学生成长发展为核心的高校学生事务管理的运行机制，具体可从以下几个方面着手。

1. 树立整体性的人才观

由于大学生的成长发展需要是多方面的，因此基于促进学生成长发展为核心的大学生事务管理，需坚持人才观的整体性。也就是说，应站在培养人才的战略高度来理解大学生事务管理，不能把大学生事务管理仅仅理解为一般性的事务管理。

2. 服务于学生核心素养的形成

大学生的核心素养主要是要集中培养大学生的思想道德、科学文化和健康等三种素质，提升大学生学习、实践和创新的三种能力，努力塑造大学生敬业奉献、团结协作和诚实守信三种精神。

3. 构建“学生发展为本”的高校学生事务管理体系

构建“以学生发展为本”的大学生事务管理体系，第一是要坚持依法管理，保障学生的切身利益。以大学生利益实现为出发点，通过对良好的学习、生活保障，让学生的成长发展受到保护。第二是建立健全促进学生自我发展、自我创新、自我完善的机制。第三是建立并发展完善学生事务管理体制。此外，大学生事务管理工作人员也须不断提升自身管理的工作能力，了解学生的真切需求，在做好服务工作的同时，实现对学生成长发展的帮扶。

（二）基于增强社会服务能力的高校学生事务管理的运行机制

随着高校社会服务职能的扩展，高校与社会的联系越来越密切，已由社会的边缘走进社会的中心。大学必须主动融入社会经济发展大循环，为国家的经济社会发展做贡献，这已经是共识。在地方高校转型发展中，坚持以服务求支持，以贡献求发展，并在社会服务中不断培育和提升核心竞争力，打造办学特色，培育学校新的增长点，也已经成为大家的共识。因此，应积极构建基于增强社会服务能力的高校学生事务管理的运行机制，具体可从以下几方面着手。

第一，增强高校办学的社会性、开放性，推倒各种障碍，促进学校向社会开放，展示自身优势，提高社会服务能力。

第二，增强人才培养的融入性、适应性。大学一直坚守着以为社会培养大批有用人才为荣的信念，这是大学服务社会的一个根本所在。面对一些大学生所学专业与现实需求相差很远甚至“学无所用”时，我们不得不从更深层次反思大学教育与现实社会用人需求之间的差距，看看我们到底是在培养实用型人才，还是在培养“书本人才”和无法融入、面对、适应社会的庸才。

第三，增强科技创新的针对性、实效性。地方高校要站在科技前沿，直接立足于满足经济社会发展的需要，不搞“高大上”，努力提高对经济社会发展的贡献率。具体可以从以下方面改进：一是坚持以提高高校科技服务质量为本；二是找准高校服务社会的结合点；三是要加快高校科技创新的进程，既发挥人才密集的优势，又加快产学研一体化建设，促进科技成果的转化应用；四是引领区域创新文化建设。

第四，增强创新平台的集成性、前瞩性。高校要努力解决具有全局性、战略性、前瞻性的重大理论及现实问题。包括凝练重大科研目标，构筑创新基地；建立科技成果转化和产业化创新平台；建设科技信息资源共享创新平台；建设科研创新团队；创新科研管理机制平台建设。

第五，增强服务体制机制的协调性、优化性。从高校内部来看，一是建立健全分层次、分类别的人员考核制度；二是完善资源分配制度；三是建立孵化机制；四是建立社会服务的平衡机制。建立协调人才培养、科学研究、社会服务三项职能的平衡机制。

（三）基于治理的高校学生事务管理的运行机制

1. 基于治理的高校学生事务管理的特点

基于治理的大学生事务管理的特点，具体来说有以下几个。

（1）重在发挥学生的主体性和主动性

大学生事务管理的核心是为学生成长成才服务，包括激励、指导、引领和必要的惩戒与纠正。做好服务的两大前提是服务对象的需要客观存在且有效，服务对象对需要的满足有着强烈的渴望。因此，必须想方设法确认并发挥学生的主体性，激发他们渴望成长的有效需求和对自身需求得以满足的强烈内心冲动与激情。想方设法激发学生兴趣、激活学生思维、激起学生情感，全身心地投入到学习、实践锻炼中。在管理中充分发扬民主，通过召开座谈会、恳谈会、调查问卷、热点网络调查等方式，搜集、听取来自学生的意见和建议，提高学生话语权，调动学生主动参与自我教育、管理与服务的积极性和主动性。学生的主动性、积极性及其发挥程度，是判断基于治理的大学生事务管理有效性的基本标准。

（2）重在促进师生形成平等互助的关系

在传统的学生事务管理，主要采用的是自上而下的行政管理，师生间“管”与“被管”的色彩浓厚。加之我们在加强思想政治教育的同时，不同程度存在着轻视学生事务管理的倾向，甚至将两者对立起来。在注重思想政治教育本身固有的“落差”引导时，忽略了由此给师生关系蒙上的“不平等”阴影。基于治理的大学生事务管理，更加需要建立起平等互助的新型师生关系，老师与学生是平等的，老师不以教育者自居，表现为一种朋友式的友好关系，在学校的教育管理活动中，老师和学生都以对方为自己有效完成任务为前提，在“学然后知不足、教然后知困”中共同成长。高校多数青年教师较受学生欢迎，身边常常聚拢着一群学生，学生有什么高兴、苦恼的事，愿意向他们诉说。这也主要源于他们没有多少教师的架子，将学生视为自己的朋友，愿意对他们敞开心扉。

(3)重在发挥协商沟通的作用

在今后开展高校学生事务管理时，要彻底摒弃指令式、说教式、督促式、号召式的工作方式，不断创新让学生易于接受喜闻乐见的对话式、启发式、服务式等工作方式，通过沟通增进了解、通过交流提高共识、通过协商解决困难，在疏通中引导，在引导中疏通，讲情说理，情理交融。特别是在面对90后、95后大学生时，更应尊重他们思想活跃、视野开阔的特点，以启迪说理为主，发挥身教胜于言教的优势，建立基于人格魅力的新型沟通、教育引导机制。这一切的关键在于重视学生需求，做到信息及时共享、愿望及时交流、问题及时解决。

(4)重在增强大学生事务管理者的法治观念

对大学生事务管理者而言，必须树立起法治观念，并积极做到以下几个方面。

第一，树立岗位职责法定原则，认真履职就是遵法守法，如努力尽到教师的安全注意义务，不作为、乱作为、懈怠就是失职，就是违纪违法。

第二，在制定学生教育管理制度规范时，应坚持于法有据，保障学生的合法权益不受侵犯，应尽可能满足学生的正当、合理诉求，如大学生对优秀教师的渴求，对改善学习生活条件的强烈愿望。

第三，坚持依法依规办事，做到程序正当、过程公开、结果公布，不凭主观感觉、个人好恶，不假公济私、谋取个人不正当利益，如在奖学金评定时，应严格按规章制度办事。

第四，依法处理矛盾纠纷，如学生在企业学习、实习的过程中，难免与企业的生产管理纪律、管理者之间发生冲突，这时就应坚持把依法依规办事作为调处矛盾纠纷的主要方式，做到有章有法、多方服气、追究有据。

2. 基于治理的高校学生事务管理运行机制的构建

在构建基于治理的高校学生事务管理的运行机制时，可具体从以下几方面着手。

(1)积极建立开放的高校学生事务管理评价制度

创新大学生事务管理评价首先在于创新对学生的评价，治理视野下的学生评价观应坚持以人为本、以促进学生成长发展为核心，形成发展性学生评价观，既尊重个体差异体现个性特长又引导符合社会发展需要；既关注学生的学业成绩又关注学生良好的道德品质、心理素质、人际交往能力、学习兴趣、积极的情感体验等多方面的发展。开放的大学生事务管理评价，主要在于是否建起产教融合、科教结合、校内外合作的评价机制。大学生事务管理评价，不能关起门来评价，要坚持摒弃过去看似科学、重要的评价标准、评价体系。要主动与企业管理评价对接，适度引入企业的管理、评价制度。要大胆地让第三方参与评价，要敢于使用第三方的评价结果。

(2)提高高校学生事务管理主体的治理意识

提高高校学生事务管理主体的治理意识，可从以下两方面着手。

第一，提高大学生事务管理者的治理意识，不断转变观念，变“管”为“调”、为“助”，变推行单向度的管理要求、主张为帮助学生实现个人成长发展愿望。核心在于提高法治意识，把服务作为管理的核心要素，内化为每一位学生事务管理者的自觉行动，变“被动服务”为“主动服务”。

第二，引导大学生习惯于运用法治思维，理性表达诉求，运用法律武器，维护合法权益。这两个方面是提高基于治理的大学生事务管理的决定性因素。高校要有规划、有目标地在大学生中大力开展“遇事找法、办事依法、解决问题用法、化解矛盾靠法”的宣传教育。要通过双方的努力，在大学生事务管理中形成治理文化，推进治理机制的建立。

(3)采用契约化的管理模式

建立“契约化”的大学生管理模式，是当前维护大学生的法定权利，解决高校的教学、管理秩序之间可能存在的冲突的有效途径，传统意义上的强制性管理、从上往下压的管理已不存在了。大学生“契约式”管理模式就是用“契约”的方式明确高校与大学生之间的权利和义务关系，把学校学生管理的任务、服务内容逐项分解，以求分级管理、权责明确、责任到人。高等学校与大学生之间在形成事实上的教育合同基础上，履行各自的义务，享有各自的权利，并对双方的职责及承担的违约责任进行界定。无论是正式契约和非正式契约(心理契约)，还是民事契约和行政契约，都在大学生事务管理活动中发挥着重要作用。在契约化的学生管理模式中，学校与学生表现为一种互相影响、互相适应的动态模式。它以契约形式改变制度化学生管理模式的单向性、简单的命令服从关系，以契约方式树立学生工作者与学生信任、沟通与合作的新形象。

(四)基于运用信息技术的高校学生事务管理的运行机制

信息技术是学校实现管理优化的一个重要手段。在大学生事务管理中，尽管人工的拷贝、邮件、QQ、微信同时并存，但“信息孤岛”“应用孤岛”和“资源孤岛”依然存在，有关大学生事务管理不能及时共享，资源不能整合，业务不能协同的情况较为普遍，信息技术的效能未能在大学生事务管理中充分发挥出来。因此，建立基于运用信息技术的高校学生事务管理的运行机制是极有必要的。具体来说，要加强信息化网络建设，建立学术资源共享平台；运用网络技术改善教学科研条件，提供海量及时准确的教学科研信息；建立校内信息共享平台，提高行政工作效率；以服务教师和学生为指导思想，运用网络技术简化再造服务流程，把师生从各类表格及往返于各个职能部门的审批中解脱出来，将更多精力投入到教学科研中等。

二、高校学生事务管理体系的构建

（一）高校学生事务管理体系的理念构建

高校学生事务管理体系的理念构建，应包括以下几方面的内容。

第一，高校学生事务管理要树立以服务为核心的工作理念，并始终将理念运用于实践。

第二，高校学生事务管理要树立以助人自助为核心的发展学生理念，积极培养学生助人、自助的能力。

第三，高校学生事务管理要树立以尊重和平等为核心的成就学生理念，平等地尊重、对待每一位学生。

（二）高校学生事务管理体系的目标构建

高校学生事务管理体系的目标构建，应包括以下两方面的内容。

第一，以人为本的目标定位，即高校学生事务管理的目标应是以人为本，注重平等，服务于大学生的成长成才。

第二，问题解决的目标导向，即高校学生事务管理要重视快速、及时地解决学生可能遇到的问题与矛盾。为此，可以在学生事务管理中心建立贫困助学档案、心理咨询档案、生涯规划档案、个人信息档案等。这些档案的建立可以为学生事务管理机构的管理者和思想德育工作者提供更好的解决方案和全面的信息来源。同时，这些档案在实现途径上要信息化，有的信息可以实现与社会、家庭的共享，如学生的社会工作记录、优秀事迹、学习成绩等。

（三）高校学生事务管理体系的管理策略构建

高校学生事务管理体系的管理策略构建，可从以下几个方面着手。

第一，高校学生事务管理建立专业化管理机制，推进学生事务管理的专业化建设，既要科学合理设置学生事务管理机构，明确学生事务管理的分类，又要建设一支专业化的队伍。学生事务管理专业化是指高等学校学生事务管理工作成为一种专门职业的过程，需要把它作为一门科学去建设和积累，集成相关学科的专业知识。同时，要将学生事务管理、学生学术管理以及思想政治教育工作的职能进行明晰。

第二，高校学生事务管理要采取条状化管理模式，建立健全条状化的管理模式，理顺“学校直接面对学生”的关系，建立学生事务管理中心，涉及学生的事务由学校相关职能部门直接面对学生，为学生服务。

第三，高校学生事务管理要做到以学生为本，为学生全面发展服务，因此，在学习、生活、课外活动等方面要从学生实际需求出发，以学生需求为导向。

第四，在全面依法治国背景下，高校学生事务管理也要做到依法治校，完善法制化的管理机制，既要充分尊重学生的权利和诉求，也要充分保护学生的利益，在学生中培养法制意识。高校学生事务管理法治化是贯彻依法治国方略、顺应高等教育改革发展、应对新形势下大学生思想状况变化、提高大学生法律素养的必然要求，具有非常重要的现实意义。

第五节 高校学生事务管理的专业化发展

专业化从动态过程的角度来说，是指某一专业的从业人员达到该专业标准的动态过程，从静态结果的角度来说，是指其成长为专业人员的静态结果。随着高校学生事务管理内容越来越复杂，越来越多的学者呼吁实现高校学生事务管理的专业化发展。

一、高校学生事务管理专业化发展的基础

高校学生事务管理专业化发展的基础，主要是指高校学生事务管理者的知识、能力和素质。从知识的角度来说，高校学生事务管理者需要具备教育学、心理学、管理学、社会学、法学等方面的知识；从能力的角度来说，高校学生事务管理者需要具备创新能力、观察能力、协调能力、抽象概括能力等，从素质的角度来说，高校学生事务管理者需要具备良好的心理素质、道德素质、身体素质等。

二、高校学生事务管理专业化发展的标准

高校学生事务管理专业化发展的标准，具体来说有以下几个。

第一，从业者受过较长时间的专门训练，并具有一定的水平。

第二，从业者具有学生发展和教育管理的专业知识。

第三，从业者具备教育管理的实践能力，能够进行组织管理和监控，能够对学生的生活、学习、情感、人际关系等问题进行指导。

第四，从业者具有较高的职业道德水平，能够爱岗敬业，具有服务精神。

第五，有完善的从业者培训体系，可以对从业者进行职前培训。

第六，能够提供多途径、多形式的在职进修机会，使从业者能够不断提升自己的专业水平。

第七，有科学合理的组织结构和管理制度，能够实现权责统一，校内外组织的协调等。

三、我国高校学生事务管理专业化发展的现状

近年来，我国积极推动高校学生事务管理向专业化的方向发展，各高校也在学生事务管理方面进行着不断的探索，以期不断提高学生事务管理专业化的水平。但是与国外相比，特别是与美国相比，我国高校学生事务管理专业化发展还存在着很大的差距，具体表现在以下几个方面。

（一）我国还未形成完善的高校学生事务管理理论

我国有关学生工作、学生事务管理等的研究虽然在近年来有了很大进展，并取得了一些成果，但并未形成完善的高校学生事务管理理论，具体表现在以下几个方面。

第一，在对学生个体发展规律的研究方面，既不够深入，也未实现本土化。我国高校学生的成长环境与其他国家的大学生都有很大的差异，因而国外很多关于学生事务管理的研究成果与我国高校学生事务管理的实际情况是存在出入的，我国高校学生事务管理不能完全照搬国外的经验，这就要求我们必须要做好学生个体发展规律研究的深入化和本土化。只有充分了解了我国高校学生事务管理中的重要管理对象——我国高校的学生，才能制定出符合他们需要的管理措施。

第二，在对高校学生事务管理自身的专业化建设研究方面，缺乏系统性。由于对高校学生事务管理的专业化属性认识还存在一些问题，因此，对高校学生事务管理研究很少从专业性的角度出发，对专业标准和专业伦理的研究成果还比较少，对高校学生事务管理的内外部关系、内外环境适应性、组织结构的演变与优化等的研究也不够深入。

第三，在对学生在学生事务管理中如何发挥自主性、参与性的研究方

面，还不够深入。我国高校学生事务管理者虽然已经意识到了学生参与学生事务管理的必要性，但是还没有建立起相关的制度，虽然有很多学者提出了不少的建议，但是这些建议还有很多没有被落到实处，因此在今后高校学生事务管理方面，还需要进一步探索大学生参与高校学生事务管理的方法与途径。

（二）我国高校学生事务管理的组织结构不够合理

我国高校学生事务管理所采用的是“条块结合型”的“直线职能”的组织结构，这种结构存在着一些缺点，如专业化分工不够，院系学生工作存在多头领导、承担任务重等，对我国高校学生事务管理的专业化发展起到了一定的制约作用，还需要对其进行进一步的完善。

（三）我国对高校学生事务管理人员的重视不够

近年来，我国越来越重视高校学生事务管理队伍的建设，人员素质相比以前有了很大的提升，一些高校还探索出了一些新的管理模式，如北京工业大学、北京师范大学等高校的以专职为主、兼职为辅的职业化模式，都对高校学生事务管理者水平的提高起到了很大的促进作用，但是从整体上看，我国高校对学生事务管理者的发展问题还不够重视，缺少相应的发展机制，具体表现在以下两个方面。

第一，高校缺乏对学生事务管理人员的在职培训，使得这些管理人员的知识和技能不能得到提升。

第二，高校对学生事务管理人员的职业化水平要求不高。很多高校习惯用毕业留校研究生、本科生充实学生事务管理者队伍，对他们的专业背景要求并不是很高。再加上职前培训工作不到位，导致很多学生事务管理人员专业知识不够丰富，无法胜任自己的工作。

第三，高校对学生事务管理人员的考核不到位，这既导致学生事务管理人员不重视提高自己的管理知识与技能等，也导致学生事务管理工作无法顺利开展。

四、我国高校学生事务管理专业化发展的途径

要促进我国高校学生事务管理的专业化发展，必须要从理念、管理模式、队伍建设和制度建设等方面入手。

(一)树立“以生为本”和“文化化人”的高校学生事务管理理念

1. 树立“以生为本”的高校学生事务管理理念

“以生为本”即以学生为“根本”,这是高校学生事务管理的核心与动力。高校学生事务管理中的“以生为本”的本质内涵就是“三个一切”,即一切为了学生,为了一切学生,为了学生的一切。其中,一切为了学生就是要为学生着想,无私奉献;为了一切学生就是要为所有学生服务,不带有种族、宗教等偏见与歧视;为了学生的一切就是要以促进学生的全面发展为目标。

高校在开展学生事务管理时,要有效贯彻“以生为本”的管理理念,必须做好以下几个方面的工作。

第一,高校学生事务管理要从大学生的实际出发,通过查阅学生档案、平时观察及与学生的交谈等多种方式,全面了解大学生。

第二,高校在进行学生事务管理时,应该把大学生看成和教师与管理者同等地位的人,切实尊重他们的主体地位,培养他们的自我管理能力,对大学生自我管理能力的培养可以从多个角度入手,如成立大学学生社团、大学生公寓管理委员会、大学生伙食管理委员会、大学生治安管理委员会、大学生网络管理委员会等,使大学生树立起参与管理、参与竞争的意识,通过具体的实践来提高他们的自我管理能力。

第三,我国高校学生事务管理的制度体系还存在着诸多的问题,因此要结合“以生为本”的管理理念制定出更为健全和完善的制度体系,使高校学生事务管理工作不断制度化、规范化。

2. 树立“文化化人”的高校学生事务管理理念

“文化化人”决定着高校事务管理者的行为指向和追求目标。通过文化的影响和作用而不断使人们之间以及人们与外部环境之间正在进行的互动关系发生变化,从而使个体的精神得到提升,便是“文化化人”。

高校在开展学生事务管理时,要有效贯彻“文化化人”的管理理念,必须做好以下几个方面的工作。

第一,高校要高度重视校园文化在学生事务管理工作中的作用,并利用校园文化来对学生进行潜移默化的影响。

第二,高校学生事务管理者要成为文化竞争力强的学生事务实践者,通过使用不同的亚文化语言和行为来落实学生事务管理工作,以促进学生的全面、健康发展。

第三,高校要对内部群体文化的共性进行查找并整合,积极鼓励文化背景不同的人相互合作、和谐发展，继而更好地为大学生的发展服务。

(二)积极构建具有中国特色的高校学生事务管理模式

随着建设有中国特色社会主义社会的进一步发展，高校学生事务管理也应积极适应社会发展趋势，逐渐构建起具有中国特色的高校学生事务管理模式。

1. 构建具有中国特色的高校学生事务管理模式的思路

构建具有中国特色的高校学生事务管理模式的思路，具体来说有以下三个。

第一，将马列主义、毛泽东思想、邓小平理论、“三个代表”思想和科学发展观作为构建具有中国特色的高校学生事务管理模式的指导思想。

第二，将以人为本作为构建具有中国特色的高校学生事务管理模式的工作理念。

第三，将为高校的人才培养目标服务作为构建具有中国特色的高校学生事务管理模式的重要前提。

第四，将有机融合教育、管理和服务功能的便捷、多样且专业的学生事务管理模式作为构建具有中国特色的高校学生事务管理模式的新思路。

2. 构建具有中国特色的高校学生事务管理模式的原则

构建具有中国特色的高校学生事务管理模式的原则，具体来说有以下几个。

(1)以人为本原则

这一原则要求我国高校在构建具有中国特色的学生事务管理模式时，要做好以下几个方面的工作。

第一，要积极对教育观念进行转变，即不再采用以学校为主体、以教育者为核心的管理思路与方式，而是注重以学生为主体和核心，并通过管理积极为学生构建良好的成长环境。

第二，在处理高校学生事务管理机构与学生的关系时，既要对高校的发展目标进行明确肯定，又要注重学生的自我发展与自我完善。

第三，要通过专门化高校学生事务管理组织结构的设立，积极促进学生的全面发展。

第四，在进行高校学生事务管理时，要注意提出民主管理的风格。

(2)整合性原则

这一原则指的是高校在开展学生事务管理工作时，要注意对学生事务管理机构间的关系进行正确处理，以确保所有的学生事务管理机构间能形成合理的层次、良好的互动以及有机整合。高校要达到这一目标，需要做好以下几个方面的工作。

第一，在选择高校学生事务管理的主管者时，要注意选择有较高的素质、较强的领导能力、丰富的学生事务管理知识、良好的人际沟通能力的校党委副书记或副校长。

第二，积极对高校的校团委、学生工作处以及校医院、后勤管理处等其他涉及学生事务管理的部门间的关系进行有机协调。

第三，有效处理高校学生事务管理的职能机构与基层组织单位（即学院）间的关系。

(3)参与性原则

这一原则指的是高校在构建具有中国特色的学生事务管理模式时，要切实让大学生参与到学生事务管理之中。这既有助于对大学生的主动意识、自我权益保护意识、参与能力等进行培养，也有助于形成公平、公正、透明、法治的高校学生事务管理模式。

(4)思想性原则

这一原则指的是高校在构建具有中国特色的学生事务管理模式时，要注意将学生思想政治教育与学生事务管理相统一。为此，高校在开展学生事务管理工作时，需要做好以下几个方面的工作。

第一，要坚持中国共产党的领导，并以社会主义核心价值观为指导。

第二，要将学生的思想政治教育有机融合到学生事务管理之中，并对两者都高度重视，切不可偏重一方。

第三，要积极培养思想政治素质较高、学生事务管理能力良好的学生事务管理者。

3. 构建具有中国特色的高校学生事务管理模式的途径

(1)积极构建专门化的高校学生事务管理宏观领导体制

要解决高校学生事务管理的组织结构不合理问题以及高校学生事务管理相关部门间沟通不畅问题，一个重要的举措便是构建专门化的高校学生事务管理宏观领导体制。通常来说，专门化的高校学生事务管理宏观领导体制需要承认在高校工作中学生事务管理具有独立而专门的地位，并专门负责两项工作：一是学生的思想政治教育；二是学生事务。也就是说，专门化的高校学生事务管理宏观领导体制要实现“专人专事，专事专人”。

高校在进行专门化的学生事务管理宏观领导体制构建时，最为重要的是选择一名具有专门的学生工作知识且工作稳定的校党委副书记来兼任副校长，着重抓学生工作。此外，高校也要注意在主管学生工作的校领导的牵头下，对学生工作领导小组进行设立。一般而言，高校的学生工作领导小组要包括所有涉及学生事务的机构，如校团委、学生工作处、教务处、人事处、保卫处、校医院等。此外，学生工作领导小组在成立后，要着重做以下工作：对高校学生工作的发展趋势、高校学生的思想政治教育、高校学生事务管理所面临的新问题、新情况等进行研究，并提出有针对性的改进建议；对高校学生工作的总体规划及工作进行进行制定；对高校学生工作的信息反馈机制进行构建，以便及时发现学生事务管理中出现的问题，及时对相关信息进行有效的上下沟通；当高校学生工作中出现了跨部门的实际问题时，要及时召开会议对问题进行协商解决，以避免相互推卸责任、朝令夕改、管理效率低下等现象出现。

(2)积极吸引大学生参与到高校学生事务管理之中

在当前我国的高校学生事务管理中，还未真正使学生参与到管理之中。因此在今后，高校应积极吸引学生参与到学生事务管理之中，为此可采取以下几个措施。

第一，对高校的校务公开制度进行完善，以确保学生对高校的各项政策、管理措施等有全面、深入的了解。这可以说是学生参与高校学生事务管理的基础。

第二，对学生代表大会制度进行建设与完善，以保障学生有实际通道参与高校学生事务管理。

第三，构建合理机制，保证学生的决策权、表决权、投票权等能够得到充分发挥。

(3)积极构建“扁平型”的高校学生事务管理模式

条块结合型的高校学生事务管理模式，在我国当前有着广泛的运用。这一高校学生事务管理模式既有利于通过基本的教育、服务与管理的提供来促进学生的健康成长，也有利于确保高校学生事务管理部门的整体执行力，促进高校的改革、发展与稳定。但是，这一管理模式也存在着管理层次过多、管理水平较低等缺陷，因而需要进行一定的变革与完善。当前，有不少学者提出了减少管理层次、增大管理幅度、给管理者较大自主性的便捷化管理方式，即扁平型管理。这一高校学生事务管理模式的构建，需要从以下几个方面着手。

第一，要形成大学生工作系统，管理所有的学生事务，包括兼职部门分管的学生事务。也就是说，形成的大学生工作系统要涵盖招生、就业、思想道德教育、宿舍管理、经济资助等全部功能。

第二，要以工作需要为依据，对高校学生事务管理机构进行重新分化与组合，以形成功能专一的新机构，建立直属主管学生工作的党委副书记兼副校长领导的多个中心和办公室，直接面向全体学生开展教育、管理和服务活动。

第三，要减轻院系在学生事务管理上的负担，尝试以职能部门为主，建立一级管理的工作机制。

(4)对院系学生事务管理的机构和权责进行优化与明确

在当前的高校学生事务管理中，院系起着十分重要的作用。因此，在积极构建“扁平型”的高校学生事务管理模式时，还要注意对院系学生事务管理的机构和权责进行优化与明确，以确保院系在学生事务管理中发挥出越来越大的作用。

(三)促进高校学生事务管理队伍的建设

在高校学生事务管理的专业化发展中，建设一支高素质的管理队伍是不容忽视的一个方面。在开展这项工作时，可具体从以下几个方面着手。

第一，要明确高校学生事务管理队伍的专业化要求。我国高校学生事务管理队伍主要包括四个群体，即相关机构领导者、职能综合的辅导员、科室一般管理服务人员和相关教师。这些群体所处的位置不同，所承担的责任也有一定差异，因而对其专业化要求也有一定的差异。

第二，要建立高校学生事务管理人员的培训体系，实施定期培训进修制度，以便能够让他们不断地提高专业知识与管理水平。

第三，要明确学生事务管理者的角色定位。在我国，高校学生事务管理者，尤其是一线辅导员，在学生事务管理工作中扮演着很重要的角色，我们需要对这些角色进行定位，让学生事务管理管理者朝着这些角色努力。比如，高校学生事务管理者要做好学校与学生之间信息的传达工作，保证学生的知情权，同时也要让学校了解学生的最新动态；高校学生事务管理者要处理好学生社团、学生会、团委之间出现的问题与矛盾，保证学生第二课堂、社会实践等活动的顺利开展；高校学生事务管理者要保障学生的合法权益，公正地对待每一个学生，同时还要完善学生申诉机制，使学生的申诉权得到落实等。

(四)要建立健全高校学生事务管理的制度

高校学生事务管理效率的高低，会受到高校学生事务管理制度的影响。因此，要建立健全高校学生事务管理的制度，具体可从以下两方面着手。

第一，要完善学生事务管理人员在选拔、聘任、培训、考核、监督、职务晋升、薪酬等方面的程序和制度，并且要建立专业的评价体系。

第二，要规范学生事务管理人员的专业伦理，对违反专业伦理的人员进行处罚。在我国，高校学生事务管理已经形成了教育公正、热爱教育、以人为本、注重激励、管理育人等专业伦理，要在专业伦理的指导下建立高校学生事务管理人员的道德规范，促使高校学生事务管理人员约束自己的行为，用自己崇高的人生理想、信念启发学生，用纯洁无瑕的品质感染学生，用美的心灵引领学生。

第六节 新时期高校学生事务管理的挑战、变革与创新

一、新时期高校学生事务管理的挑战

目前，我国高校学生事务管理主要面临着来自社会发展、高等教育改革及学生自身特点变化等方面的挑战。只有对这些机遇与挑战有一个清楚的认识，才能有效促进我国高校学生事务管理工作的顺利进行。

（一）网络信息技术迅猛发展对高校学生事务管理的挑战

现代化信息网络的高速发展将人类带入了信息社会，以互联网为主的信息技术在人类社会活动之外建构了一个虚拟的公共空间，使各种信息进行了广泛传播，极大地拓展了高校学生事务管理的时空界限，也为高校学生事务管理的现代化发展提供了技术保障，并促使高校学生事务管理将网络信息技术的应用与促进学生学习和个人发展相结合。此外，网络信息技术的发展为高校学生事务管理提供了更为便捷、有效的手段。不过，网络信息技术的迅猛发展，也使得我国高校学生事务管理面临着严峻的挑战，具体表现在以下两个方面。

1. 强烈冲击了我国高校学生事务管理的传统体制

互联网出现以前，教育者通过信息垄断确立自身的权威，其在管理意识上倾向“管人”而并非“管事”，管理职能主要体现在对学生进行封闭式的约束、控制。而在信息高度发达的今天，互联网的出现和扩大打破了管理者对信息的垄断及集权控制。与此同时，教师已无法对知识进行垄断，他们在学生面前不再是知识的权威。它要求高校学生事务管理由传统的对知识的单向灌输，转变为双向、多向的直接交流；要求高校学生事务管理改变以往单

调的指示、命令，转变为开放、平等的思想交流。此外，不受时空限制的网络信息技术打破了高校固定式的教学管理形式，因此学生事务管理模式也应与其相适应、不断进行更新。

2. 增加了高校学生事务管理的内容

网络信息技术在变成全球的力量的同时，正开始染指人类历史的根基，向人类历史注入极不稳定的因素。网络具有的“电子海洛因”作用使部分高校学生患上“网络成瘾综合征”。一些高校学生在网络中得到情感上的认同与满足，产生一种归属感和依赖感，并对现实感到厌恶和不满，非常容易产生自我封闭或双重人格倾向，严重影响其身心的健康发展。此外，网络上的信息良莠不齐，有用与无用、正确与错误、先进与落后的思想观念相互混杂，高校学生如果不能对这些信息进行合理的取舍，就会受到不良信息的干扰和侵蚀。而且，网络社会的虚拟化环境和不良的网络文化极易使高校学生固有的道德观念和法律意识发生扭曲，甚至可能诱使学生走上犯罪的道路。因此说，网络技术的迅猛发展给高校的学生事务管理工作带来了种种的挑战。

（二）高等教育改革对高校学生事务管理的挑战

随着高等教育改革的不断深入，高校学生事务管理也面临着一些新的挑战，具体表现在以下几个方面。

第一，全面提高我国高等教育质量的改革需要，对高校学生事务管理改革提出了许多新的要求。立足于科学、全面的高等教育质量管理观，我国高校学生事务管理为实现促进学生全面发展与学生学习的目标，在新的发展背景下面临着新的任务，例如，如何提供以促进学生学习为目的的辅导项目和服务，如何实现学生的自主学习，如何构建科学合理的学生评价体系，如何营造良好的学习环境促进学生学习等。高校原有的学生事务管理内容、方式、制度已无法适应人才培养多样化、个性化的要求与建立科学全面高等教育质量管理观的需要，因此，必须对学生事务管理相关内容进行变革而趋向更加灵活和务实。

第二，高等教育的市场化发展，使得各高校在生源、就业市场等方面的争夺越来越激烈。为提升自身的竞争力，各级政府与各个高校都更加重视学生事务管理，并加大了对高校学生事务管理经费投入，积极改善学生事务管理的条件，以营造良好的管理环境。但是，高等教育的市场化发展，对高校学生事务管理原有的体制与模式带来了巨大的冲击与挑战。具体来说，在高等教育市场化的背景下，学生不仅仅是受教育者，而且还是教育的购买者，直接成为自己利益的代言人。大学生作为高等学校的顾客，既是投资者也是消费者。学生与教师的关系不再是简单的被教育者与教育者的关系，学生与管理者之间也不再是被管理与管理的关系，而是加入了直接的经济利益关系，越来越表现为消费关系、交换关系等。学生作为教育的消费者，有权利要求高校提供高质量的教育，高校更有义务为学生提供优质的教育服务。高校必须将为学生提供优质的教育和服务，满足其受教育的需求作为工作的中心，并通过提高办学效率、降低办学成本、扩大社会影响等形式，提高自身的社会竞争力，吸引优质生源。由此可见，高校学生事务管理能否为学生提供良好的服务，最大限度地促进受教育者的身心素质发展，是其面临的突出的挑战。

第三，为适应高等教育国际化发展趋势，我国高校积极与发达国家高校之间进行交流，学生事务管理逐步实现国际化，人才培养的规格、管理理念、管理体制、管理方式等普遍受到国际化标准的影响。同时，大学校园文化日益变得多元化，这在很大程度上提高了高校学生事务管理的开放性，并提高了学生个体对多元文化环境的适应能力。此外，高等教育国际化为我国高校实现中外合作办学提供了契机。但是，高等教育的国际化和开放性，使我国高校学生事务管理面临着许多新问题，如面临着被西方意识形态同化的挑战；面临着如何在中外合作办学中维护教育主权，保持中国特色等问题。此外，在高等教育国际化背景下，各种意识形态、政治倾向和价值观念相互融合，形成了多元的文化形态，这些文化有精华，也有糟粕，共存于校园文化之中，为我国高校学生事务管理带来了巨大的挑战。我国高校学生事务管理工作应注重解放思想，打破阻碍文化融合发展的壁垒，促进文化发展，并根据新的文化需要推进学生事务管理制度改革，建立跨文化的学生事务管理模式，进而使各种文化形态和谐共存于高校校园之中。

（三）大学生的新变化对高校学生事务管理的挑战

社会经济的高速发展、互联网等高科技媒体的广泛应用、社会转型期各种文化思潮的冲击以及高等教育改革的不断深入，在很大程度上影响着大学生的思想和心理，使得大学生出现了一些新变化。大学生出现的这些变化，对高校学生事务管理也产生了一定的挑战。具体来说，当代大学生由于受到各方面因素的影响，出现了一些值得高校学生事务管理重视的新问题，具体体现在以下几个方面。

第一，随着市场经济的深入发展，当代大学生的价值观也发生了重要的转变，并出现了多种价值观并存的局面。高校学生的价值追求越来越务实，越来越看重个人利益的实现。

第二，我国高等教育逐渐由精英化转为大众化，办学模式、学生种类日益多元化，高等教育的办学层次更加丰富。很多高校多层次、多形式、多校区办学，使得本科生、专科生、研究生等共存于同一所学校。另外，学生的年龄结构、生活阅历、心理个性等也各不相同。高校学生存在的层次性，决定了学生的需要目标也是多层次的，因此高校学生事务管理应设立不同层次的目标激励机制，对学生事务进行合理的管理。

第三，大学生承载着社会、家长很高的期望，他们往往具有较高的自我定位和成才欲望，但心理承受能力又较弱。在新的时代背景下，高校学生面临着学习、经济、就业等多重压力，有的学生由于思想负担过重，出现了严重的心理问题。

第四，我国的高校收费制度改革增大了一些贫困家庭子女的上学难度。学生的贫富差异及由此引发的思想问题逐渐成为影响高校校园稳定的重要问题，应当引起高校相关部门的重视。

二、新时期高校学生事务管理的变革与创新

面对时代带来的新的机遇和挑战，我国高校学生事务管理工作如果没有质的飞跃，就无法适应社会发展的需求。因此，在发展过程中，我国高校学生事务管理应不断进行变革与创新。下面具体探讨一下我国高校学生事务管理在未来发展过程中变革与创新的趋势。

（一）人本化趋势

高校学生事务管理应相信学生、尊重学生、依靠学生、发展学生，实现人本化发展。高校学生事务管理人本化发展体现了新时期高校学生管理改革的时代要求，是教育观念和教育模式不断进步的表现，符合高校学生管理自身发展演变的内在规律。它是一种以学生为中心的管理理念，在高校学生事务管理中应充分发挥学生的能动性、创造性，为学生提供一个良好的学习生活环境。同时，确立学生的权利主体地位，将有利于促进高校转变学生事务管理观念。此外，高校学生事务管理的人本化发展，需要涉及以下几个方面的内容。

1. 思想观念人本化

学生是人格独立、地位平等的个体，他们有着自己的喜好和习惯，有着自己的个性特点。高校学生事务管理应树立以人为本的观念，做到尊重学生、关心学生，对学生的思想和行为予以理解，注重发展学生的个性和特长，

培养学生坚强的意志以及创新能力。树立人本化的思想观念,关注学生身心全面发展,激发学生的创新意识,充分发展其个性,将有利于高校学生事务管理工作的开展。

2. 管理模式人本化

高校学生事务管理人本化要求对学生事务管理模式进行重新建构。传统的管理模式"以教师为中心、以管理为本位",具有典型的"支配与从属"特征,学生作为教育管理的对象,很难取得教育活动的主动权。新的高校学生事务管理人本化模式应包括三方面的内容:一是学生事务管理在活动内容设计和目标实现方面都要以学生为中心,充分调动学生参与的积极性、主动性和创造性;二是发挥学生在自我发展过程中的主体性作用,引导学生进行自我教育、自主管理、自我服务;三是应鼓励学生广泛参与学生事务管理,让其成为学生事务管理绩效评价的主体,并成为学生事务管理成效的检验者和最终裁判者。

3. 方法手段人本化

说教式、灌输式的传统教育方法注重用严格的制度对学生进行限制约束,强调的是分数取胜,看重表面的言行,主要考虑外在的强制性,而忽视了学生的身心发展、内心情感。在人本化理念的要求下,高校学生事务管理工作的方法手段要更多地体现人本化,尊重学生的个性,对其行为进行积极的引导。要关注学生的内心世界,平等地与他们进行交流。只有这样,才能了解到学生内心的真实想法,才能做到有的放矢,有针对性地做好学生事务管理工作。

4. 途径渠道人本化

课堂是学生学习的主要渠道,因此,应充分发挥课堂的主渠道作用,此外,还要对其他教育资源进行挖掘,尤其应注意网络对学生的影响。高校应充分利用网络这个新阵地,充分发挥网络自身的优势,克服网络具有的弊端,灵活运用网络渠道,对学生进行引导。因此,在途径渠道上实现人本化,让学生在实际的情境中明确方向,发展个性,有利于实现学生的自我约束、自我教育、自我管理。

(二)多元化趋势

高校立足于多元化的办学类型、层次、形式、主体和服务面向的不同,以及满足学生不同需求和人的个体差异所带来的学生事务管理理念、管理模式等的多元化发展，便是高校学生事务管理的多元化发展趋势。在当前阶段下，要实现高校学生事务管理的多元化，可从以下两方面入手。

第一，各高校学生事务管理应根据社会需要、学校条件、学校类型等方面的不同，确立相应的目标定位，建立一种全新的包含各个类型、各个层次的高校学生事务管理水平的评估指标体系，使各个高校学生事务管理立足自身特点、办出自身特色。

第二，高校学生事务管理应处理好社会和个人之间的关系。同时，在高校学生评价上，应建立多元化的评价标准，在保证学生评价标准的全面性、综合性、一般性的前提下，尊重学生的差异性和独特性，确定不同层面的评价指标，激发学生内在发展的动力，帮助学生对自我有一个准确的定位，为其进一步发展奠定基础，进而实现个体的自我价值。

（三）信息化趋势

在信息化的时代背景下，教育信息化已成为世界各国教育改革的重点。在其影响下，高校学生事务管理也必将呈现出信息化的发展趋势。所谓高校学生事务管理信息化，就是在高等学校学生事务管理的过程中，充分利用信息技术手段和信息资源，建立学生事务管理工作数据库，编制和引进有关应用软件，对学生事务管理规范化、标准化信息进行及时处理和共享，以加速管理过程中的信息传递和反馈，提高调控能力，改进管理组织结构，改善管理运行机制，促进管理工作更加便利、快捷、高效和科学，实现高校学生事务管理目标的系统建设工程。实现高校学生事务管理的信息化，是提高高校办事效率的重要途径。此外，高校可以通过建立校园网站，以及在校园网站发布优质的信息，不断提升自身的信息化程度和社会声誉。

（四）法治化趋势

高校应在学生事务管理中依照教育法律、法规，规范学生事务管理权力的行使程序，建立并完善高校学生事务管理的制度体系，形成科学合理的高校学生事务管理权力执行机制和监督机制，充分体现法律的公平与正义，使高校学生事务管理处于依法管理的状态。因此，应积极推动高校学生事务管理向法治化方向发展。

实现高校学生事务管理的法治化是符合我国依法治国、建设社会主义政治文明的客观要求。而且近年来，我国高校学生事务管理的法治精神体现得越来越明显，相关制度也不断健全。当然，我国在学生事务管理立法上仍然存在一些问题，有些高校内部管理规定与国家高等教育法不符。因此，高校学生事务管理法治化的实现过程是一个系统的结构体系，同时也是一个循序渐进的过程。由于社会经济发展不平衡，高等教育水平不平衡以及人们法治观念不平衡等问题的存在，我国高校学生事务管理法治化建设过程中不可避免地会出现一些新问题。可以说，要达到高校学生事务管理法治化，还需要一个长期的过程。

（五）民主化趋势

高校学生事务管理民主化即高校学生事务管理遵循民主化原则，实现管理程序、管理手段、管理方式等的民主化的过程。长期以来，我国传统的高校学生事务管理模式具有明显的行政性倾向，管理者和学生是上下级的关系，学生作为被管理者，参与的积极性常常受到压抑。如今，随着教育思想的系统变革，只有学生积极参与学生事务管理，才能保证高校学生事务管理工作的质与量。

具体来说，高校学生事务管理民主化主要体现在以下几个方面。

第一，应明确学生是高校学生事务管理的出发点和归宿，确立学生的权利与学生参与的具体原则。

第二，应增强高校管理层与学生双方之间的交流与沟通，促进双方相互了解与尊重，建立平等的关系，通过协商解决冲突与矛盾。

第三，应进一步完善高校学生申诉制度。我国高校设有学生申诉处理委员会，主要处理学生申诉事件等，但还需建立完整的学生申诉体系，建立与申诉制度有关的其他制度，进一步实现高校学生申诉制度的程序公正等。

第九章　高校校园文化建设管理

20 世纪 70 年代末 80 年代初，为了提高生产效率和管理效率，管理实践者和理论研究者开始把目光转移到组织文化研究方面。随后，教育管理者也开始重视组织文化的管理，以此提高教育组织管理效率。校园文化是学校建设的灵魂，是学校优良传统的结晶，是决定学校兴衰的重要因素和维系学校发展的精神支柱。高校校园文化，从教育学的角度来看，是大学生成长的人文环境因素。这种文化熏陶，作为素质教育的方式之一，它的作用，比通过课堂教学及其他直接的说理方式，影响更为深远。因此，办好大学，培养人才，提高教育质量，不仅应当重视大学的教学和思想政治工作，还应当重视校园文化建设。本章就高校校园文化建设管理的相关问题进行探讨。

第一节　高校校园文化的内涵

一、文化

“文化”一词从古代一直用到现在。相关资料表明，当代中国所用的“文化”(culture)概念是 19 世纪末从相关的日文文献中转译过来的，它源出于拉丁文 culture。从字源上看，拉丁文 culture 有耕种、居住、加工、修养、教育、文化程度、练习、注意或留心、敬神、礼貌等多种含义，英文、德文、法文中的“文化”一词，也都源自拉丁文 culture。

古今中外，有许多学者曾先后给“文化”下过定义，但一直没有一个相对权威的看法。美国人类学家克鲁伯和克拉克洪对前人对“文化”一词所做出的相关定义进行总结，并罗列出截至 1951 年的 164 个关于“文化”的定义，认为“文化”的概念极为抽象，难以将其准确把握，他们勉强对“文化”做了一个自己的定义，认为文化是“一种源自行为的抽象概念”。《美利坚百科全书》中认为，“文化作为专门术语，于 19 世纪中叶出现在人类学家的著述中。”而文化之所以受到专门研究，是因为在 19 世纪下半叶社会学、人类学、文化学等学科兴起之后，这些新学科均以文化为其主要的研究题材。在社会科学中，文化既是最容易理解的，又是最难解释的。之所以说其容易理解，是因为每一种文化都有一定的外在的表现形式。而称其难以解释，是因为文化的内隐结构非常宽泛、含糊，难以对其做出准确的界定。

相关统计数据表明，目前世界上关于文化的定义大约有数百种。对这些定义进行综合概括后可将其分为两大类：一类是以大文化观为代表的广义的文化界说，另一类是以小文化观为代表的狭义的文化界说。用马克思主义哲学观点来看，文化可分为广义的文化和狭义的文化。广义的文化是指人们在社会实践中所获得的物质、精神的生产能力以及所创造的物质、精神财富的总和。狭义的文化是指人的精神生产能力和精神产品，包括一切社会意识形态，比如自然科学、社会科学、技术科学和社会意识形态等。这也就是说，人类社会中的文化就是指人类在长期的社会实践中所创造的精神文明、物质文明的总和，其实质是人类社会的一种存在方式。

二、校园文化

每一个人都有个性，一所学校同样也有自己的个性，这种个性在管理学上被称为组织文化。所谓组织文化，就是组织成员所共有的信念、期望及价值体系。组织文化对于一个组织的发展壮大有很大的影响力。健康向上的组织文化，能激发组织成员的斗志，提高劳动生产效率；反之，消极颓废的组织文化，则会压抑组织成员的士气，降低劳动生产效率，甚至会拖垮一个组织。将组织文化的有关理论运用于学校管理实践，就有了学校组织文化，即我们通常所说的校园文化。所谓校园文化，就是学校全体师生员工在学习、工作和生活的过程中所共同拥有的价值观、信仰、态度、作风和行为准则。校园文化主要通过下述要素表现出来：学校历史、学校的形象标志、学校建筑、内部机构设置、学校管理制度和管理行为、校风、学风、学校的活动仪式（如开学或毕业典礼）、师生关系、校园环境、学校绿化、学校办学思想、管理观念、员工的工作态度、士气、生活方式等。在所有这些要素中，有些是显性的，有明确的外在形式，如学校建筑、学校规章制度、学校绿化等；有些则是隐性的，无明显的外在形态，必须通过其他载体体现出来，如管理观念、员工士气、校风等。

三、高校校园文化的概念

校园文化，作为一种社会现象，早已存在于我国古代的各种教育中。如私塾、书院所宣扬的“杀身成仁”“舍生取义”“学而优则仕”“君子不言利”“君子之交淡如水”等儒家道义，便可看作是我国最早的处于萌芽状态的校园文化。但“校园文化”作为一个概念的正式提出，并形成一股文化热潮，则始于20世纪80年代中期的大学校园。1986年4月，上海交通大学举行第十二届学代会，会上几位学生会主席候选人共同提出了校园文化学科新课题，在中国大陆首先提出了“校园文化”的概念。接着，复旦大学、华东师范大学等高校先后举办“文化艺术节”“校园文化建设月”等活动，在校内外引起强烈的反响。同年5月，共青团上海市委学校部主持召开了“校园文化理论研究会”；11月，上海交通大学发起了“上海市高校校园文化专题研讨会”，并编印了我国首本校园文化理论专集《文化·校园·人——“校园文化”研讨文集》。随着我国改革开放形势的发展和理论研究的深入，教育界特别是高校认同“校园文化说”者日多，致力于校园文化学研究者日众，从此，“校园文化”这股热潮从上海高校开始迅速蔓延到全国教育战线，并逐步发展为建立自觉、稳定而有组织的文化阵地。

当前，对“校园文化”概念内涵的界定，比较一致的表述是从社会学的角度出发，认为校园文化是社会文化大背景中的一种具有自身特色的亚文化形态，在分类上属于社会文化的一部分，归属于社区文化范畴。从这种意义上说，“高校校园文化是以教职员工为主导，以大学生为主体，以校园精神为核心，反映高校师生员工的思想、价值取向和行为方式的社会亚文化”①。

高校校园文化形态包括物质文化和精神文化。高校物质文化（亦称硬件文化），是高校在发展过程中积累下来的外在物化形式的统称，是高校的自然和实物环境建设。高校精神文化（亦称软件文化），是指大学校园里由师生长期辛勤耕耘共同创造的一种特定的精神环境和文化氛围，包括校风、教风、学风的建设等。

四、高校校园文化的特点

高校校园文化具有以下特征。

（1）高校校园文化是一种追求科学真理的文化。高校以传承、创新知识为己任，是知识的集散地和创造源。在大学的知识系统中，科学是最精致、最成熟的结晶，科学精神是最精髓部分。通常认为，科学精神应该是勇于探索、敢于创新、提倡唯物、反对唯心、坚持真理、破除迷信、实事求是、尊重客观规律的精神。有人把追求真理视为科学精神的文化蕴涵。因为，由追求

① 陈国海，等．大学生心理与训练[M]．2版．广州：中山大学出版社，2005：350.

真理这个最初价值逐步得出的一系列价值:独立性、独创性、异议、思想和言论自由、公正、荣誉、人的尊严和自重,这些充分显示了科学的人文精神和文化蕴涵。大学传承、创新的知识既有科学知识,又有人文知识,必然把追求科学真理作为自己这个文化系统的旗帜。

(2)高校校园文化是一种崇尚学术的文化,学术活动是大学存在的基础和核心工作。大学校园文化拒绝对思想观念的禁锢与教条的束缚,不惟书,不惟上,只惟实。强调独立人格、独立思考、独立判断,要求在自由的氛围中进行学术的理性思考和研究,在开放的环境中实现科学的创新和发展。

(3)高校校园文化是一种严谨求实的文化。大学的活动,主要是进行人与自然、人与宇宙、人与规律、人与道德、人与社会、人与命运的思辨的对话,这种思辨对话本身就是一个严谨的学术过程。因此,大学校园文化鄙视浅薄、浮躁、虚假、急功近利和随波逐流,崇尚严谨、逻辑、实证、经验,崇尚脚踏实地。

(4)高校校园文化是一种具有强烈批判精神的文化。科学的特性是大胆质疑。传承知识、整理知识需要批判鉴别、去粗取精、去伪存真;学术交流、文化交融需要批判与反批判的碰撞;创新知识、追求真理,需要不断超越他人和自我,不断批判他人和自我;推动社会文明进步,需要批判的精神以达到超越现实,实现理想的目标。

(5)高校校园文化是一种追求理想和人生抱负的文化。大学校园文化总是把人类的未来作为自己的建设对象,充满了对人类命运的终极关注,充满了对自己民族、对社会、对整个世界的责任意识和使命意识。

(6)高校校园文化是一种历史的积淀。一所高校区别于另一校的校园文化,是该校在自己长期的办学活动中经过积淀,经过创造逐渐形成的,是该所高校人文与科学精神的体现。如北京大学的校园文化的特征,从蔡元培开始就提倡思想自由、兼容并包。所以,延至今日,北大就有了学术自由探讨的风气。

就处于知识经济社会的当下而言,高校校园文化还具有多元化发展、个性化发展、网络化发展的时代特点。处于青年时代的大学生,对新事物有浓厚的兴趣和较强的接受能力,对外来文化有较高的关注度和认同度。这种外来文化在高校中得以汇聚和传播,使得高校校园文化呈现出多元化的发展特点。

五、高校校园文化的功能

优秀的校园文化在高校建设方面发挥着巨大的推动作用,能够有效地促进高校的发展。具体而言,高校校园文化的功能主要体现在以下几个方面。

(1)导向功能。高校是一个开放的系统，聚集了各种思想、理论和观念，这些多元化的思想观念让学生感到耳目一新的同时，也常常让他们感到迷茫。而高校校园文化所具有的导向功能，尤其是软性规范，能够使群体价值观和行为方式对大学生产生重要的影响，引导他们走出误区，抵制住各种消极的影响，进而向着社会所期望的方向发展，最终成为社会发展所需要的人才。另外，通过构建先进的高校校园文化，将全体师生员工的思想行为统一到高等教育的发展目标上来，并用教育的价值体系引导全体师生员工的思想行为，使之逐渐完成既定目标。

(2)认同功能。高校校园文化能够使广大师生员工在教育领域的认识得到发展。他们通过对管理目标、价值观念、行为准则以及组织管理方式进行分析，认识它们存在的合理性、正确性以及必要性，并对事物的各种属性和整体作出客观的反应，这对于了解社会、分析自我、认识自我、创造自我具有积极的效应。

(3)育人功能。高校校园文化凝聚着社会、民族文化的精华，是人类社会进步与发展的推动力量。这种特定的亚文化对全校师生员工的心理、思想和行为具有重要的影响。优秀的高校校园文化通过一定的文化氛围、精神环境，能够使生活在其中的每一个人受到教育和熏陶，进而起到净化人的精神和心灵的作用。

(4)激励功能。高校校园文化是高校的精神支柱，它能够使全体师生员工意识到自己工作和学习的重要性，从而激发他们工作和学习的热情。另外，高校校园文化建设能培养和提高校园员工的全面工作能力，能有效提升学生的自我管理能力、自主学习能力以及获取知识的能力。可以说，高校校园文化对人们的思想和行为具有重要的激励功能，它能够使每个人的潜能得到最大限度的发挥。

(5)整合规范功能。在建立社会主义市场经济体制的过程中，在各种文化思想相互碰撞的条件下，高校校园文化能够发挥其选择、借鉴的优势，对世界上一切优秀的文化成果进行批判地吸收，通过对它们进行科学地整合，从而创造出符合时代要求的优秀文化，营造出良好的文化氛围，避免大学生受到社会上不良文化的影响。

(6)凝聚功能。高校校园文化能够使不同年龄、不同志趣、不同爱好的校园人汇聚在一起，形成一种向心力，使学校师生员工之间形成一种相互尊重、相互信赖、相互理解的情感氛围，统一思想，统一行动，向着共同的目标努力。

(7)辐射功能。高校校园文化与社会文化具有作用与反作用的关系。

高校校园文化的辐射功能主要是通过高校校园文化对社会文化的反作用体现出来的。校园文化的辐射功能主要表现在两个方面。一是校际间的辐射，主要通过高校之间的交流来实现，如现在大学之间普遍实施的互相选课、互聘教师等；二是高校校园文化向社会的辐射，主要是通过向社会输出大量高素质的人才实现的。总而言之，高校校园文化对高校的发展，以及其他部门的文化建设具有重要的影响，发挥着强大的辐射作用。

第二节　高校校园文化建设的基本方向与价值

一、高校校园文化建设的基本方向

相较于20世纪，21世纪的大学校园文化，其发展速度更加迅猛，交流范围更加广阔。但是，文化的发展是沿着一定的脉络前进的，具有前继后承的关系。我们立足于目前，放眼未来，可以窥见校园文化发展的基本方向。

（一）校园文化建设向科学化迈进

校园文化建设的科学化主要表现在以下三点。

（1）在指导思想上，高校校园文化建设要以马列主义、毛泽东思想、邓小平理论和“三个代表”重要思想为指导，贯彻落实科学发展观，坚持社会主义先进文化的发展方向，进而发展校园文化，从而把握大方向，使之形成良好的精神环境，使师生以健康的精神状态去面对工作和生活，减少错误思潮和形形色色的不良行为对师生产生误导。

（2）在运转模式上，校园文化组织将会逐步得以健全，结构也趋于合理。一些文化团体会不断涌现，也有一些会渐渐消失。但不再像以往那样，一哄而起，一落而散。

（3）在内容构筑上，校园文化会包容更多的外来优秀文化，有些和社会主文化形成共融体。同时，校园文化在发展过程中，会加快“推陈出新”的速率。某些不良文化的介入是不可避免的，但在校园文化运转机制的作用下，在一定时间内会产生“排污”行为，以保持校园文化相对清纯和独特的一面。

（二）校园文化建设向素质教育靠拢

21世纪是高等教育在时间和空间上更加拓展的世纪。在时间上的拓展呈现终身化趋势;在空间上拓展将呈现国际化的趋势。与素质教育相一致的"通识教育"更加符合学生的基本需要。因为通识教育不仅使学生学到专业基本知识,而且使他们学到了进入社会角色的基本技能。素质教育要求学生为解决问题而掌握知识,并将知识内化为人文精神、文化素质、技能素质和其他一切生活工作的能力。学生在校园中不仅仅学习规定的知识,还要受到校园环境之内各种文化的熏陶。校园文化对于学生素质的形成具有潜移默化的作用,尤其对于某些非智力素质的形成,如道德素质、心理素质等,往往比课堂教学有更为重要的作用。

(三)校园文化建设因学校面向世界而扩展育人功能

面向世界,从本质上讲,就是形成一种开放的精神,形成一种更具丰富内涵和育人功能的文化氛围。尽管世界各国文化传统不同,政治制度也有差距,但是,通过国际间的教育文化交流活动,各高校间将会互相取长补短,共同借鉴,促进各自不同的文化形式和教育内容的相互沟通。这对于培养21世纪的建设者和接班人,是十分必要的,因为未来社会是高度"国际化"的世界,面向世界的中国高等院校必须发挥校园文化的特殊作用,成为培养创新能力、参与国际化竞争人才的基地。

(四)校园文化建设以学生获得知识和技能为凝聚力

大学是人类智慧成果以知识形态传播、继承并发展的重要殿堂。大学生以渴求成才的愿望跨入大学校门,他们大多数期望在有限的时间内学到工作的本领,得到在社会生活中生存的能力。未来的校园文化建设须适应学生的这些愿望,以追求知识,崇尚科技为宗旨。而且,随着社会的演化,校园文化的固定模式被打破,呈现万紫千红的内容。尽管不同的学校其文化氛围还存在较大的地域差别,但全国范围乃至更大范围的交流会使大学的校园文化表现出诸多共同性。比如,以技能为主的计算机、机动车等操作技能的学习在许多大学作为非专业知识而成为大学生学习的热点;以家政、服务和礼仪为主的理家处事的学问也吸引不少学生。大学的校园文化要结合中国的具体国情,在强调学生对各种知识学习的同时,突出对现代社会所急需的知识和技能的学习和掌握。教育者要把有利于学生学习科学知识和社会生活的本领作为衡量德育效果的主要尺度。只有把对知识的学习和掌握作为校园文化建设的重点,才能保持大学校园文化永久的吸引力和凝聚力。

二、高校校园文化建设的价值

高校校园文化建设的价值主要体现在以下三大方面。

（一）先进的校园文化促成先进社会文化的形成

校园文化从属于社会文化，并受社会文化的影响，但它也反过来影响社会文化的发展。校园文化的构建离不开社会的大环境，校园文化的建设方向必须与整个社会文化发展的背景相适应。高校校园文化的科学精神、人文传统、创新意识、高雅娱乐形式等，无不对外界社会产生着辐射和影响，它反作用于社会文化，促进着社会科学技术的发展，促进经济体制、政治体制的改进与完善，促进道德伦理、社会文化心理的进步与提高，促进社会物质文明与精神文明建设的发展，从而可以为整个社会文化的进步与发展增添新的内容与成分，充分体现出校园文化为社会服务的功能。

（二）先进的校园文化是建设现代化大学的客观要求

一所高校的灵魂，不仅表现在宏伟壮观的校园建筑和现代化的实训基地等先进的物质文化，更重要的是表现在科学的制度文化和深厚而现代的精神文化。一所高校只有具备丰厚而先进的文化内涵，才会有鲜明的个性、独特的风格，从而产生特殊的魅力和吸引力。

中华民族之所以具有强大的凝聚力，其主要原因就是中华民族具有悠久的历史和灿烂的文明，五千年的丰厚文化积淀已经使整个中华民族在意识深处凝聚成了一个坚不可摧的整体。同样道理，先进的校园文化，尤其是高校的办学理念以及构成办学理念的核心——校训，具有凝聚人心的强大作用。“自强不息，厚德载物”的校训，凝聚了一代又一代开拓进取的清华人；“学为人师，行为世范”的校训，也构成了北师大人凝聚力的核心。独特的办学理念可凸显独特的校园文化，当办学理念转化为学校文化过程时，它引导着群体的价值取向，对学校的发展具有稳定的、持续的促进作用、推动作用和凝聚作用。

（三）先进的校园文化是大学生全面成才的重要保证

高校是传播社会主义文化的重要阵地，建设先进的高校校园文化，对于培养社会主义事业的建设者和接班人，对于创造良好的育人氛围和环境有着十分重要的意义。高校通过开展各种各样的校园文化活动，可对学生直接进行马列主义、毛泽东思想、邓小平理论和“三个代表”重要思想的教育和灌输。校园文化的开展是以活动为载体，以广大学生的参与为基础进行的。对大学生的爱国主义、集体主义、社会主义教育，对其世界观、人生观、价值观的形成都起着重要的作用和积极的影响。

学校可以利用各种文化设施，开展各种活动。如电化教学、知识竞赛、科技咨询、学术讲座、影视评论、文化培训以及各种技能训练等来增长大学生的知识，开阔他们的视野，全面提高大学生的文化素质；通过开展各种校园文化活动，加强学生与社会的联系，加强人与人之间的沟通，使大学生的能力得到锻炼，综合素质、生活品位得到提升。

人创造环境，同时环境也影响人。纪律对学校成员的约束，不单是靠处罚，而应该主要依靠学校中的主体——集体的自觉意识连同集体组织的力量和舆论，对学生的思想行为产生诱导和影响，依靠学校环境的客观情景对学生的行为规范产生潜移默化的影响，把这两种影响很好地结合起来，就能体现先进校园文化的熏陶功能。

第三节　高校校园文化建设的核心内容

高校校园文化的核心内容主要包含制度文化、物质文化和精神文化这三个方面的内容，三者相辅相成，共同推进着高等教育的不断发展。因此，高校校园文化建设工作的开展也应该从这三个方面入手。

一、高校校园物质文化建设

高校校园物质文化涵盖着教学、科研、生活、设施、环境等方面的物质条件，又同时赋予这些物质以文化的内涵。物质本身并非文化，只有当物质成为人的精神世界的外在表现，被赋予了人精神世界的思想、情感的时候才能成为物质文化。高校内的环境与自然界的环境的差别就在于校园内的各种建筑、花木、草坪、园林、亭子、雕塑等，都蕴含着深厚的文化。它们不单是陈设的某一现象，而且包含着学校的内蕴、学校的历史、学校的精神、学校的思想及时代风采，把物质的东西赋予了人的精神世界，赋予了学校的传统、校风、校园人的理想和追求。高校的物质文化建设是高校校园文化建设的必要前提和现实条件，其对于高校文化建设的质量有着重要影响。

（一）高校校园物质文化的组成部分

高校校园物质文化是社会文化的重要组成部分，是校园事物在空间上的分布状况，是高校师生校园活动的物化表现。一般可以将高校校园物质文化分为两个方面的内容，即设施内容和环境内容。

1. 设施内容

(1)图书馆

高校图书馆是高校师生进行教学和科研的重要的学术性机构，是构成现代高等教育的重要支柱。教师的备课、学生的课外拓展、科研课题的开展和学术交流的进行都依托于图书馆的信息资源或者图书馆的场地进行。高校图书馆所具有的深刻的文化内涵会通过潜移默化的形式影响学生的心理气质，使学生渐渐形成温润谦和的处世态度，形成独立自主、健康向上的良好素质。

(2)学生宿舍

宿舍是高校学生生活的主要场所，在高校物质环境中，学生宿舍是与学生联系最为紧密的因素。高校校园宿舍文化包括宿舍的设施、整体布局、卫生状况、规章制度、住宿者的人际关系、价值取向等多个方面的因素。而宿舍文化的具体表现则为宿舍人员的关系、道德水准、审美情趣、思想意识、语言风格和生活习俗等。高校的宿舍文化是高校校园物质文化的一种微表现形式，能够整合宿舍成员之间的性格差异，使生活在宿舍这一环境中的学生具有相似的思维方式、价值观念、理想追求和行为习惯，形成强大的凝聚力。

(3)学生食堂

在高校校园物质文化整体中，学生食堂的角色慢慢发生了改变，学生食堂结合其他的文化环境，被赋予新的文化内涵，逐渐从单纯的用餐场所演变为校园物质文化的重要组成部分。这种变化带来了食堂建筑空间格局、交通模式、建筑形象的综合变化，同时也衍生出来了校园物质文化中的一种新兴文化形式——高校校园食堂文化。

(4)教学设施

高校教学设施指的是直接可以用于教学、科研、实验、实习、实训的教室实验室等。这些设施属于高校基础设施，是高校物质文化的重要组成部分。

(5)文体娱乐设施

高校校园文体娱乐活动是每个当代大学生都会经历和参与的。作为活跃校园文化生活的重要手段，高校校园文体娱乐活动是促进同学之间相互交流、增强同学之间凝聚力、增进班级间联系的重要手段。文体娱乐设施在高校校园物质文化中扮演着重要的角色。

2. 环境内容

(1)自然景观

高校校园自然景观体现了校园的生命形态,赋予了校园自然的活力。当代高校校园的自然景观往往被视为校园综合文化魅力的重要组成部分。优美的校园自然景观是校园物质文化的重要体现。高校校园的自然景观,往往与校园总体规划紧密协调,并且突出展示高校校园的地方特色和学科特色,彰显文化内涵。高校所在地的地形、地貌、水文、地质、文化古迹、原有建筑、自然气候特征等综合因素,都会对高校自然景观造成影响,这些因素综合作用才形成了浓郁的校园自然景观文化。

(2)人文景观

高校校园人文景观就是基于高校自身历史和人文资源建立起来的一系列人文特色的建筑、标志。例如,历史人物为学校题写的签名、历史大事纪念碑、校史展览馆、校友名录、画像等,都是校园人文景观的突出体现。

(二)高校校园物质文化建设工作的开展

校园物质文化教育、感染、熏陶着每一个校园人,犹如一位沉默而有风范的老师。校园物质文化在建设过程中要使校园内的每一种物化的东西都能体现出学校的精神和特色,都能起到教育学生的作用。具体而言,要做到总体规划、分区建设和分步实施。

1. 总体规划

整个校园在宏观布局上一定要科学、合理,从教育、艺术的高度出发,精心设计每一栋建筑、每一条道路、每一片绿化,使之既具有实用价值,又具有审美价值。避免因缺乏总体规划设计,而使每一个景点孤立地处于一个位置,出现混乱不堪的局面。整个校园只有做到和谐统一,才能提升整个高校的文化品位。

2. 分区建设

分区建设是指在做好校园总体规划的同时,从学习、生活及相互之间联系的角度出发,把功能相同或相似的区域进行整合。在这个过程中,要做到对区域功能进行明确分工,避免相互之间干扰。

3. 分步实施

从目前发展状况来看,我国高校的经费比较紧张,而物质文化建设需要大量的资金支持，学校无法拿出大量的资金将总体规划的内容全部付诸实施，因此，高校应根据学校的经费情况，按照轻重缓急，进行分步实施。

二、高校校园制度文化建设

高校校园制度文化是指高校在社会、政府的影响下，由于学校内部运转的需要，在长期的建设工作中所形成的一系列的高校内部人员的行为准则、道德规范、群体意识、生活习惯等。这些校园制度文化实质上反映了学校对于学生行为调控的程度、监控的原则、管理的张力。从本质上讲，高校校园制度是以约束、规范、引导、保护高校内部师生员工的行为与利益，维护高校师生员工政策的学习、生活、工作秩序，符合高校发展要求的一系列实用的、有效的规章制度共同构成的体系。

（一）高校校园制度文化的组成部分

根据制度文化的内容，可以将校园制度文化建设分为行政工作制度的建设、德育工作制度的建设、教学工作制度的建设等多种形式。

1. 行政工作制度

学校行政工作制度建设能够有效保障学校教学、科研、社会服务等活动的正常运行。学校行政工作主要由学校和学院两级行政办公室、教务处、科研处等职能部门共同完成。学校行政工作制度主要包括学校发展规划、学年（学期）工作计划、校务会议制度等。

2. 德育工作制度

高校德育主要包括日常党（团）组织、政治理论、思想教育等方面的活动。德育工作制度建设主要是为了将这些职能部门和政治理论课、思想教育课等与学生德育工作直接相关的部门统管起来，形成一种合力，共同做好学校的德育工作。德育工作制度主要包括学校德育工作考核制度、辅导员工作考核条例、不同年级学生的德育大纲及实施办法等内容。

3. 教学工作制度

教学工作是高校的中心工作，是培养高素质人才的根本保障，与其他职能部门相比，其涉及面更广。教学工作主要由教务处负责，由学院（系）分管领导和教师具体执行。因此，教学工作制度建设，首先应明确教务处各部门及学院（系）分管领导和教师的具体职责，然后再建立健全各项有关的规章制度。教学工作制度主要包括与教师有关的工作制度、教学管理人员工作制度、与学生有关的工作制度等。

(二)高校校园制度文化建设工作的开展

在高等院校校园制度文化在建设过程中,必须要紧密结合高校的实际情况。具体来说,应当注重以下几个方面。

1. 符合客观要求

高校校园制度文化的建设应依据教育目的和社会对人才的素质要求,应彰显学校的传统和领导者的办学理念。因此,规章制度的制定应符合客观要求,不能过于主观。同时,由于各个学校的情况不完全相同,同一学校不同时期的情况也不一样,在制定规章制度时要做到因时因地制宜。

2. 内容要明确统一

规章制度的内容要明确清晰,操作施行应简洁方便。不同规章制度之间的要求要合情合理,做到和谐统一,不可互相矛盾。

3. 体现教育性

规章制度的制定主要是为了有效地对学生进行管理,进而实现教育目标。因此,规章制度要符合教育的基本原则。制定规章制度时,不仅仅要站在管理者的角度考虑问题,而且要考虑学生的全面发展。

4. 真正做到精简高效

组织机构是人们为达到某种共同的目标而设立的形式。只有合理地设置组织机构,才能保证对学生进行高质有效地管理。高校机构的设置应根据本校的实际情况,坚持精简高效的原则,建立一支稳定的、高素质的教育管理队伍。

三、高校校园精神文化建设

高校校园精神文化是指高校全体成员共同认同的价值观念、思想意识、道德规范、发展目标等校园精神的综合,它主要是以校训、校徽、校歌、校史等载体呈现出的办学理念、校风、学风、学校传统。高校精神文化集中反映了一个学校的价值观念、精神面貌,体现了高校的办学宗旨、培养目标及其特殊的风格,是校园文化的灵魂。虽然高校校园精神文化并没有物质文化和制度文化那样具体，但它却真实地存在于高校建设的方方面面，渗透在高校教学、科研、生活的具体过程中，对于高校可持续发展和社会进步具有重要的意义。

（一）高校校园精神文化的组成部分

高校精神文化是由办学理念、高校传统、校风和学风共同组成的有机整体。办学理念是指高校精神文化的精髓和指南，高校传统则是高校精神产生、发展的基础，校风和学风则是办学理念和高校传统的具体显现。

1. 办学理念

办学理念是高校办学最本质的思想内涵，主要回答了如何创办大学，建设什么样的大学的问题。它涉及高等教育的职能、存在价值、终极目的等多方面问题，是以教育价值观念为核心的关于对高等教育的基本认识和看法，是高校在办学过程中对教育的实践先导，是高校精神文化的灵魂。

2. 高校传统

高校传统是高校对建设过程中的经验和教训进行科学总结后形成的，是高校长期办学实践所形成的历史积淀。高校精神文化产生、发展和成熟的各个阶段，都烙上了高校历史的鲜明印记。

第一阶段：产生。当高校历史积累到一定阶段，高校传统从高校精神、高校理念中开始显露，然后经过学校人员总结后，被校长或者学校创始人提出。

第二阶段：发展。高校传统要想形成独具特色的文化风格需要几代人的努力。而在这一形成过程中，需要经过大学师生的不断实践、认识，对高校传统逐渐进行内心的认同和内化。

第三阶段：成熟。这是高校传统被提炼归纳、完善定型，并得到肯定的时期。这个过程是一个历史的过程。对于中国高校来说，高校传统是在中国传统学校文化和西方大学文化共同作用下形成的，它是我国一代代高校教育学者和高校师生共同努力的结果。

3. 校风

校风是一个学校的精神状态的整体体现，是在全校师生共同努力下逐步形成的、相对稳定的精神状态和作风，是学校道德风尚、学习风尚、工作态度等的综合反映，它体现在学校师生的日常言行和处世准则上。良好的校风会在学校内形成一种巨大的教育力量和价值导向，时刻影响着高校师生的言行,使他们不断完善着自己的世界观、人生观和价值观,自觉不自觉地改变自己思想和行为中不符合校风的部分。此外,校风具有很大的管理力量,它从价值准则上规范着师生的行为和习惯,具有强大的约束力,这种无形的规范具有一种较为持久的凝聚作用。

4. 学风

学风指的是高校学生在长期学习过程中形成的学习习惯、生活习惯、卫生习惯、行为习惯等方面的表现,是所有学生风格的总体体现,它反映着学生在学习过程中表现出来的治学态度和方法。优良的学风有利于营造积极健康的精神文化氛围,有利于提高大学生的精神品格,改善他们的行为习惯,提高他们的学习热情。学风是衡量高校教学质量的重要标志,人们通过对学风的观察能够大致了解高校学生的精神面貌与综合素质,进而推测学校的教育教学质量。

(二)高校校园精神文化建设工作的开展

在高校发展过程中,想要做好高等院校校园精神文化建设工作,必须要做到以下几个方面。

1. 尊重他人,平等待人

在高校校园文化建设的过程中,要尊重与平等地对待校园中的每个人,创造一种和谐的校园氛围。校园中的每一个人都具有不同的能力,为实现学校的目标做出了自己的贡献,因此,无论职位高低,他们都应该受到尊重。

2. 尽量满足每个人的合理需要

相关研究表明,人的行为受到一定动机的驱使,而动机主要源于需要。高校领导者应充分利用手中可以掌握和运用的资源,满足教师的合理需要,进而激发校园人投身学术的动机。例如,通过提高待遇、改善住房条件等满足他们的生理需要;通过完善职业保障、健康保障制度等来满足安全的需要;通过职称晋升、评优表彰来满足尊重的需要,等等。

3. 将个人目标与学校目标结合起来

目标对于事物的发展具有重要的导引作用,高校的发展也不例外。高校目标的实现离不开全体师生员工的共同努力,而师生员工的个人目标也很重要。只有把师生员工的个人目标与学校整体目标结合起来,才能最大限度地促进学校的发展。因此,校园精神文化建设应向全校师生员工宣传学校的发展目标，使他们从心里认可这一目标，并且自觉地将个人目标与学校整体目标联系起来，全身心地投入到高校校园文化建设中。

第四节　高校校园网络文化建设工作的开展

当前，随着信息技术的发展，网络已经成为高校师生学习、生活和工作的重要媒介，而网络文化也成为高校校园文化的重要组成部分。在网络中弘扬校园文化，保证社会主义主流价值观的优势地位，体现校园文化与先进文化、和谐文化的一致性，是校园网络文化建设的内容和方向。但网络文化给校园网络文化建设带来积极作用的同时，其负面影响给校园文化带来的冲击必须给予重视。如何以创新的精神加强校园网络文化建设和管理，满足大学生日益增长的精神文化需要，成为大学生教育管理工作必须解决好的重要课题。下面就高校校园网络文化建设的相关内容进行探讨。

一、校园网络文化建设过程中网络文化带来的挑战

（一）校园文化价值取向面临着网络文化的威胁

网络文化是一把双刃剑。它的虚拟性特征既激发了人的创造力，又使人产生了虚假的幻觉；其交互性特征既传播信息文明，又生产信息垃圾；其开放性特征既给人广阔自由，又带来失律失范。因此，校园文化价值取向正面临着网络文化的严重威胁与挑战。

第一，“文化殖民”的威胁。语言是特定文化的载体，是民族文化的标志。目前，国际互联网上使用的通用语言是英语，这有助于美国等西方国家对非英语国家尤其是发展中国家进行“文化侵略”，使非英语国家的民族文化沦为网络时代的边缘文化，随时都有被英语文化淹没或吞噬的危险。而当前我国在以应试教育为主导地位的前提下，学生的外语水平较大程度地停留在考试的基础上，抵御文化侵蚀的觉悟、能力尚不完全具备，以民族传统优秀文化为主导的校园文化价值取向正面临着严峻挑战。

第二，“信息霸权”的威胁。在网络时代，西方发达国家利用网络技术和网络设施上的绝对优势，在有限的时空中投放密集的信息容量，进行信息“轰炸”。面对密集的信息，大学生无法正确驾驭。如果教育者不及时提高信息素质，对大学生及时地引导教育，学生就将会成为西方文化信息的奴隶。

第三,"信息垃圾"的威胁。当网络给人类带来新的文化文明曙光的同时,网络信息垃圾和信息毒品亦同步而至。暴力、迷信、色情充斥网络,污言秽语比比皆是,网络垃圾泛滥成灾,不仅污染了校园网络文化环境,也威胁到了校园精神文明环境。

第四,"信息欺诈"的威胁。在网络中,利用计算机编辑和操纵信息,进行网上信息欺诈传播,比传统意义上的谣言惑众所造成的消极影响更大。互联网是供全世界阅读信息的一面大墙,一个虚假信息,瞬息之间将会使千万人难辨其真假,从而以假乱真、混淆视听。

网络对校园文化价值取向的威胁,是对校园精神文明建设的严峻挑战。如果不及时地给予正确应对,不积极地加强校园网络文化建设,就势必会影响校园文化的发展进程。

(二)教育对象的思想政治状况变得空前复杂

网络空间是一个信息宝库,同时又是一个信息垃圾场,它必将对作为教育对象的大学生的人生观、价值观、政治倾向等产生较大影响,使他们的思想政治状况变得空前复杂。

第一,网络文化造成西方文化对当代大学生理想信念教育的弱化。网络文化使西方拜金主义、享乐主义和垃圾文化随之而来,对我国传统文化和传统道德带来了巨大的冲击。由于大学生的人生观、世界观、价值观尚未完全形成,而且还具有认识片面、鉴别能力差、自我封闭、急功近利、贪图安逸等弱点,因此,很多学生面对网络不良文化的侵蚀,容易迷失了方向、失去独立判断和选择的能力。

第二,网络文化对当代大学生网络道德意识的冲击。网络上的不道德行为主要有以下表现:有的学生为了寻求感观的刺激,在网络中浏览一些暴力、恐怖、色情等不良信息;部分学生在学习上投机取巧、弄虚作假,利用网络盗窃别人学术成果;有的学生在聊天室中散布不健康甚至反动言论;更有甚者把网络犯罪、黑客行为看作是一种能力。这些网络不道德行为,直接冲击着当代大学生的网络道德意识。

第三,网络文化冲击着当代大学生的社会化教育。一方面,校园网络文化的建设会积极促进大学生社会化水平的提高;另一方面,网络文化也会冲击当代大学生的社会化教育。对于当代大学生来说,现实中的很多被压抑的情感可以借助网络这个媒体肆意地发泄。但在一定程度上,互联网使人不敢面对现实情感,把人变成了只会和计算机交流的"机器"。长此以往,学生将会丧失人性化的生机,形成消极的处世态度,会阻碍学生的社会化教育,有悖于学生整体素质的提高。

网络对于校园文化，犹如水能载舟，亦能覆舟。教育者应该认清网络对大学生思想的严重危害，结合大学生求新、求异、求特等特点，积极探索研究适应当今网络文化的新型德育教育方法，使学生能够真正认识到网络不良信息的危害，自觉遵守网络道德，维护网络秩序，正确利用网络资源，积极主动地学习。

（三）对教育者来说，网络淡化了思想政治教育功能

实践证明，健康的校园文化能在思想政治教育中增强教育效果，为学生的全面发展发挥独特的不可替代的作用。网络进入大学生的生活，在一定程度上改变了他们的学习方式甚至生活方式。许多学生的课余兴趣从丰富多彩的校园文化活动逐渐被吸引、转移到网络虚拟世界中。再加上在校园网的建设过程中，往往是先硬件建设，后软件建设，重视技术支持和信息服务，而相对忽视了精神文化的建设，从而削弱了校园文化的思想政治教育功能。

二、高校校园网络文化建设的可能性

毫无疑问，学校教育在大学生成才的过程中具有主导作用，担负着培养大学生获得知识技能、陶冶思想品德、发展智力和体力的主要责任。

首先，学校教育的有目的性、有计划性、有组织性等特性，使学校能够培养大学生的科学道德观和优良品质，有能力影响大学生具备针对网络负面影响的“免疫力”，正确地面对网络问题。

其次，大学生的大部分时间在学校中度过，接受学校教育。中学至高等教育阶段，大学生身体的各方面都在迅速发育并达到成熟，个性心理表现出丰富和稳定的特征，自我意识高度发展，尤其在高等教育阶段，世界观、人生观和价值观已初步形成。学生除节假日外，每一天大部分时间都在学校里接受教育，有利于实现学校教育具有的有目的性、有计划性、有组织性特征。这就是说，大学生的知识技能、思想政治素质和道德品质的养成，和在学校接受的教育有直接的关系。

第三，在学校教育中，学校的管理和教育者的教育教学活动对大学生的成长、成才发挥重要作用。学校管理部门对校园网络文化进行依法管理和行政管理。依法管理主要指学校管理部门对校园网的管理和建设要严格遵守国家关于网络管理的法律规定；行政管理主要指学校自身在校园网建设中要从学校的实际出发，结合教育教学特点和大学生的身心特点，制定可行的网络管理规章制度，使校园网的管理运行有章可循，从而运用法律政策和

行政管理手段,减少校园网络的不文明现象。良好的管理和科学的教育活动使学生以正确的道德观念来约束自己,有助于学生正确地面对网络文化。

同时,大学生成长成才的身心发展特性也要求建设健康文明的校园网络文化。

第一,大学生道德观念和道德行为的可塑性,使教育者能够积极应对网络文化的挑战,建设健康文明的校园网络文化。在高等教育阶段,大学生生理发展的特点是接近于成熟或基本成熟,但是其“心理成熟落后于生理成熟,认识能力落后于活动能力,自制能力虽有一定发展,但水平还不够高。因此会产生一系列的矛盾,引起某些心理冲突,如独立自主与遵守纪律的矛盾;面向未来、勇往直前与脚踏实地、脱离现实的矛盾;等等”①。教育者对大学生的正确引导,正面应对网络文化的挑战,能够塑造大学生科学的世界观、人生观和价值观。

第二,建设健康文明的校园网络文化符合大学生的根本利益,有利于他们的健康成长,能够得到他们的理解、支持和欢迎。在网络环境下,大学生的成长受到了消极影响的同时,健康文明的网络文化也给大学生的成长带来了机遇。大学生不仅能够凭借网络技术获得大量新知识,而且能够按最优化的思路对获取的知识以创造性的优化组合和匹配,从而积极地促进了大学生想象力的发挥,培养和发展了创造能力。由此看来,建设健康文明的校园网络文化,为网络环境下大学生的健康成长提供了较好的外部环境,必然会得到大学生的倡导、支持和积极响应。

三、高校校园网络文化建设的意义

时至今日,网络已经成为高校师生交流互动的重要纽带,是高校师生获取信息的主要渠道。在这种高校校园环境下,高校校园网络文化对高校师生的价值观念、学习方式、思维方式、交往方式等方面有着重要的影响。具体来说,高校校园文化的这种影响力主要体现在以下几个方面。

(一)高校可以借助网络开展思想工作宣传

近些年来,许多高校在进行思想工作宣传时,选择网络来进行了一些尝试、探索和实践,同时还建立起学校进行思想宣传工作的专门性网站,最终取得了比较好的成绩。总之,在我国的高校网络思想宣传工作中,学校内部的各项工作也发挥了积极的作用,产生了积极的影响,具体表现在以下几个方面。

---

① 王传旭,姚本先.大学生心理健康概论[M].合肥:安徽大学出版社,2005:37.

1. 提高学生与思想政治工作的契合度

在当代社会中,为了方便生活和学习,高校大学生经常需要用到网络,在这个过程中,许多学生对网络产生了浓厚的兴趣。高校网络宣传思想工作的出现顺应了时代发展的潮流,使高校宣传思想工作与学生的网络兴趣有机结合起来,从而容易被广大学生所接受。当前,我国一些高校的网络宣传思想教育工作,已经成为本校加强思想政治教育的重要手段之一。

2. 增进了师生的心灵沟通和感情联络

在高校发展过程中,由于信息沟通渠道不流畅,使得高校或者是老师的意图难以及时传递给学生,学生的意见也很难获得及时得到反馈。在当代社会中,随着网络技术的高度发达,很多高校的师生已经完美实现了通过网络进行及时的沟通与联系,这就消除了信息传递由于时间、空间与形式等客观原因造成的不便,进而极大地缩短了双方之间的距离。由此我们可以看出,网络已经逐渐发展成为当今沟通的重要中介和桥梁,成为高校的教师与学生之间加强联络的重要纽带。

3. 增强了思想政治工作的针对性和实效性

由于网络自身的特殊性,使其能够实现信息无障碍地自由传递与表达,进而实现各种信息与动态的传递,这也就使得学生与教师能够对内心的情感与声音进行真实的抒发与反映,使其思想感情获得自然的表现与流露。对于那些从事高校的思想宣传工作的工作人员来说,这也是对学生与教师的思想动态进行及时把握的一个重要而有效的途径。因此,高校网络思想宣传工作的开展,能够使得思想宣传具有极大的针对性,增强宣传的效果,进而有的放矢地解决学生与教师在学习、生活等各方面存在的困难、问题与矛盾,进而有效提高高校网络思想宣传工作的实际水平与效果。

(二)加快了高校信息化管理的步伐

进入 21 世纪后,网络信息技术对社会的各个方面产生了强烈的影响,高校的管理工作也因之出现了较大的变化。当前,网络在高校信息管理中的应用主要体现为以下几个方面。

1. 实现远程的招生录取

高校通过进行信息化管理,可以远程开展招生录取工作。目前,这一系统已在我国高校的招生录取中普遍使用,不但有效地节约了招生的成本,也极大地提高了我国高校录取工作的科学性与合理性。

2. 网上教务系统

高校在校生可依托网络实现课程的选择，了解课程的内容，查询上课时间、地点以及成绩，并且对任课教师进行评价；教师则能够依靠网络实现课件上传，了解学生选课情况，进行考试成绩上传、网上答疑等。

3. 办公自动化系统

目前，我国一部分高校已经建设了相对完备的办公自动化系统，基本上实现了网上通知、网上办公、网上公示等功能，从而有效地节约了办公成本，提高了工作效率，推动了高校信息化的建设。

(三)使高校内逐步形成网络校园文化

随着网络技术在高校校园中的普及，当代高校内部普遍形成一种以多媒体和网络技术为基础的网络校园文化。具体来说，高校网络校园文化的作用主要体现为以下几方面。

1. 沟通学校管理者、教师及学生

目前，大多数高校都建设有本校的BBS以及类似或相关的网站，这些网站的主要访问者是本校师生员工。通过这些网站，大学师生可以互相探讨问题、交流信息、发表文章，也可以就学校存在的具体问题向学校管理者及教师发表意见。这就有效加强了学校管理者及教师与学生之间的联系。

2. 鼓励教职工参与高校管理

在当代社会中，高校师生员工通过网络发表意见已经成为高校管理者与师生员工进行沟通的重要渠道。高校管理者可以就制定某项政策或者采取何种措施而征求教职工的意见，从而按照教职工的意见加以改进，或者对某些政策及措施加以解释。

四、我国高校校园网络文化建设状况

(一)取得的成就

党的十八大报告中指出，当前我国社会主义核心价值体系深入人心，整个社会的文明程度在整体公民素质水平不断提高的情况下，也得到了大幅提升。不仅如此，文化产品也更加丰富多样，公共文化服务体系基本得以建成，文化产业逐渐发展成为国民经济的支柱性产业。可以说，中华文化开始“走出去”，并迈出更大的步伐，社会主义文化强国建设基础变得更为坚实。就我国高校而言，校园文化作为高校德育工作的一个重要载体，在推动网络环境下的高校德育工作等方面，可以说起到了无可替代的关键作用。

1. 推进德育工作进网络

在高度开放的网络环境下，人们生活中接触到的信息是复杂多样的。其中，不仅有进步、健康、积极向上等内容，同时也有许多不良、迷信等内容。目前，网络已成为各个高校校园文化建设与德育工作的一个全新的“攻坚阵地”。面对着快速发展的网络世界，中共中央领导已多次强调要高度关注、研究和充分利用好网络这一平台。为了积极响应中共中央领导的号召，在对全国各高校进行深入研究的基础上，教育部、团中央也先后印发了《关于加强高等学校思想政治教育进网络工作的若干意见》《关于进一步加强高等学校校园网络管理工作的意见》的重要指导文件。不仅如此，全国各地方教育行政主管部门和各高校也都积极行动起来，在实践过程中主动探索并初步形成了各具特色的工作思路和方法，牢牢掌握了“制网权”，进而营造了十分健康、向上、文明、进步的高校校园网络文化氛围，最终确立了以先进思想文化为主导地位的网络文化。

2. 提高高校校园文化建设主体的网络素质

随着高校校园信息化进程的不断深入与推进，当前许多高校也逐步将网络视为一种有效的资源而进行合理地开发与使用。例如，有的高校已经广泛推行了网上办公系统，从而实现“无纸化”办公，节约了大量的纸质资源；还有的高校推行网上虚拟学生社团、党团组织等，方便了高校大学生及时了解相关的动态与信息。这种对网络资源的充分、合理利用，大幅度地提高了高校校园文化建设主体在网络方面的素质。

3. 重视校园网络文化建设

高校校园网络文化是高校校园文化在网络环境下所产生的一种新型的文化形态，其是对以往传统的高校校园文化的丰富与再发展。高校校园网络文化的传播具有容量大、时效快、载体新、互动性强等突出特点，因此对于高校大学生而言具有较强的吸引力。但是，由于网络的虚拟性，从而使得网络中几乎充斥了多元化的价值观文化、虚拟文化等一些非主流文化。这些不良信息严重误导了高校大学生，使得高校大学生的理想信念淡化、道德意识弱化等。针对这种情况,当前许多高校都十分重视高校校园网络文化建设,并且在营造良好的校园网络氛围的同时,也积极拓展了高校校园文化建设的新领域。

(二)存在的问题

在当代社会中,高校校园网络文化对于高等教育事业建设工作具有不可忽视的作用,因而各大高校普遍开始进行校园网络文化建设活动。目前,我国各地高校校园网络文化建设中还存在一些问题,这主要体现在以下几个方面。

1. 高校校园网络文化建设层次过于局限

为了做好校园网络文化建设工作,应当把校园网络文化建设置于学校办学方向和培养目标的框架下来进行。然而,我国相当一部分高校把校园网络文化建设与思想政治教育混为一谈,把校园网络文化建设局限在学生管理和思想政治与道德教育的层次上。从客观角度来说,这种做法没有全面、正确认识校园网络文化,不利于高校校园文化充分发挥其功能。

2. 高校校园网络文化建设主体的网络道德修养有待提高

高校校园网络文化建设主体主要是指参与校园网络文化建设的师生员工。目前,我国高校校园网络文化建设主体的网络道德修养水平整体上处于一种偏低的状态。这具体体现为以下两个方面:第一,一些高校师生网络道德判断淡化,在错综复杂的信息海洋中很难分清和判断信息的是非真假、善恶美丑,从而在网络世界中无道德约束、麻木地遨游;第二,高校校园网络文化建设主体存在着道德越轨行为,使得网络不道德行为和网络违法犯罪行为日趋增多。

3. 没有认识到网络环境下所面临的挑战

进入 21 世纪以来,随着信息技术的飞速发展,以互联网技术为核心的信息革命给人类的生活、工作带来了颠覆性的改变。在我国,高等教育是社会信息化程度最高的场所,大学生成为“网民”的主力军。

与一些发达国家的高校相比,我国大多数高校对于网络的使用、管理还处于探索阶段。由于网络具有信息量巨大、传播速度快、覆盖范围广的特点,高校对高校校园网络文化建设所面临的网络价值多元、信息良莠并存、道德失范、理性缺乏、人情淡漠等方面的问题缺乏认识。

五、高校校园网络文化建设机制的完善

如上所述，我国高校在校园网络文化建设工作中还存在着许多不可忽视的问题。因此，在高等教育事业建设工作中，为了做好高校校园网络文化建设工作，就必须要完善高校校园网络文化建设机制。具体来说，高校校园网络文化建设机制主要包括两个层面的内容，一是物质保障机制，二是队伍保证机制。在高等教育事业建设工作中，必须要注重完善高校校园网络文化建设机制。

（一）物质保障机制的完善

在网络环境下，要做好校园文化建设工作，就必须要加强网络硬件建设，从而为校园文化建设提供物质上的重要保障。对于高校校园网络文化物质保障机制，我们可以从以下几个方面进行理解。

1. 建成高校校园网硬件是基础

在高校校园范围内连接计算机网络，从而形成校园网。完善的校园网可以将高校的行政管理、信息管理、教学服务、教学科研等各类系统连接起来，实现这些系统之间的信息交换以及信息服务。在此基础上，校园网再与整个互联网连接，校园的信息资源就能够与社会知识资源形成高度整合，促使高校成为高度开放、超越时空的平台和知识中枢。

在信息化的高校校园中，充分共享的数字资源，成为涵盖高校师生在内的整个社会的共有知识财富。同时，包括多媒体、人工智能以及知识库在内的信息技术，结合计算机网络，能够让信息化校园的数字资源得到更为有效的发挥，从而创造出一个智能化、信息化的系统和环境。

在进行高校校园网络文化硬件基础建设时，必须以高校的实际需求为前提。当然，在校园网硬件设施建设中，也不能追求“一步到位”，必须紧密结合本校的实际需求和经济能力，有计划、有重点、分层次地稳步发展。

2. 有效的软件资源是保证

对于高校校园网而言，硬件就好比是人的躯体，如果没有强健的身体，那么就很难保证顺利地完成其他各种事项；而软件资源则好比是人的灵魂和智慧，只有强健的身体而没有灵魂和智慧，也不能顺利地完成工作。由此我们可以看出，软件资源是高校校园网的灵魂，其是校园网发挥效益的关键保证。在软件资源建设方面，必须注意做好以下几个方面的工作。

(1)系统软件建设

在高校校园网建设过程中,一些高校对于校园网硬件建设的投入较多,而对软件建设则投入相对较少,出现了一种“重硬轻软”的畸形现象。对于这一问题,各大高校的管理者应当掌握必要的信息知识,充分认识到软件在校园网建设工作中的地位,并且要在系统软件建设上,鼎力投入经费。系统软件必须采用较为成熟的平台,选择易于维护、升级,安全性强、稳定性好的软件。

(2)教育资源建设

对于高等院校来说,其教育资源建设工作质量在很大程度上直接关系着信息化水平的高低。从根本上来说,教育资源也是高校校园网络文化建设工作的核心内容,必须努力丰富校园网的教育资源,使其成为学生学习、生活中重要的辅助工具。这里所说的教育资源可以是文字、声音、图片、视频等多种形式的,但其必须要和高校具体的教学内容紧密相关。对于高等院校来说,教育资源建设是一项艰苦而漫长的工作,可以本着“边建设、边应用”的原则,采用“购置和自主开发相结合”的方式,建立校园网教育资源库。

(二)队伍保障机制的完善

由于网络发展速度十分迅速,因此就需要高校的教育工作者、尤其是思想政治教育工作者,不断地进行学习和提高。而为了做好网络环境下高校校园文化建设工作,队伍保障是关键所在,各高校应经常开展相关的培训工作。具体来说,应当重点做好以下两个方面的工作。

1. 建设网络评论员队伍

在发展高等教育事业的同时,必须要高度重视网络评论员队伍建设。在日常工作中,高校校园中的网络评论员除了要坚持正确的政治立场以外,还要把握正确的舆论导向,对一些有意义、有价值的新闻线索作出及时的分析评论,以正确的观点引导大学生全面、深刻地了解相关事件,推动高校舆论朝着健康、积极的方向发展。

对于学校师生发表一些比较偏激的言论和看法,高校的网络评论员就要积极对这些不良和不实言论予以正面回应,对学生的思想言论进行批判并进行正确引导。这里需要注意的是,不能在评论的过程中只说一些空话与套话,而是要时刻从高校大学生的角度与立场来进行问题的思考,通过语言进行评论工作,循循善诱,最终实现以理服人。同时,网络评论员还要注意言论的篇幅要尽可能的简短。否则,就难免使大学生产生视觉上的厌烦与疲劳。因此,网络评论员要注意以短取胜,尽可能在既定的网评空间中承载更多更为丰富的思想与观点，使网络发挥最大的效益。

2. 重视教师管理队伍建设

利用网络教育技术，高校教师可以进行网上教学、网上办公，形成了一种全新的教学模式与工作模式。需要强调的是，如果高校教师没有能够顺应信息化时代的教育理念，就难以适应时代潮流。为此，对高校教师不但要进行信息技术方面的相关培训，同时也要进行思想理念上的更新。

由于多媒体技术和网络技术的培训工作并不是一蹴而就的，必须通过长期的培训实践才能最终得以培养合格的人才。在具体的培训内容方面，应当进行网络基础知识、办公软件、课件制作等方面的培训，让接受培训的教师能够独立自主地上网浏览信息、查找资料、进行科研以及学习等。

除此以外，要建设好校园网络、充分利用校园网络，还必须要建设一支高素质的网络管理队伍，以管理好校园网络。这就需要做好网络管理人员的培训工作，提高网络管理人员的素质和技术水平，使网络管理人员具备网络设计、管理和维护的相关能力。

第十章　高校日常事务管理

随着高等教育改革的不断深化，以及社会的不断向前发展，高校的内外部环境发生了深刻的变化。在新的形势下，高校日常事务管理也必须适应新的发展要求，努力探索真正适合高校发展的制度及措施，从而更好地为广大师生服务。下面我们将对高校财务与资产管理、高校教育信息化管理、高校校园安全管理、高校社会服务活动管理、高校后勤管理进行详细阐述。

第一节　高校财务与资产管理

一、高校财务管理

（一）高校财务管理的主要内容

高校财务管理的内容即在实现高校财务管理目标的过程中对经济活动内容进行控制，如资金筹集、分配、使用的管理，有关预算、实施、决策、控制、分析、监督管理等。从整体上来看，我们可以把高校财务管理的主要内容归纳为三个方面，即筹集资金、分配资金和使用资金。其具体如下所述。

1. 筹集资金

在现代社会中，高校教育资金筹集的渠道逐渐多样化，如政府的财政拨款、向主管部门申请各类专项资金、收取学费等。在高校财务管理和控制内容中涉及资金收入预测和实施环节，即对筹集的资金项目和筹资总额进行预测，并对预测行为付诸实施，以实现获得预期的筹资收入。

2. 分配资金

筹集到预期的资金之后，还需要对所筹集到的资金进行分配。这里所说的资金分配，就是指高校根据本校的发展规划进行资金使用额度的预算分配，从而明确筹集资金的投入方向。总的来说，高校资金分配涉及预测和决策环节，即预测支出总额，对资金投向进行决策等。

3. 使用资金

高校财务管理的另一项重要内容为资金的使用，其是在资金分配的基础上进行的支出管理和控制。根据各项目的资金预算，监控项目资金使用过程和使用情况，使支出范围和支出金额符合预算的要求。在使用资金的过程中，涉及资金控制、分析等环节，即控制超预算支出、分析预算执行情况等方面的内容。

（二）高校财务管理的目标

所谓高校财务管理目标，就是指高校在组织财务管理活动中要实现的目的。明确高校财务管理的目标，有利于做好高校财务管理工作。高校的财务管理目标会随其发展目标的变化而出现一定的变化，但是其基本目标具有一定的稳定性。具体来说，高校财务管理的目标主要包括以下几个部分。

1. 建立能够有效运行的财务管理系统

高校财务管理的基本目标是要建立有秩序、有效率的财务管理和控制系统。如果高校财务管理工作出现混乱，实现财务管理的其他目标也就缺乏必要的基础，学校各项工作的正常运转也会受到一定的影响。做好高校财务管理工作，首先要建立健全内部管理制度，采取有效的控制措施，使学校财务系统得以有效运行，为学校各项工作的正常运转提供一定的保障。

2. 实现筹资的最大化

最大化地筹集学校发展所需资金是高校财务管理的主要目标之一。从整体上来看，目前我国高校的发展资金来源是以政府投入、学费收入为主，其他收入为辅。学费是政府审批的事业性收费项目，是筹资的重要组成部分，可以用来弥补高校教育经费的不足，但是也要受到学费标准和学生人数的限制。其他如社会投资助学等筹资项目，筹资的范围则更为广泛。高校为了保证各项工作的顺利开展，需要积极申请政府各项专项资金，同时争取社会捐资助学。

3. 提高高等教育经费的使用效益

高校财务管理的终极目标是资金使用效益的最大化。这也就是说，要将学校筹集到的资金进行充分利用，发挥其最大效益。如果资金使用不做效益评价，盲目或随意支付，那就等于白白浪费了资金。资金使用首先要保障高校日常工作的正常运转，在此基础上，可以将资金重点投放到学校规划和优先发展的项目上。除此之外，还必须要对资金使用效益进行评价，保证投资项目的顺利运转。

（三）高校财务管理的体制

在当代社会中，高校财务管理体制主要有分权型、集权型和分权与集权相结合型三类。

1. 分权管理体制

分权管理体制以美国为典型代表。美国为联邦制的政体，实行分权管理。按其宪法规定，教育权归州。第二次世界大战后，尽管联邦政府对教育的干预增加，但仍然实行的是以州管理为主的分权式的教育财务管理体制。

2. 集权管理体制

集权型管理体制以法国为典型的代表。法国实行中央集权的政治体制，与此相应，其教育与教育财务实施集权型的管理体制。法国政府宣称“教育是国家的事业”“国家应该直接干预教育”。因此，在教育财务上实行中央集权制。

3. 分权和集权相结合的管理体制

集权与分权相结合的管理体制以英国为典型的代表。英国实行中央集权与地方分权相结合的政治体制，与此相应，教育财务亦实行集权与分权相结合的管理体制。在英国，中央为教育和科学部；地方教育行政当局设教育委员会和教育局。中央不直接设立和管理学校，主要由地方教育局负责，教育经费由中央和地方两级共同管理。

二、高校资产管理

高校资产管理对高校各项工作的正常运转有着直接的影响，进而影响着高等教育事业的发展。

（一）高校资产管理体制

为了解高校资产管理体制的有关概况，我们就高校资产管理体制的内涵、作用、发展历史和体制框架设想进行论述。

1. 高校资产管理体制的内涵

所谓高校资产管理体制，就是指国家设置的以实现高校资产有效管理的一整套管理组织和管理机构，包括这些组织和机构的职能及其内部各个层次、各个环节之间的责、权、利的划分，以及适应教育发展需要而建立的有关高校资产管理各种规章制度和管理方法的总和。从根本上来说，高校资产管理体制就是高校通过一定的形式和制度，对高校国有资产进行有效管理。主要包括高校资产管理机构的设置，高校资产管理机构及管理职责权限的划分，高校资产管理方式，高校资产管理原则。它属于我国国有资产管理体制的重要内容之一，体现了国家经济职能的制度化。

2. 高校资产管理的作用

完善的高校资产管理体制对于高等教育事业的发展具有重要的作用。这主要体现在以下两个方面。

一方面，完善的高校资产管理体制可以明确资产管理过程中相应的权、责、利关系，保证高校资产保值增值，有效防范高校资产流失，使高校资产的合法权益得到有效维护；努力提高高校资产运行效率，使其预期经济、社会目标得以顺利实现。

另一方面，完善的高校资产管理体制能够真正贯彻国家有关部门资产管理的各项方针、政策、法律、法规，巩固和发展教育事业，从而为国家科教兴国战略目标的实现提供支持。

3. 关于高校资产管理体制框架构建的设想

(1)设置相关的机构

实施高校资产管理工作，第一，应建立科学的校(院)长负责制，并成立国有资产管理领导小组。针对学校一般国有资产管理工作，由校(院)长进行直接领导协调；针对学校重大项目的构建或投资的实行，应该提交国有资产管理小组讨论和批准。第二，学校还应设立资产管理处，由专门主管学校国有资产管理工作的领导负责，对学校的经营性国有资产和非经营性国有资产进行宏观统一管理，并负责国有资产领导小组的日常工作。第三，在资产管理处下分设财务处、设备管理处和建筑物房屋管理处，对学校非经营性国有资产进行专门的管理并承担相应的责任。财务处专门负责学校的货币资金管理；设备处负责管理教学、科研、办公所有的专用设备和一般设备；建筑物房屋管理处管理学校所属的房屋建筑物、土地等实物资产。另外，产业集团、后勤集团等经营实体具体负责经营性高校资产的具体管理工作。

(2)划分各机构的职责

高校资产管理的不同管理部门,应该在各自的职权范围内承担相应的职责。

(3)资产的管理原则

高校资产管理部门在组织资产管理活动的过程中,需要遵循一定的准则,即高校资产管理原则。高校资产管理的原则必须与高校资产管理的体制相符合。目前,我国高校管理体制正逐渐转向经营性和非经营性资产共存的多元化管理体制。为此,高校国有资产管理原则应按照资产的经济性质(经营性资产和非经营性资产)采取不同的管理原则,制定与之相适应的管理原则,具体问题具体对待。

(二)高校资产管理模式

在现阶段,我国高校在实际资产管理中都根据自身特点采用不同的资产管理模式,总的来说有以下几种模式。

1. 专门(设备处)管理模式

在这一高校资产管理模式中,高校负责全校的资产管理工作,将原设备管理部门或实验室管理部门逐渐转变为高校资产管理的主要部门。在资产数额较大、设备数量较多、以理工科占优的大型综合院校中,普遍采用这一模式。在这种管理模式中,高校资产管理部门代表学校归口管理国有资产的主要工作,内容包括购置经费的申请、分配,采购计划的论证、制订、实施、验收、建账、立卡等;学校六大类资产;学校实验室人员的培养、使用、考核、评职等。

在高校资产管理工作中,专门管理模式有利于理顺实验室和设备管理的工作,便于统一协调资产管理与使用过程的管理,能够有效地避免重复购置教育资源,从而减少资源的浪费和流失。但是,由于在管理过程中涉及的职能繁多,牵涉人、财、物的综合管理,因而面临着管理机构庞大、人员过多等问题。另外,在专门管理模式下,某些工作方面会和财务处、后勤处等资产管理部门出现重叠,从而造成职权的不明确和混乱。

2. 分散管理(无专门资产管理)模式

在这一高校资产管理模式中,原来的国有资产管理机构被撤销了,该机构的职能分散到各个不同的职能科室,如财务处、教务处、科研处、后勤管理处等;原来没有专门资产管理机构的高校,也常常使用这一管理模式。

在分散管理管理模式下,由于实行职能分散管理,对高校机关部门进行了精简，从而减少了资产管理人员，使得高校资产管理更为灵活。但是，这一高校资产管理模式也存在着种种缺陷，由于职能分散，该种管理模式下的高校资产管理工作在学校中地位低，不能发挥更大的作用，容易造成资产管理职能缺位等问题。再者，由于缺乏一个统一领导的国有资产管理部门，难以对国有资产进行宏观管理，造成在资产预算、采购、清查等工作中没有统一的部门领导，出现重复购置、清产核资困难等难题。在具体管理国有资产的各项工作中，由于没有专门的国有资产管理机构代表学校行使国有资产管理职能，从而使分散在各部门的资产无法得到统一调配使用或者难以进行相互协调。这导致了各管理部门经常发生相互"扯皮"现象，增加了管理成本，难以落实某些国有资产的管理事务。

3. 集中管理（资产处）模式

高校的这一资产管理模式，对高校原来分散在各处室的国有资产管理职能进行了重新组织分配，在此基础上组建了一个资产处或国有资产管理处的机构，从而实现了对高校固定资产、流动资产和无形资产的专门管理。

在这种管理模式中，管理者要按照高校资产的分类，从宏观上参与高校资产的管理工作，并对高校资产的使用情况进行监督；对应用于教学、科研的高校资产实行专项管理，对高校无形资产和固定资产的购置、申请、使用、分配等进行归口管理，并专门负责高校资产效益的考核、评价、上报等工作。

（三）建立健全高校资产管理运营体系

在高等教育事业建设工作中，高校资产管理运营体系是高校资产管理的核心体系。在建立健全高校资产管理运营体系的工作中，必须要从以下几个方面做起。

1. 建立健全资产经营责任制度，理顺产权关系

理顺产权关系就是要明确产权界定和产权登记制度，这是高校资产管理工作中最基本、最重要的内容。在高校资产管理方面，产权就是指不包括债权在内的学校对财产的所有权和相关的经营权、使用权。高校资产管理要理顺产权关系，合理界定产权，就是要依法划分资产所有权、经营权、使用权的归属，明确各产权主体的权利范围、合法权益、职责所在。

2. 完善以现代企业制度为导向的高校资产运营机制

在市场经济时代，高校校办企业的运营机制的建设应该以现代企业制

度为导向。因此，我国高校企业应该与社会主义市场经济接轨，拥有高度经营自主权，以提高市场竞争力，实现高校国有资产的保值增值。

具体来说，有条件的高校可以设立资产经营公司，或确立一个全资企业，代表学校同意持有对外投资的股权，承担相关责任。还未设立资产经营公司的高校，学校的国有资产监督机构必须代表学校履行相应的职责。成立资产运营公司的高校，不再直接进行对外投资经营活动，而是作为国有资产的出资人，与资产经营公司签订有关的保值增值责任书，制订薪酬方案等。

除此以外，高校还应该加强对外投资项目的监督管理，规范投资收益管理，建立风险防范机制，严肃处理因渎职或失职造成投资亏损的相关责任人。

3. 将非经营性资产转化为经营性资产

要建立起高校资产的运营体系，首先就应该切实加强对高校经营性资产的管理。高校在保证正常教学科研的前提下，积极促进学校闲散的非经营性资产向经营性资产转化，优化高校资源配置。在这一过程中，要规范高校非经营性资产转为经营性资产行为，维护高校的合法权益。

4. 建立与市场经济要求相符合的产权转让制度

目前，我国高校的资产运作和经济活动日趋频繁，在新产品开发、科研成果、创新技术的转让、出租联营、股份合作等环节中，必须要进行资产转移运作等。在资产产权转让过程中，资产管理机构要实现对高校国有资产全过程管理，优化高校国有资产机构和布局，切实保证国有资产保值、增值。

5. 进行高校国有资产运营法律法规建设

目前，我国已经基本实现了从计划经济到市场经济的转型。在社会主义市场经济体制下，高校国有资产运行必须遵循相关的法律法规。目前，国家立法部门应该尽快制定《高校国有资产法》，完善高校财务制度，对高校资产运营中各方面的权、责、利的关系进行全面规范，从而为高校国有资产运营提供基本的法律依据。通过相应的财务法规明晰高校国有资产运营中所有者和经营者的职能和权益问题，建立起有效的激励约束机制，严格依据法律规定对相关行为实施奖惩措施。

第二节　高校教育信息化管理

一、高校教育信息化管理的目标和原则

(一)高校教育信息化管理的目标

在信息化越来越明显的今天,高校教育吸收信息化的成果并将其纳入教育管理中已经成为一种必然,这不仅是高校教育管理紧跟时代发展步伐,不断前进的需要,也是我国高等教育事业不断进行自我完善与自我突破的内在使然。而从其目标上来看,高校教育信息化管理应实现以下几方面的内容。

1. 树立信息化的管理理念

在信息化日益繁荣的今天,高校教育管理事业要想取得较好的成效,就需要不断更新理念,将人力、物力、财力等因素作为资源来开发,以大管理的思想和观念不断拓宽高等教育管理事业的思路和视野,并逐步将管理内容由传统的以人流、物流管理为主转变到以信息流管理为主,这样才能使得高校教育管理紧跟时代潮流,也才能有助于高等教育事业的健康有序发展。

2. 推动管理决策的信息化

信息不仅是高校教育管理决策制定的依据,也是现代高校教育管理工作的核心和关键,因此不少学者都认为"管理的艺术在于驾驭信息"。对于现代高校而言,能否合理开发和利用信息资源,是其管理决策是否科学合理的关键,因此,在高校教育管理事业中推行信息化策略,就是帮助高校掌握计算机等先进的信息处理手段,把握信息的真谛,开发信息最大价值,揭示信息所反映的事物本质,不断提高对信息的驾驭能力,这样才能成为信息的主人,才能实现管理决策的信息化。

3. 推动管理手段的信息化

在高校教育管理事业中,若管理人员没有必要的信息技术手段作为支持,那么高校教育信息化管理也只不过是一句空谈而已。因此,在高校教育管理中实施信息化策略,就是推动高校教育管理手段的信息化,以便能够利

用突飞猛进的信息化手段，利用国家信息技术的最新成果，完善高校教育管理工作。

4. 促进管理标准的信息化

这里的标准不仅是高校教育人才培养的目标、规格，也是各种为这些标准服务的信息系统标准，如规范的信息术语和信息技术等。实施高校教育信息化管理，除了要推动高校教育管理决策和管理手段的信息化之外，也应努力促进高校教育管理标准的信息化，只有实现标准化管理，各种教育管理活动才能在信息系统中有序运行，保证信息管理网络的畅通。

（二）高校教育信息化管理的原则

我们实现对高校教育信息化管理应该遵照以下原则。

1. 信息化原则

所谓的信息化原则，就是指在高校教育信息化管理的过程中，要以各种信息为基础进行管理，而要做到这一点，在选择信息上，高校教育管理者就需要注意以下几方面的因素。

(1)注意信息的准确性

准确性指的是实施高校教育信息化管理需要以真实准确的信息为基础，换句话说就是，在高校教育管理中，所运用的信息必须具有科学性，能反映客观事物的特征、本质和规律。而在高校教育管理领域，要想做到管理信息的准确真实，就必须能够结合本校实践工作中的经验、做法、体会以及存在的各种问题，选择和运用那些不虚构、夸大或缩小，不相互矛盾，内容准确无误的信息，这就要求管理者要处理好信息内容的客观性和收集、加工、上报信息者主观倾向的关系，并坚持报喜报忧。

(2)注意信息的及时性

及时性是指在进行高校教育信息化管理的过程中，要考虑到瞬息万变的社会现实，牢固树立时间观念和效率观念，对收集到的信息（特别是那些动态性、趋向性的信息）分轻重缓急及时迅速地予以处理，以便发挥信息的时效性。

(3)注意信息的完整性

完整性是指进行高校教育信息化管理要全面客观地反映高校各方面的信息，科学地描述它的来龙去脉及事物的发展趋势，提高信息有序化程度。换句话说就是，进行高校教育信息化管理必须要以能全面反映事物面貌的信息为基础。

(4)注意信息的适用性

适用性原则指的是进行高校教育信息化管理要注意信息的适用性，即所选用的信息应是能够为高校教育管理所正常和合理运用的。

2. 网络化原则

网络化原则就是指高校教育信息化管理应以网络信息技术为手段，充分发挥其所具有的开放性、分散性和多元性的特点，转变传统的高校教育管理中所存在的垂直依赖型等级结构，而以高校教育工作中出现的各种信息特点为切入口重新构建一个更加灵活并可裁剪的网络型管理结构，以便保证高校教育管理中的各种信息能够自由、合理、有效、科学地流动，以不断提高高校教育管理工作的水平。

3. 知识化原则

知识化原则就是指在高校教育信息化管理的过程中，要立足于知识，通过信息的采集、处理、传递和利用过程实现知识的生产、扩散、应用，以丰富高校教育管理的内涵。这就需要高校教育管理的工作人员，必须要掌握相应的知识，以便更快地普及知识，帮助学习、生产和创新知识。

4. 数字化原则

数字化原则是指在高校教育信息化管理的过程中，各级管理人员要通过运用数字技术将复杂的问题简单化、抽象的问题形象化、定性的问题定量化，以便大幅度提高高校教育管理工作的质量和效率，为高校教育管理工作的开展提供必要支持。

二、高校教育信息化管理的要求

从我国目前高校教育信息化管理的情况来看，大部分高校信息化管理的水平较低。因此，必须不断加强信息化管理的理论建设与实践运用，提高高校教育管理工作对信息化时代的适应能力。具体来看，这就需要高校做到以下几方面。

(一)加快系统软件开发

近年来，我国高等院校在软件开发上取得了一定的成绩，先后创造了多项业务系统软件，并将其推广并运用于高校教育管理的工作中。然而从总体上来看，高校在软件开发上进步还是不大，尤其缺乏对管理软件的统一设计和规划,且部分软件的通用性较差、使用范围很小,因此,要在我国高校实行信息化管理就需要加快系统软件开发的步伐,要坚持研制与引进并举的原则,有组织、有计划地开发。另外,还要加强对系统软件的管理,严防计算机病毒对系统的侵蚀和破坏。

(二)加快信息化管理人才队伍建设

要实行高校教育信息化管理,就需要有懂信息化管理的人才。因此,我国必须不断加强和加快信息细化管理人才队伍建设,要在全面组织高技术知识学习的同时,有组织地抓好信息化管理人才培养。

在这里需要注意的是,实现高校教育管理向信息化的跨越,是一个长期的探索过程。随着实践的发展,我们应不断加深对信息技术给高校教育的影响以及其对高校教育管理特征和规律的认识,以便为高校教育管理信息化的实现创造条件。

三、高校教育信息化管理的实施

(一)建设网络教学系统

我国当前的教育信息化建设已经逐渐从基础平台建设发展到了应用平台建设,面对这种情况,高校教育信息化管理应注意将精力集中在开发基于教育城域网解决方案上,以便能够整合优质教学资源,打破教育城域网原有产品用于网站、负责文件上传下达的简单功能。具体来说,建设和运用网络教学系统可从以下几方面入手。

1. 建设网络环境

对于高校教育管理而言,需要建设的网络环境按其功能的差异可分为四类:第一类是用于通讯的,它以网站为代表,融合了 BLOG 等技术;第二类是用于教师办公的,以帮助教师备课或者上下传达教育文件为主;第三类是用于视频教学的,它又可分为公开课视频会议、远程教学评估、精品课程录播三类,是真实记录课堂教学全过程,并对此进行录播、直播和刻录输出,实现资源共享,教学评估,教师培训的重要方式;第四类是用于教育资源管理的,主要是帮助教师实现教育资源与教学形式的合理匹配。

2. 建设教学资源库

所谓的教学资源,指的是一切能够支持教学活动开展的相关资料。通常情况下,教学资源可分为教材、支持系统和教学环境,它能够涵盖一切有助于教学活动的任何事物。对于高校教育活动而言，要想进一步合理的收集、整理运用各类教学资源，就需要建设一个良好的教学资源库。

要建设教学资源库首先就需要坚持“动态、开放”的建设观，认识到目前教师和学生作为高校教育活动的参与者，他们的经验更贴近于资源库使用者的需求，因此，需要将教师群体和学生群体作为教学资源的源泉，将教师和学生、教学活动和教学过程资源纳入校园网教学资源的建设中，实现资源建设从“库”(存放以开发好的资源、课件、试题、案例、论文、文献)的观念发展到动态的“流”资源观。

此外，考虑到在现代高校教育资源库中，教学资源数据库显然已经成为教学资源库的核心的社会现实，因此在建设高校教学资源库的过程中，可将其划分为媒体素材库及索引库，教案库、课件库、题库、案例库及相应的索引库，网络课程库和索引库三个层次。

3．开发网络课件

对于新时代的高校教育活动而言，网络课件已经不再是一个新鲜的事情，不少高校在教育教学活动中，都能利用网络课件的形式来丰富教育的内容和形式。

而网络课件的质量，一方面与制作课件的教师的技术水平密切相关，另一方面也与教学内容的质量、学习内容的表现形式、学习方法的合理运用、学习策略的具体实施等因素密切相关。此外，网络课件的科学合理与否，还与制作课件的教师的教育学、心理学、计算机科学、美学和各专业学科的知识相关。

4．开发多媒体课件

随着高等教育向信息化、现代化的转变，多媒体技术、网络技术被越来越多的高校采用，并逐渐成为高等教育教学的重要支撑性技术。其中，多媒体课件作为网络技术在学校教育中的一种常见运用，在推动教育教学改革方面起到了很大的作用。

多媒体课件作为以教学目标设置的表现特定教学内容、反映特定教学策略的计算机教学程序，能够通过计算机存贮、传递和处理教学信息，便于学生进行交互操作。因此，要建设高校网络教学系统，进一步开发多媒体课件也是一个重要的内容。

5．建设多媒体综合教室

对于高校教育管理而言，除了要建设网络教学系统之外，还需要建设多媒体综合教室。多媒体综合教室也叫“多媒体演示室”，是一种将多媒体计算机、投影、录音录像等现代教学媒体结合在一起而建立起来的综合教学系统，它改变了传统的“黑板＋粉笔”的模式，能使教师方便、灵活地应用多种媒体实施多媒体组合教学，使教学过程更加符合学生的认知、理解和记忆规律，从而提高教学效果和效率。具体来看，一般情况下，多媒体综合教室具有以下几项基本功能：第一，连接校园网络和互联网，使教师能方便地调用丰富的网络资源，实现网络联机教学；第二，连接闭路电视系统，最大程度的发挥电视媒体在教学中的作用；第三，演示各类多媒体教学课件，开展计算机辅助教学；第四，展示实物、模型、图片、文字等资料；第五，播放录像、VCD、DVD等视频教学节目；第六，能以高清晰、大屏幕投影仪显示计算机信息和各种视频信号；第七，用高保真音响系统播放各种声音信号。

6. 创建并发展远程教育系统

从当前的高校教学环境来看，传统的“黑板＋粉笔”的教学手段和方式已经不再适用于当前大信息量的高校教育工作，因而各高校都纷纷建立了多媒体教室，但却没有充分利用网络平台，教室也无法摆脱传统法的以教师讲为主的学习模式。因此，为适应社会经济和科技发展对高素质创造型人才的需要，在建设高校网络教学系统时就必须创造一个在教师指导下的学生自主式学习的环境，而达到这一目的的一个重要方式就是要建设一个远程教育系统。通过这一系统，可以改变传统的那种以教师为中心的教育观念，实现以学生为中心，帮助教师完成从传统的教育解说员、传授者转变为学生学习的指导者、帮助者、促进者的转变，从而摆脱传统教学中以教师、教材、课堂为主要渠道接受知识的模式，让学生在多元化的学习环境中获取更多更有用的知识。

(二)建设高校数字图书馆

所谓数字图书馆，就是利用现代信息技术对传统介质的图像、文字和声音进行压缩处理，使其转化为数字信息，然后，通过计算机技术进行贮存，通过网络通信技术进行传播、接收。由于图书馆是人类知识的宝库，也将是信息高速公路上最大的信息源，因而图书馆的数字化就成为高校进行信息化管理的重要方式。与传统图书馆相比，数字图书馆具有如下优势。

第一，数字图书馆对信息的存储以磁性介质上的电磁信号为主。这种转变大大压缩了信息存储的空间，改善了图书馆的组织、检索、更新维护，有利于进一步发挥图书馆的作用。

第二，数字图书馆对信息予以组织主要采用的是计算机的网状结构方式。这种转变使得信息可以按本身的逻辑关系组织成相互联系的网状结构，从而为方便用户检索，提高检索效率作出突出贡献。

第三，数字图书馆收藏的不仅包括纸质文献，还包括一些能以印制品形式记录和传播的数字化作品，如文本、声音、图像等。这种变化大大丰富了图书馆的馆藏内容，可以使多种信息通过多媒体技术有机结合在一起，并进行统一地存储与管理。

第四，用户对馆藏的利用不再像传统图书馆那样受到时间、空间的限制，而需要通过数字图书馆提供用户接口，以及良好的网络搜索功能，便能访问数字图书馆中的所有信息资源。这种变化大大地提高信息共享程度，缩短信息传递与反馈的时间。

（三）建设“校园一卡通”系统

所谓的“校园一卡通”就是用专门制定的 IC 卡来替代高校中常常使用到的学生证、借书证、体育设施使用卡和食堂就餐券等票证，以便学生在高校校园内只要一张卡便可以在校内的任一收费场所消费。因此，高校进行教育信息化管理必然少不了建设“校园一卡通”系统的内容。

由于“校园一卡通”系统最根本的需求是实现信息的共享与集中控制，因此，该系统的设计不能仅仅是单个功能的简单组合，而要从统一网络平台、统一的身份认证体系、统一数据库、各类管理系统接口、数据传输安全、异常处理等软件总体设计思路的技术实现考虑，以便使各管理系统和各读卡终端设备的综合性与智能型达到最佳的状态。此外，设计“校园一卡通”系统还要考虑到建设统一的数据库资料库的必要性，应统一高校内的人员、教学、科研等基本管理信息，并将其建立成一个数据库，并以校园卡作为个人身份，实现校园内信息充分共享，保证数据的实时性、准确性和完整性。在设计完成“校园一卡通”系统之后，还需要从系统的软件和硬件两个方面着手不断完善该系统。

具体来看，完善高校“校园一卡通”系统的硬软件方面又因为其各自特色的不同而呈现出明显的差别。其中，在硬件方面，高校的整个校园网应以以太网为主干，以服务器或小型机作为网络数据库服务器，根据情况可采用双服务器或双硬盘。而校园内各消费点应通过校园主干网和中心服务器进行数据交换。为了保障系统的安全性，在中心服务器与校园内各消费点服务器之间的连接应遵循非实时性及实时性相结合原则。同时，还可采用非接触式卡作为信息记载媒体，可存储消费数据，这样就可以和数据库内的数据对应，作双备份，保证数据的安全。

而在软件方面，“校园一卡通”系统的后台网络数据库系统宜采用 Oracle 或 SQL Server 等大型数据库系统进行校园网管理，前端管理软件可分为IC卡接口软件和教学管理及计算机辅助教学软件两个部分。其中,IC卡接口软件应包括各类查询、计费、兑付现金系统。

(四)建设数字化校园

数字化校园是以信息技术为基础,并将这些技术深入运用于教育、管理、服务之中,这是对传统教学的扩展和改造。进入21世纪以后,随着信息技术的飞速发展,在国家的倡导与社会的推动下,各高校纷纷将信息技术引入教育教学的过程中,在自己的校园网络中创办了大量信息系统,如办公自动化系统、设备资产管理系统、科研管理系统、网络教学系统、教务管理系统、信息服务系统、人事管理系统、财务管理系统等。这些系统在高校的教育、管理与服务中发挥了重要的作用,但也暴露出一些新的问题,如信息孤岛、信息安全等,这些问题严重阻碍了高校信息化的道路。因此,建设数字化校园也是高校教育信息化管理的一个重要内容。

第三节　高校校园安全管理

一、高校校园安全管理的内涵

高校校园安全主要是指高校为了预防和减少各种校园安全事故的发生,通过加强安全教育、心理健康教育、健全安全监管制度等一系列措施,来预防和消除各种安全问题进而营造一个安全、稳定、和谐的校园环境。高校安全管理工作是学校工作的有机组成部分,它事关师生员工的人身和财物安全,事关学校改革和各项事业的发展,事关国家安全和社会稳定。可见高校校园安全管理工作的重要性。

(一)高校校园安全管理的性质

高校校园安全管理的性质主要体现为它是一种预防性的、行政性的、基础性的工作。

第一,高校校园安全管理是防范各种危害的预防性工作。高校是培养和造就社会主义事业接班人的重要基地,其安全与否直接关系到高校的稳定与发展。而安全管理是高校保卫部门开展工作的根本任务,其最有效途径就是预防各种因素对高校内部的危害和侵害。高校安全管理各主要工作内容都具有预防性,也就是说,预防是高校安全管理的首要任务。

第二，高校校园安全管理是学校行政管理的一部分。首先，安全管理是为高校管理服务的，是整个高校管理这个巨大系统工程的一个重要方面。其次，安全管理与高校各级部门的管理有机结合，共同服务于师生及相关管理工作人员。最后，安全工作大多采取行政管理的手段来实施其安全管理。

第三，高校校园安全管理是建立平安校园、和谐校园的基础性工作。没有安全管理，谈不上平安校园，更谈不上和谐校园。只有安全管理做好了，学校才有可能建设平安校园，全面创造和谐校园的良好局面。

（二）高校校园安全管理的特点

高校校园安全管理的特点表现为知识分子集中、要害部位多、危险物品多、机密性强。

1. 知识分子集中

由于高校是一个特殊的场所，它以培养国家建设人才为主要目的，因此集中了一大批专家、教授等高级知识分子和广大的师生员工。高校大学生及教师是国家的宝贵财富，是社会建设的重要力量，保证他们的人身安全，是高校安全管理的重要任务。

2. 要害部位多

高校通常承担各个领域的重要科研项目，有存放重要机密和大量财物的要害部位，如果这些部位发生损害，就有可能产生经济性的甚至政治性的恶劣影响。因此安全管理问题就显得相当重要了。

3. 危险物品多

出于科研和教学活动需要，高校经常会使用到易燃易爆、放射性物质。如果这些物品发生安全问题，就有可能造成灾难性的后果。而有些不怀好意的人往往会盗用这些危险物品，对师生的生命安全构成极大的威胁。因此，高校必须要加强对危险物品的管理，以防丢失或被盗。

4. 机密性较强

由于教学、科研的需要，高校还会涉及一些党和国家的机密，一旦泄露或被敌窃取，将会造成不可挽回的损失，甚至危及国家安全。

二、高校校园安全管理的基本内容及原则

(一)基本内容

高校校园安全管理的基本内容主要有以下几个方面。

1. 消防安全管理

消防安全管理工作内容,首先是要依法消防管理,以国家管理政策法规和安全技术规范为依据,健全管理制度。同时,在管理中,要结合自身专业设置的特殊性,健全、落实以行政安全管理责任制为核心的安全检查、隐患整改、事故查处等一系列消防管理制度,实施规范管理。其次是提高防火安全意识。在防火安全工作中,结合季节的防火安全特点,组织召开会议,部署防火安全工作,加强防火知识的宣传工作。最后是实行科学消防管理。根据消防的特点、类型、范围与要求,实施科学消防管理,超前预防控制事故的发生。

2. 治安信息管理

做好学校治安信息管理,是为了严防国内外敌对势力对国家安全的破坏,制止危害国家安全的行为。及时掌握治安信息,采取有针对性的措施,有利于保护校园和师生的安全。治安信息工作应从以下几个方面展开:建立人机结合、以人为主的管理网络;公开建立信息员队伍,成员应有一定比例的在校生;建立的工作联系和信息反馈通道,要涵盖主要公共场所;发挥学校安全保卫部门的作用;依靠各院(系)部,建立校安全保卫部门和各院(系)部的信息联络和传递关系;建立信息反馈处理的规范和方法,管好用好信息。

3. 重点要害部位管理

治安重点部位管理和安全技术防范是高校安全防范体系中的重要内容。这项工作的开展,首先要对照要害重点部位、治安重点部位的规定和条件,对全校范围内的有关部位进行检查,搞清学校各治安重点部位的位置、性质、功能以及装备资产、人员构成等情况,分门别类建档立卡。其次,落实各重点部位管理责任人。最后,重点部位一经确定,未经安全保卫部门同意,不得随意更改。

4. 法制安全教育

法制安全教育是高校安全管理中一项经常性的工作，其对象是在校学生和教职工以及进入本校后勤岗位的非事业编制的临时人员。教育应坚持“预防为主，教育先行，保护学生”的原则。

5. 校内治安案件和突发性事件的调查处置

高校内部治安问题比较复杂，一旦发生治安案件，高校安全保卫部门要及时向公安部门报告，并协助公安机关认真查处各类违法行为，确保校园治安稳定。在工作中要注意以事实为依据，以法律为准绳，有说服力地对犯错误的学生进行教育和查处，同时要对被查处的学生本着治病救人的目的，引导其彻底改正错误，争取宽大处理。当然，在查处案件中，要实事求是，遵循“重证据，重调查研究”的原则。

6. 校内车辆和交通秩序管理

在高校改革进程中，学校事业拓展，校园面积扩大，人口增多，学校内部及外来机动车辆和非机动车辆也随之骤增。

7. 外来人口管理

随着高校改革开放的不断深入，办学规模的不断扩大，高校后勤社会化后，大量的经商、务工、从业的外来人员不断进入校园，从而增加了高校安全管理的难度。为此，对来校的外来人员要进行思想教育，办理“校内临时出入证”。

8. 网络安全管理

计算机网络是高校师生学习知识、获取信息、互相交流的必不可少的工具。从对计算机安全管理来说，有两个层面。一是将网络设备、计算机作为教学设备，落实安全管理和使用的治安责任。二是要认真贯彻国务院关于《中华人民共和国计算机信息系统安全保护条例》和公安部发布的《计算机信息网络国际互联网安全保护管理办法》，加强对计算机校园网络和国际互联网安全的保护。

（二）基本原则

安全管理必须坚持服务学校中心工作和安全第一的思想，在具体安全管理中，需要掌握以下基本原则。

1. 确保平安

确保平安是预防为主、确保重点、健全管理体制的总的出发点和最终目的，也是高校安全管理工作的出发点和最终目的。高校安全管理的建立，以及各项安全制度的实施，都是为了保障教学、科研、工作、生活有一个良好的校园治安环境，都是为了学校财产和师生员工生命财产的安全。

2. 预防为主

预防即事先防备，未雨绸缪，防患于未然。预防为主就是把预防各种犯罪案件、治安案件以及治安灾害事故的发生放在“为主”的地位，这是由安全管理的性质所决定的，也是高校内部安全管理的特点所决定的。只有做好预防，积极采取各种防范措施，把各种侵害因素控制和消灭在萌芽状态，才能避免造成重大的损失。高校安全管理必须遵循“预防为主”的原则，积极主动地预防各类案件和治安灾害事故的发生，确保高校安全稳定。

3. 确保重点

这是高校安全管理的又一重要指导原则。高校安全管理的范围很广、单位很多，而高校保卫组织的力量有限，不可能面面俱到，也不应该不分主次、不分轻重缓急地平均使用力量，必须把主要力量用于重点防范。

4. 健全制度

高校安全保卫组织作为学校行政管理机构的一个职能部门，是学校安全管理的执行者，有责任依照职权范围建立健全必要的安全管理规章制度，以保证学校的安全。

三、高校校园常见安全问题

建立高校校园安全文化体系，保障全校师生的安全，必须完善校园安全设施和健全安全监管制度。比如在公共场所安装监控设备，强化出入登记制度，增强保安人员的综合素质，健全校园重点部位的管理和巡查制度等。但是设施的完善和制度的健全，并不能杜绝一切事故的发生。而大学生自身的安全防范能力能够有效预防安全事故的发生。以下就高校校园常见安全问题的应对措施展开分析。

（一）盗窃问题

1. 大学生要遵守规章制度，增强警惕性

任何高校都会制定各种规章制度，大学生理应严格遵守，自觉维护宿舍、教室及校园等的安全，以保障各项工作正常有序地进行，这就在一定程度上减少了违法犯罪分子的可乘之机。除严格遵守规章制度外，辅导员、学生社团以及学校相关人员还要通过各种形式的活动向同学们宣传一些安全常识，结合具体案例剖析校园盗窃案的特点和规律，让大学生对盗窃问题有一个预防意识，增强他们的安全警惕性，让警钟长鸣。

2. 大学生要加强防范意识

盗窃分子的根本目的都是窃取他人的财物。在高校校园中，学生提高自我防范意识能够有效预防盗窃案的发生。以下介绍三种常见的提高防范意识的方法。

第一，对自己的财物进行认真保管，尽量将多余的现金存入银行，随用随取，贵重物品如电脑、手机、MP3 等电子产品要及时收藏或随身携带。

第二，养成随手关门窗的习惯，不因短时间离开宿舍不锁门而造成失盗。当然，只知道锁门还不够，还要严格钥匙管理。避免钥匙乱扔乱放而被他人盗走或被复制，造成财物丢失。

第三，谨防陌生人。首先对上门推销各种商品的陌生人，要保持高度警惕的态度，一旦发现可疑之处，要及时向学校保卫人员报告。其次对来宿舍或教室找同学、老乡的人除了要以礼相待外，还应提高警惕。

第四，大学生遇盗后沉着冷静，保护自身安全。尽管做了很多防范工作，实施了很多治安管理措施，但盗窃案件还是有可能发生。当学生发现或遇到窃贼时，一定要保持沉着冷静，不慌张，并见机行事，在保证自身安全的前提下，尽量制止盗窃行为的进行，力争协助相关人员抓获违法犯罪分子。

（二）诈骗问题

1. 加强法制宣传教育，提高大学生辨别真伪能力

相较于复杂的社会来说，学校要相对简单、安稳，身处于大学校园中的学生们往往都比较单纯，大多数学生都没有害人之心，甚至没有防人之意。针对这种情况，高校就应该在日常的教学管理中，多多宣传有关预防诈骗行为的法律制度，提醒学生客观辩证地去对待当今的现实社会，提高他们对骗

子的戒备意识,提高他们自身的辨别真伪能力。

2. 要严格校园的出入制度

为了防止犯罪分子乔装打扮混入校园内,学校应该制定相关的出入制度,杜绝闲杂人等进入,消除隐患。具体可要求校外人员出入学校时进行登记;要求学生和教职工在出入校门、办公楼、宿舍楼等场所时佩戴校徽等标志;或要求学生不带不熟悉、不了解的人进入校园内等。

3. 要教育大学生交友要慎重

大学阶段是学生人际交往需求最旺盛的阶段,大学生们为了得到友情、爱情、信任和理解等,渴望结交更多的朋友。殊不知,很多时候,骗自己的往往是那些称之为朋友的人。特别在网络交友中,大学生面对虚拟的一切,很容易迷失自我,上当受骗。所以,学校应在充分理解、尊重学生交往需求的基础上,教育学生要慎重交友,不要轻易相信人,不要随便告知对方自己的详细信息。

4. 要教育大学生不见利忘义、贪慕虚荣

事实证明,在许多诈骗案中,受害者之所以受骗,在很大程度上是因为受害者自己的一时之贪。基于此,学校一定要教育学生在与人交往的过程中,千万不要贪图小利,被骗子的花言巧语所蒙蔽。一定要清清白白地做人,认认真真地做事,方可避免自己陷入骗子的圈套中。

(三)暴力滋扰问题

1. 要加强法制教育,增强大学生的法律意识

在高校的教育中一定要加强法制教育,让学生知法懂法,并且学会运用法律武器保护自己和他人。当受到滋扰时,应该学会保护好现场,保留痕迹及物证;应该及时拨打报警电话。同样,学校也应设置便捷的报警系统,如校园“110”专线等。总之,一定要提供给学生能够随时报警的便利设施。

2. 大学生要加强自身修养,远离是非

大学生自身的修养很重要,要努力培养自身高尚的品质和正确的待人处事的态度。首先应该明确地了解和认识自己的身心发展特点,要通过自我的学习和别人的帮助来克服自己在性格、心理等方面的弱点,坚决不因小事而起纠纷;其次应正确看待武力,不能将其认为是解决一切问题的法宝;最后谨防结交社会上一些不三不四的“朋友”。如果大学生能够在自己身上

找问题，加强自身的修养，远离那些是非，自然就能够有效预防那些暴力滋扰事件的发生，保护自己的人身安全。对于女大学生来说，尽量少涉足或不涉足人员复杂的公共场所，比如酒吧、舞厅等，慎重选择与什么样的异性交往，交往中，积极构筑思想防线，做到自尊自爱，以防自身受到侵害。

3. 大学生遇事冷静，充分依靠集体的力量

大学生在遇到滋扰事件时，一定要沉着冷静，千万不要惊慌，积极思考对策，避免伤害或者将伤害降到最低。具体应对时，应先问明事由，弄清是非，对闹事者进行说服教育工作；在说服教育无效时，抓住闹事者外强中干的心理，及时向有关部门报告，充分依靠组织和群众的力量，对违法犯罪行为进行干预和制止。

(四)消防问题

1. 制定并执行相关规章制度

要想预防火灾的发生，规章制度是很重要的。学校一定要在各个场所的管理规定中对防火做出明确的要求，并组织学生认真学习，让消防常识深入人心。学生公寓(宿舍)是火灾多发之地，因此一定要明确宿舍管理制度，严格规定：学生不乱扯、乱接电线，禁用电热器具和大功率电器，禁止吸烟以及禁止在室内堆放易燃物品等。对于学校制定的所有防火的规章制度都应该严格执行，对于违反规定的同学，除严厉的批评教育外，情节严重的还应给予一定的处罚，以警诫其他学生。

2. 配备齐全的消防器材，指导大学生学习使用

消防器材是指用于防火、灭火以及火灾事故的器材，主要是指各种灭火器。齐全的消防器材加上合理的运用能够有效帮助人们去阻止火灾的蔓延，可是，有很多学校为了应付上级领导的检查，许多灭火器、消防栓等消防用具只是摆设，学生完全不知道如何使用，在这样的情况下，一旦发生火灾，学生将不知所措，本可以阻止的小火灾也可能会形成大火灾，其后患无穷。因此，学校一定要在学校的各个场所配备好齐全的消防器材，最重要的是要向学生普及消防工具的使用常识，指导学生如何正确使用。

3. 提高消防意识，培养大学生火场逃生的能力

在高校中，很多大学生的消防意识仅限于拨打火警电话“119”，对于消防监督、火灾隐患整改、火场逃生和疏散等消防常识显得非常茫然。学校应

该有意识地通过一些专门的活动，向学生讲解消防知识及消防工作流程，力求提高学生的消防意识。另外，高校还应和消防部门积极联合起来，举办消防模拟演习，让学生身临其中，切实培养学生火场安全逃生的能力。

（五）交通安全问题

随着现代化进程的加快，大量机动车辆增加，这在给我们生活带来便捷的同时也带给我们无限的交通安全隐患。相较于其他安全问题，高校内的交通问题不是很大。但是对于大学生，他们所生活的范围不只局限于校园内，所以，交通安全依然是高校应注意的一个问题，因为这是威胁高校师生生命安全的一个重要因素。一般，高校的校园门口是交通事故的多发地带，学生穿行马路频繁，防范意识弱，很容易酿成大祸。

面对高校学生的交通安全问题，学校一定要规范校园的交通管理。在校园内，要拓宽校园道路，完善校园道路交通设施，依据国家的交通法规，结合自己校园的实际情况和工作要求，制定校园交通管理规定，并要求学生严格执行。针对校外交通安全问题，一定要通过多种形式对学生进行交通安全宣传，让学生掌握交通安全的基本知识，遵守交通管理规定，从而保证自己的人身安全。

（六）卫生安全问题

卫生安全问题也是高校中时有发生的一个问题，特别是食品与饮用水等方面，这一方面的问题也严重影响着学生的生命健康。近几年，最常见的就是大学生食物中毒事件。

针对这一问题，高校应当引起充分的注意。首先，学校要与后勤各部门签订责任书，将责任落实到人，并不定期对相关部门进行检查督办。做到有错必纠、处罚适当、教育与惩罚相结合。其次，要注重学生的安全和健康教育，增强学生的自我保护和防范意识。最后，要深入开展疾病预防活动，这主要是指积极配合疾控部门对在校学生定期进行风疹、流感、乙肝等疫苗注射，或在卫生部门的指导下，进行季节性流行疾病的预防，有效地防止流行性疾病的发生与传播。

大学生的安全，是大学生家长、高校和社会各界非常重视的问题。对于高校来说，一定要制定好各种安全规章制度，统一领导，坚持做好维护、监督、调整、指导、教育等工作。对于学生来说，要严格遵守各种规章制度，牢牢掌握安全知识，增强安全防范意识，遇事沉着冷静，依靠集体力量，减少和避免安全事故的发生。学校要和所有师生员工一起努力，共同创建一个良好的、稳定的高校校园安全文化。

第四节　高校社会服务活动管理

目前,为社会服务是现代高校的三大职能之一,而随着高校社会咨询服务活动的日益增多,其已成为高校社会服务管理活动的重要任务之一。

一、高校社会咨询服务活动的内涵

(一)咨询的概念

咨询,是指人们对各种信息、资料、情报进行综合加工和创造,为用户提供各项服务的一项智力活动。咨询具有几个特征,第一,智能性,咨询是一种智力活动,是智力再生产的过程,结果是智慧的输出。第二,信息化,咨询的信息化包括信息的获取、储存、加工、传递、创造和应用等。第三,服务性,咨询已成为一种知识密集型产业,服务于现代社会经济生活等各个领域。

从本质上来看,现代社会的咨询是一种依靠具有远见卓识和富有经验的人才,有针对性地进行知识运用、综合、加工、创新、转移、推广等智力服务活动。

(二)高校社会咨询服务的概念

加强高校社会咨询服务活动的管理是高校科研管理的一项重要任务。高校社会咨询服务大体上可以分为决策咨询和科技咨询两个方面。所谓科技咨询对象,主要包括科研机构、经济和产业界。所谓决策咨询对象,其主要包括政府部门在内的各级各类管理机构与部门。

高校社会咨询服务活动,主要是指综合运用现代科学技术、科学决策与管理知识及其他相关知识、信息与经验,向咨询者提供具有充分科学依据的规划与计划、可行性报告、决策建议、管理方法与软件、技术信息与设计方案等各种服务,其主要内容包括综合咨询、管理咨询、工程咨询、技术咨询和各种专业咨询等。

二、高校社会咨询服务活动的主要作用

(一)有利于高校自身的发展和人才培养

长期以来,我国高校基本上处于与社会隔离的状态,存在着脱离社会和

实践的弊病。大力开展高校社会咨询服务活动,鼓励师生进入社会,有助于改善这种情况。具体而言,高校社会咨询服务对高校自身的发展和人才培养的作用体现在以下三个方面。

第一,通过开展高校社会咨询服务活动,有助于加速高校科研成果转化为社会产品、商品,获得更大的社会效益和经济效益。

第二,通过开展高校社会咨询服务活动,有助于高校更为深入地掌握社会对人才和科技的需求情况,以此有针对性地确定科研方向和培养人才。

第三,通过开展高校社会咨询服务活动,有助于促进高校理论联系实际,丰富教学内容,提高教学水平和质量。

(二)有利于促进社会主义市场经济健康发展

在当前阶段下,我国的社会经济领域仍然存在着布局不合理、管理不规范、盲目上项目、经济与社会效益较低、对市场反应不灵敏以及对重大决策缺乏科学论证等问题。在这种情况下,充分发挥高校人才和智力优势,开展各种社会咨询活动,可以有效地实现资金、技术、人才、信息、商品等资源的优化组合,提高生产力要素配置水平,进而促进我国社会主义市场经济的持续健康发展。

(三)有利于政府部门的宏观控制

我国社会主义市场经济的发展,关键在于要转变政府职能和精简机构。但是由于市场扩展较快和变化巨大,光靠少数政府工作人员是不够的。在这种背景下,为了更好地促进社会经济的发展,政府部门和各级管理部门迫切需要充分发挥高校中的人才、智力和信息优势,通过广泛的社会调查、规划制定与论证、效果与效率的评估和预测,使决策更加科学化。

三、高校社会咨询服务活动的管理

在当前阶段下,高等学校社会咨询服务活动越来越多,高校科研管理部门应当加强社会咨询服务的管理。具体来说,高校社会咨询服务活动的管理要做好以下几个方面的工作。

(一)加强对高校社会咨询服务活动积极作用的认识

要更好地发展高校社会咨询服务活动,要提高广大师生、员工对高校开展社会咨询服务活动积极作用的认识,对他们进行相关内容的培训,让他们认识到高校社会资讯服务是高校直接为社会服务职能中的重要组成部分,提高他们工作的积极性和创造性。

(二)选择合适的咨询服务项目

高等教育是为了培养社会和国家需要的人才，长远来看，高等教育发展的目的是为了更好地服务于社会。需要注意的是，在服务对象和服务内容的选择上，高校必须要切实做到从实际出发，结合本校的学科专业优势，扬长避短，以求得最佳效益。

(三)要有组织、有计划地进行

高校应合理组织干部队伍，使教学、科研、社会服务相互结合、相互促进。在具体的高校社会咨询服务活动的实践中，必须有长远的目光，与社会各界建立广泛的联系，制订一个长远的社会服务计划，而不能只顾眼前利益。然后按照计划有组织有序地进行工作安排。

(四)合理安排教师资源

在高校社会咨询服务活动中，要合理地安排高校的教师资源。具体来说，擅长教书育人的以教学为主，擅长开发运用的以搞社会服务为主，擅长学术研究的以搞科研为主。这样有针对性地根据学校和教师个人的具体情况安排不同类型的教师到不同部门从事某一工作，可以使得高校社会咨询服务活动获得更好的效益。

第五节　高校后勤管理

一、高校后勤管理的内涵

(一)高校后勤管理的概念

1. 后勤及后勤工作

后勤，本属于一个军事名词，为“后方勤务”的简称，是指从物资、卫生、技术、运输等方面保障军队需要的勤务。到了现代，“后勤”一词已有更为广阔的外延，后勤工作也日益被人们所高度重视。

从职能上看，后勤工作分为行政管理职能和服务职能。行政管理职能，主要是指行政财务管理、房屋管理、基本建设管理、物资设备管理、环境秩序管理、后勤服务的规划、协调与监督管理等。后勤服务职能是指为保障本单位工作和职工生活提供的各项劳务和技术服务的职能，主要有服务中心(服务公司)及食堂、车队、医务室、服务班、技工班、电话班、浴室、理发室、小卖部、洗衣房、锅炉、茶炉房、幼儿园、疗养院、休养所、绿化、副食品生产基地、礼堂、印刷厂、房屋修建队、宾馆招待所和后勤服务经济实体等。

从性质上看，后勤工作大致可划分为三种，即后勤管理性工作、后勤服务性工作和后勤经营生产性工作。这三种性质的工作，既有自身的特点又相互联系，构成了后勤工作的复杂结构。

2. 高校后勤管理

后勤管理是高校管理的一种形式，是管理的一般本质在高校后勤管理中的一种表现。具体来讲，高校后勤管理就是指学校管理者运用管理学、教育学等原理和科学的方法、手段，通过管理行为、管理活动，服务学校教育教学工作，达到后勤工作目标的过程。

(二)高校后勤管理的内容

高校后勤管理具有十分丰富的内容。归纳而言，其主要包括以下三个方面的内容。

1. 总务后勤管理

总务后勤管理也称生活后勤管理，是高校师生员工在校生活的重要保障工作，主要内容包括师生员工吃、住、行方面的生活服务和科学管理；水、电、暖气的正常供应；校园环境、通信设施、医疗卫生保健工作；招待所、浴室、理发室、商店、书店等商业性服务。

2. 基本建设管理

高校基本建设管理的主要任务是为学校的发展提供与之相适应的校园规模和建筑物，管理内容主要包括土地征用和总体规划、单项工程设计、施工进度和质量控制、大型的房屋维修和改建等。

3. 物资管理

高校物资管理是根据学校的发展规模以及实验室的建设规划，为保证教学科研和行政事务工作的正常进行，及时、齐备、适量、优质、优价地供应所需物资，管理环节主要是物资的计划、采购、储运、分配和使用。

二、高校后勤管理的运行机制

高校后勤管理运行机制是由一些相互关系的分支运行机制组成的，它是指高校后勤管理内部的运行机制与要素构成及其配置关系，主要包括动力机制、决策机制、调节机制和监控机制。各种机制在实际运行中是相互作用、相互配合，形成合力的，有时也会因为客观条件和环境的变化而出现某一种机制起主导作用的现象。

(一)高校后勤管理的运行环境

高校后勤管理的运行是在高校这个特定环境下进行的，它要受到各种环境因素的影响和制约。高校后勤管理运行的环境大致可分为经济环境、舆论环境、文化环境、地域环境四个方面。

1. 经济环境

经济环境主要包括所在学校消费习惯、消费水准，以及学校的经济运行秩序和经济自给能力等内容。这种环境对后勤管理服务经营有着非常明显的影响与制约。

2. 舆论环境

舆论环境主要是指学校各级组织对后勤管理活动的理解、关心程度和学校对师生员工的宣传舆论导向为后勤管理服务经济活动所创造的环境氛围。

3. 文化环境

文化环境决定了服务对象群体水平和对后勤服务管理工作的价值认同。在知识分子密集的高等学校，对后勤工作的价值认同有利于提高后勤工作者的地位，从而促进服务部门与服务对象之间关系的良性循环。

4. 地域环境

地域环境是指各学校在本省市处于不同的地域环境条件，其对后勤管理服务经营活动产生的重要影响，不仅在于服务经营项目的开设、发展，而且还有逐年积淀而成的行为方式和思想观念。

后勤管理的正常运行需要有一个良好的外部环境。良好的外部环境不是单方面取决于学校党政领导从宏观上做出整体性决策和支持，而实际上后勤管理主体在其自身运行中也可以对改善环境发挥积极作用。

（二）高校后勤管理的运行动力

高校后勤管理的运行动力从根本上说是以经济为基础的，无论是维持正常工作的运行还是争取事业迅速发展，都离不开必需的经费，但就其驱动方式来看，还存在一些差别，一般可分为以下三种。

1. 行政型的驱动方式

这种方式主要靠学校拨给教育行政事业费来驱动运转，这种方式在运转过程中，较少地运用经济规律与价值规律及市场需求来进行，通常是“上级下达任务，下面按任务干活”“经费多多干，经费少少干，无经费不干”。干部职工层层接受行政指令性计划安排，缺乏主动性和应变性。由于整个高校教育行政事业费要统筹安排，优先拨给教学科研第一线，分配上要与全校做统一平衡，所以后勤工作特殊性较少得到重视，后勤干部职工积极性不易得到发挥与提高。

2. 准经济型的驱动方式

这种方式是以学校拨给教育行政事业费为主，但允许后勤运用学校供给的设备条件自筹经费为补充。这种准经济驱动方式较之单纯行政驱动方式来说后勤系统有了一定经济分配上的自主权。准经济驱动方式的实施为一些高校在后勤经济运行机制中注入了经营与服务管理上的活力，可以使得管理职能部门更好地用各种激励形式来调动广大后勤职工的劳动积极性，也使得后勤部门在经济利益分配上具有一定的自主权来倾斜于后勤这一具有自身工作特性的部门。

3. 经济型的驱动方式

这种方式是以后勤管理企业化开展有偿服务为主，学校将拨给后勤的教育行政事业费转拨给各系各单位或服务对象个人，后勤部门则加强经济核算，扩大有偿服务和向市场发展，通过商品化服务的形式获取后勤运转所需的经费。

目前，我国高校后勤管理改革的逐步深化细化过程，正在按社会主义市场经济的指导思想来调整与改革其管理模式中的经济驱动方式，使其经济运行轴心按科学管理规律和经济规律来引导服务与管理工作。从20世纪80年代高校后勤系统逐步推行“经济承包责任制”到后勤整个系统实行“大承包”，直至“一体两制”“小机关、多实体、大服务”等管理方式的出现，充分说明了其经济运行的驱动方式正开始从准经济型向经济型转变。

（三）高校后勤管理运行的宏观调控

高校后勤管理运行过程是由一系列动力机制、调节机制、控制机制所推进的。在深化后勤管理体制改革过程中，随着后勤承包责任制的进一步完善与法制化，所有权与经营权分离的进程也将加快。因此，后勤管理组织代表学校的职能部门实行对后勤各基层部门的调控，将越来越减少行政指令性的命令或计划任务，而主要依靠政策导向、舆论环境、民主监督、干部调配、考核评估以及精神文明系统建设等进行。因此，在优化高校后勤管理运行机制过程中，逐步确定适应变化发展了的后勤管理体制与运行机制的宏观调控体系显得尤为重要。

高校后勤管理的宏观调控体系主要由宏观调控体制、宏观调控组织和宏观调控方法三方面组成。

1. 宏观调控体制

这是后勤决策层实施宏观管理的方式及所制定的管理制度。决策领导人根据民主集中的原则和科学决策的程序，制定行政管理、经济核算、服务操作、利益奖惩等一系列章程、规则、公约等工作制度，建立起严格的秩序和纪律，以提高后勤管理的效率。宏观调控体制在管理运行活动中发挥启动、推进、引导和控制作用。

2. 宏观调控组织

这是后勤管理体系内部的和外部的监督、审计等职能机构和由管理、服务对象组成的团体以及所开展的一系列调控活动。后勤管理体系内部的主要有对所有经济活动的审计监督，对各级人员实际的考核评估，对各岗位管理与服务规范化、程序化、标准化的检测等；后勤管理体系外部的则主要有舆论导向、民主参与、公关协调等。宏观调控组织在管理运行活动中发挥监控、调整、指导的作用。

3. 宏观调控方法

这是实现有效调控的具体手段和技术。调控手段和技术可分为软性的和硬性的两大类。软性的调控包括对后勤管理人员心理、行为的调控、对管理过程的调控、对管理环境的调控、对管理观念的调控等；硬性的调控包括管理的决策方法、经济测算、技术开发、现代设备的运用等。有效的宏观调控方法能够使后勤管理运行活动信息化、程序化、精确化、高效化。

三、高校后勤社会化

（一）高校后勤社会化的概念

后勤社会化是随着社会经济发展和人民生活水平的提高而出现的，是社会主义市场经济逐步建立过程中学校后勤管理的一种新模式。

高校后勤社会化，就是指让高校中可以由社会来保障和进行的部分与学校脱钩，由社会相应的专门机构来提供服务。具体可从以下几个方面来理解。

第一，高校后勤社会化是在社会市场经济体制下，高校从办“小社会”中解脱出来，由社会办后勤，并由社会为学校提供有偿的、专门化的后勤保障服务。

第二，高校后勤社会化是由政府宏观调控，以社会办后勤为主体，以学校事企分开、两权分离而形成的企业为分支，实行内外联合，共同为学校提供专门化服务。

第三，高校后勤社会化就是以市场为导向，以政府为核心，以社会为主力，以学校为辅助，为学校提供多样化的服务。

第四，高校后勤社会化就是政府、社会、学校政企分开、事企分开，两权分离，多元化为学校提供有偿服务。

（二）高校后勤社会化的重要作用

1. 增加学校收入

很多校园后勤服务都有增加收入的潜力。一个社会企业通过合同关系提供服务，能最大限度地发挥这种潜力，学校可能取得十分可观的经济收入。这是因为社会企业进入校园经营，一方面节省了学校在这方面的经费开支，另一方面也开放了校内市场。企业一般首先为学校提供一笔可观的租金或一笔不论企业经营如何，保证提供给学校的资金，或两者兼有的经济收入。

2. 节省管理开支

近年来，大部分高校都紧缩了预算，学校提供的后勤服务确实面临被削弱的危险，私营化成为各高校积极寻求的新的财源。校园服务的管理开支很大，日常管理的花费过大可能使学校的收入不能用于主要的教学科研项目。维修和保养现有的后勤设施(房屋等)设备也需要花费很大的费用。后勤管理人员和各类服务、工作人员的工资增长很快,学校负担很重。将这些项目转为由社会企业来承担,可以大大减少学校对后勤人员、设施、设备的投入,至少可缓和这方面的快速增长,并改善服务态度和质量。

3. 提高工作效率

高校在校园服务工作中可能因为通过层层机构和公文,降低了工作效率,也可能因为政府或学校的有关政策减少了对后勤拨款而陷入困境,从而使服务工作降低效率和成效,而社会企业的介入使学校可以避免这些问题。学校与社会企业签订合同,给企业经营带来了竞争,竞争使企业保有活力,也使企业自觉地持续为高校提供良好的服务,提高高校后勤工作的效率。

(三)高校后勤社会化的基本模式

1."学校主管,校企联合"模式

这种模式是指学校难以依靠自身力量完成,通过公开招标的方式吸纳社会力量参与学校后勤管理的一种模式。"学校主管,校企联合"模式将极大限度地改变以往后勤单纯地为管理而管理的工作作风,变被动为主动,变管理为服务,极大地提高了后勤人员的工作积极性和主动性。

2."教育行政部门统筹,校际联合"模式

这种模式是指由当地教育行政机关出面组成专门的后勤统筹管理委员会,制定适合本地区的后勤管理政策,成立由主管部门领导、学校入股的教育后勤服务公司,对于基础设施建设、教学设备购置、校园安全保卫、住宿餐饮等较大规模的后勤事务进行统筹规划、协同管理。采取这种模式,学校只需由一人负责本校后勤事务的联络与协调,即可处理好后勤事务,从而解放大量的人力、物力,将全部精力放到教育教学上。

3."物业托管,校企联合"模式

这种模式是指高校把日常事务性后勤管理与服务纳入社会化轨道,吸引物业管理机构参与到学校的后勤管理中来,实行物业托管,将学校从后勤管理中脱离出来的一种模式。这种管理模式大大降低了高校的成本,提高了服务质量。

(四)高校后勤社会化的管理策略

1. 刚性管理与柔性管理相结合

所谓刚性管理就是从组织结构、责权分配、规章制度等方面进行管理。这种管理手段具有权威性和强制性,运用的是支配与服从的方式,并且要求建章立制,使规则具有法的约束力。所谓柔性管理就是一种采用非强制方式和非权力性影响力,在人们心目中产生潜在的说服力,从而把组织意志转变为自觉行动的管理。从高校内部管理体制改革的实践来看,在促进高校后勤社会化的过程中,应当将刚性管理和柔性管理结合起来,实现"以人为本"的刚柔管理策略。

2. 构建制度规范的校产管理机制

财产是保证高校日常教学秩序以及维护师生食宿的必备物质条件,必须加强管理,使其充分发挥作用。因此,高校在后勤管理中必须重视校产管理。校产管理工作面大,涉及学校各个部门,具体可以从以下两个方面着手。第一,制定和规范校产管理规章制度。第二,健全校产问责制,不断进行改革创新。

3. 内外结合构建有效的监控机制

学校后勤社会化后,体制上从学校剥离出来,成为法人负责,自主经营的经营实体。这种情况使机制灵活多了,但监督就弱了。为此,必须通过内外结合、上下联系的方式构建包括领导监督、师生评价、职能部门考核、后勤自我检查在内的规范的监控机制。

参考文献

[1]李方裕,等.大学生事务管理研究:基于地方高校转型发展的视野[M].成都:西南财经大学出版社,2015.

[2]吴惠.顺理举易:高校学生事务管理理论与实务[M].北京:中央编译出版社,2012.

[3]张书明.社会工作视野下的大学生事务管理[M].济南:山东大学出版社,2007.

[4]储祖旺.高校学生事务管理教程[M].北京:科学出版社,2008.

[5]王增国.现代高校学生事务管理理论及案例研究[M].北京:中国矿业大学出版社,2011.

[6]王燕芳.多元视阈下的高校学生事务管理[M].广州:中山大学出版社,2013.

[7]王林清,等.高校学生事务管理规范与服务标准[M].北京:中国文史出版社,2014.

[8]王秀彦,高春娣.高校学生事务管理概论[M].北京:高等教育出版社,2009.

[9]黄水林.和谐社会视阈下的高校人才培养研究[M].苏州:苏州大学出版社,2011.

[10]教育部人事司.高等教育学[M].北京:高等教育出版社,1999.

[11]刘昕.学分制与大学生教育管理[M].济南:山东大学出版社,2009.

[12]胡建华.现代中国大学制度的原点:50年代初期的大学改革[M].南京:南京师范大学出版社,2001.

[13]赵敏,江月孙.学校管理学新编[M].广州:广东高等教育出版社,2008.

[14]潘懋元,等.潘懋元高等教育论述精要[M].福州:福建教育出版社,2015.

[15]李兵.知识管理与现代远程教育发展研究[M].南宁:广西人民出版社,2014.

[16]陈国海,等.大学生心理与训练(第2版)[M].广州:中山大学出版社,2005.

[17]钟惠英.高校教师柔性管理研究[M].长沙:湖南师范大学出版

社,2004.

[18]靳诺.我国民办高校德育通论[M].合肥:合肥工业大学出版社,2006.

[19]路琳.校园文化与高校德育[M].郑州:河南人民出版社,2000.

[20]彭婷.校园文化艺术活动管理指导手册[M].长春:吉林出版集团有限责任公司,2013.

[21]李洁.大学生人生态度现状与转化研究[M].上海:上海人民出版社,2015.

[22]刘军.校园文化视野下的学校德育研究[M].合肥:合肥工业大学出版社,2012.

[23]陈洪.南开大学本科教育教学改革与创新论文集[M].天津:南开大学出版社,2007.

[24]华菊翠,李作章.多校区大学管理模式创新与实践[M].北京:北京交通大学出版社,2015.

[25]应中正,于春华.多学科视野下的高校学生工作[M].天津:天津人民出版社,2015.

[26]徐邦学.成人教育办学模式与管理体制及其规章制度实用手册(上卷)[M].银川:宁夏大地音像出版社,2003.

[27]黄崴.教育管理学:概念与原理[M].广州:广东高等教育出版社,2002.

[28]赖雄麟,张铭钟.高等学校内部管理体制创新论[M].北京:中国矿业大学出版社,2009.

[29]龙立荣.组织行为学(第3版)[M].沈阳:东北财经大学出版社,2016.

[30]曹光荣.高校经营[M].北京:中国经济出版社,2006.

[31]李建波.通向和谐高校的法治之路[M].北京:中国和平出版社,2006.

[32]杨波.大学生入学指南[M].北京:华夏出版社,2002.

[33]李杰,张秋来,盛丽,等.管理学原理[M].北京:清华大学出版社,2011.

[34]杨德广.高等教育管理学[M].上海:上海教育出版社,2006.

[35]罗哲.管理学[M].北京:电子工业出版社,2010.

[36]王传旭,姚本先.大学生心理健康概论[M].合肥:安徽大学出版社,2005.

[37]赵敏,江月孙.学校管理学新编[M].广州:广东高等教育出版社,2008.

[38]徐金燕.高等教育管理研究[M].北京:石油工业出版社,2008.

[39]张玉芝,周兰芳.大学生心理健康[M].北京:北京理工大学出版社,2017.

[40]李中国,李树军.大学生心理健康教育与心理调适[M].北京:北京师范大学出版社,2016.

[41]孔庆蓉，等. 心理健康新观念[M]. 北京：中央编译出版社，2016.

[42]刘卫锋. 大学生心理健康教育与素质拓展训练教程[M]. 南京：南京大学出版社，2015.

[43]荣文婷. 高职院校学生事务管理体系的构建[J]. 职业技术教育，2015(35).

[44]蔡国春. 高校学生事务管理概念的界定[J]. 扬州大学学报(高教研究版)，2000(2).

[45]徐颖. 关于弹性学分制与我国高校收费的思考[J]. 华东师范大学学报(教育科学版)，2006(1).